课题研究课：
映照课堂的教育科研

梁　莉　李彤彤　编著

苏州大学出版社

图书在版编目(CIP)数据

课题研究课:映照课堂的教育科研 / 梁莉,李彤彤编著. —苏州:苏州大学出版社,2019. 12
ISBN 978-7-5672-3051-4

Ⅰ. ①课… Ⅱ. ①梁… ②李… Ⅲ. ①教育研究 Ⅳ. ①G40-03

中国版本图书馆 CIP 数据核字(2019)第 290433 号

书　　名: 课题研究课:映照课堂的教育科研
Keti Yanjiu Ke: Yingzhao Ketang de Jiaoyu Keyan

编　　著: 梁　莉　李彤彤
责任编辑: 周凯婷
装帧设计: 刘　俊

出版发行: 苏州大学出版社(Soochow University Press)
出 版 人: 盛惠良
社　　址: 苏州市十梓街 1 号　邮编: 215006
印　　刷: 南通印刷总厂有限公司
网　　址: www. sudapress. com
邮　　箱: sdcbs@ suda. edu. cn
邮购热线: 0512-67480030

开　　本: 700mm × 1 000mm　1/16　印张: 14. 25　字数: 249 千
版　　次: 2019 年 12 月第 1 版
印　　次: 2019 年 12 月第 1 次印刷
书　　号: ISBN 978-7-5672-3051-4
定　　价: 49.00 元

凡购本社图书发现印装错误,请与本社联系调换。
服务热线:0512-67481020

本书简介

本书系江苏省教育科学“十三五”规划2016年度课题(重点自筹)“课题研究课范式建构的实践研究”(B-b/2016/02/126)的研究成果,从实证研究出发,以中小学及幼儿园的课题研究与课堂教学有效融合为基本研究点,系统阐述了课题研究课的内涵价值、基本流程、教学形态等内容。其亮点是:以大量基础教育领域的优秀课例,印证了“课题研究课”是教师开展课题研究活动的一种运用方式,是近年来教育科研扎根课堂、研究与教学实现整合的一种新型载体。这一新型的教育科研载体,为教育科研成果反哺课堂,促进教师专业成长,指导区域教育科研,提供了鲜活案例。本书由导论、课题研究课的理论支撑、课题研究课的意蕴价值、课题研究课的基本流程、课题研究课的实践操作、课题研究课的教学形态、课题研究课的理性思考、课题研究课的典型课例等章节构成,呈现了课题研究课的现实价值、实战操作及理性思考。

作者简介

梁莉,女,高级教师。苏州市吴中区学科带头人、吴中区优秀教育工作者、苏州市作协会员,江苏省教科研系统先进个人、苏州市教科研系统先进个人。宁夏大学中文系本科、南京师范大学文学硕士。现就职于吴中区教学与教育科学研究室,任吴中教育学会副秘书长,担任区级教育科研刊物《吴中教育天地》编辑。在《上海教育科研》《江苏教育》等各级各类刊物上发表论文多篇,在省、市级文学刊物上发表小说、散文多篇。

李彤彤,女,副教授,国家二级心理咨询师。江苏师范大学政治教育系本科、法学学士。曾先后为初中、高中、高职等不同学段政治教师,荣获过青年教师教学成果奖、优秀班主任称号、优秀党员称号等。现就职于吴中区教学与教育科学研究室,担任区级教育科研刊物《吴中教育天地》编辑。主要研究方向为区域教育科研管理、教师微型课题理论及实践研究。曾主编或作为副主编编写高等职业院校教辅用书三本,在省级教育教学期刊上发表论文多篇。

序 Preface

犹记得，2014年寒意渐生的时节，苏州市吴中区碧波中学的报告厅内，却因一场教育科研活动而暖意氤氲——苏州市每年一届的初中教育科研协作会如期召开了。在此之前，时任苏州市教育科学研究院书记朱文学先生，听说吴中区教育科学研究室正在尝试一种新的课型——课题研究课，便萌生了欣然前往之意，于是便有了眼前一幕。苏州市吴中区教育局副局长程朝阳先生在致辞中谈到教育科研反哺课堂、研究成果推动教育教学实践等话题，使这一新的教育科研载体，在探索之初，便汲取到了生长的力量。会后，吴中区四位初中教师进行了最初的课题研究课“亮相”。现在回想起来，那次活动，对于区域教育科研、一线教师，皆为尝试，且不乏开步之义。

此后，在时任吴中区教研教科室副主任蔡金星、现任副主任钱家荣的推动下，以课题研究课的实践与研讨为专题、以区内教科研联盟活动为契机、整合研究与教学的区域教育科研专项行动扎实持续地开展起来了。经过几年的实践探索，区内涉及课堂教学研究的规划课题及教师个人的微型课题中，各学段、各学科的百余位教师进行了课题研究课的亲自实践，上千位教师参与了听评课及研讨活动。执教者从研究的高处，不断向课堂下探、低飞，反复实验，记录课堂，收集数据，分析判断……直至解决问题。事实上，低飞的过程，并非想象中那么顺利，教师们更多的是处于盘旋、迷茫、受阻的状态，而可依傍的有效经验又寥寥，一旦课堂因研究而发生变化，教师们便感到，把自己从日复一日的教学中解脱出来的，必定是科研的东风，是基于事实的逻辑推理，是基于对教育教学规律的深刻把握，而非仅凭个人经验做出的主观判断和联想，更非高耗低效的简单重复。一旦打破了研究与教学之间长期以来的壁垒，建立起了教师与教师、教师与研究者之间的话语平台，研究便成为一种自发行为，“教师即研究者”这句话，也就从梦想照进了现实。

作为吴中区教学与教育科学研究室的专职人员，我们有幸全程参与并见证了课题课的实践过程：和教师们一起，完善研究方案，调整教学设计，制定观察量表，听课评课磨课……一系列的行动跟进，记录下了真实的教学现场，解析了课堂上发生的问题，目睹了可喜的教学改进，亲历了教师的成长历程，体会了研究贴着地面飞行的惊喜，也因此信心倍增！2017年1月，由我们二人共同主持、区内教科研骨干教师参与的“课题研究课范式建构的实践研究”成功立项为江苏省教育科学“十三五”规划2016年度重点自筹课题。《课题研究课：映照课堂的教育科研》这本书，便是三年课题研究的结晶。客观公允地说，本书的出版，是对当前有关此研究领域已有成果的一次较为全面的关照，也是对区域教育科研创新探索的一次经验提纯，更是对研究怀有热忱之心的教师们的真诚回馈；是课题研究进入教学现场、优化课堂生态、指向人的发展，是做出对“科研兴教”“科研兴师”的创新注解。

本书共七章二十节，第一章建构课题研究课的理论支撑，第二章论述课题研究课的意蕴价值，第三章解读课题研究课的基本流程，第四章详解课题研究课的实践操作，第五章概括课题研究课的教学形态，第六章提炼课题研究课的理性思考，第七章枚举课题研究课的典型课例。应该说，在体系架构上，从理论支撑到实践操作，再到经验梳理，本书对课题研究课这一新型的教育科研载体，已基本建立起了清晰的框架结构，并努力体现言之凿凿、科学严谨的求真态度。生动鲜活的课例及反思，又在实践理论和观点的同时，为一线老师的操作提供了宝贵参本。为保证对执教老师的尊重，在课例遴选时，我们征求并得到了每位教师的同意。而对未被选入的课例，难免有遗珠之憾！还需强调，书中“两课”对接等有关论述，是蔡金星副主任在任时，在区域教科研工作中提出并加以实施、完善的创新之举，我们得到他的首肯并将这些成果一并吸纳。为此，本书最终得以付梓，我们要对所有提供课例、参与执教和本书写作的教师，以及吴中区教育局领导的殷殷支持、区教科研同仁的衷衷指导，一并表示感谢！

因理论水平有限，实践经验不足，其中难免出现纰漏，甚至偏颇，并由此引发争议。

但任何新生事物在其探索之初，都允许“试”，唯有如此，才有前进；唯有如此，才有突破。

写下这段文字的时候，无意间抬头，窗外秋意正浓，枫叶将红。那么，待到层林尽染之际，让我们捧起酒杯，共同饮下这辛勤酿就的甘甜吧。

是为序。

梁莉　李彤彤

2019年10月31日

目录 Contents

导 论 >>>

中小学教育科研进行了近 30 年,特别是开展新课程改革以来,“科研兴教”“科研兴校”“让教师成为研究者”等观念和相应的政策逐渐推行,教育科研的价值日益受到基层学校的理解与重视,教育科研的功能也在教师的专业发展中扮演着越来越重要的角色,诸多教师也表现出了前所未有的科研积极性。很多地区的教育科研管理部门对推动当前的中小学教育改革和发展、提高学校的教育科研水平、促进教师的专业成长也日益加大了工作力度。然而,在实际的教育科研工作中,诸多学校普遍存在“重教学、轻科研”的现象,不少学校和教师迫于外界的压力或特殊需要而进行教育科研,功利务虚、形式化、少革新、低水平、难转化等问题凸显。由此而来,教育科研非但没有起到应有的支撑教育的作用,反而成了学校的装饰、教师的负担。当然,由于学校的教育科研管理体制、评价机制等原因,学校对教育科研不重视,教师也难以自觉自愿地投入教育科研,将教育科研工作视为游离于教育教学之外的“附加物”,因而,教师对教育科研的基本认知、意义价值及具体操作认识不清、把握不准,仍然存在理论与实践脱节、科研与教研失联、课题与课堂割裂、研究与行动分离的“两张皮”现象,不能切实解决教育教学现实问题的课题研究普遍存在,教师们也就难以通过课题研究促成自己的专业发展,形成个人的教学风格。

面对这些现实问题,我们势必要思考教育科研方式的合理转型,探寻教育科研的现实起点,提高教育科研的质量。那么,教育科研的现实起点到底在哪里?

1．指向教师发展

教育科研是在具体的教学实践活动中寻找、提炼普适性的方法与原则,再用之指导具体的教学实践活动,从而提高教学的规范化、效能化。它应该始终追求为教师的专业发展服务,为探寻更有利于学生成长的培育路径助力。全人教育论专家小原国芳指出："我只想把出发点归之于'人''回到人！回到人'，只有进行人的教育，这样的教育才是真正的教育。"教师是学校教育中发展着的鲜活个体，真正的课题研究是引导教师进行实践体验，实现每一个人的有效参与及专业成长。

2. 进入教学现场

教育科研需要教师成为研究者，教师首先要研究的是学生，是课堂教学，最接地气的课题研究必然直面教学的实践。进入教学现场观察、思考、感悟，将研究内容转化为教学行为，课堂教学研究才更具有实践价值，才能真正实现"教学即研究"。

3. 走向实证研究

多年来，中小学领域的课题研究较多以经验研究为主，这样的研究方式便于操作，易于被教师接受和运用。而这种方式主观性、片面性、模糊性、随意性较强，实证性相对缺乏，缺乏足够的数据支撑，更少了科学的数据分析。这就需要调查、观察、案例剖析等研究方式的注入，研究者更善于将模糊不清的事实转化为可量化，有定论，使课堂教学研究更加可靠，进一步凸显课题研究的实证价值。

4. 整合教学科研

中小学教师在日常的教育教学过程中，不仅要积累实践经验，还需要学习先进的教育科学理论，更需要有机地整合教育科研与课堂教学，即教师们需要一种扎根于教育实际、落地于课堂教学的研究，而课题研究课正是将二者结合的有效载体。这种整合有利于将课堂教学目标转化为教育科研目标。教师可以将日常突出的教学问题提炼转化为研究课题，同时，将教育科研的成果适时地应用于课堂教学，促进教师教学行为的改进和教学效果的提升。走下神坛，贴着地面行走的教育科研，才能真正被广大教师群体所接受，也才有利于促进教师的二次成长及专业精进。

第一章 >>>

课题研究课的理论支撑

一、科学研究的性质和特征

1．科学研究的本质

无论是自然科学还是社会科学研究，其性质是基本相同的，都是人类认识和解释自然界或社会现象的活动。

“认识”是“解释”的基础。认识是回答“是什么”的问题，而解释是回答“为什么”和“怎么样”的问题。

人们认识和解释事物的方法可以有很多种，尽管科学方法不是完美无缺的方法，但却是迄今为止人类最好的方法。对于科学方法而言，首先，要进行观察，观察是科学认识的基础。所谓“观察”，就是通过观察者的感官直接或间接地获取外界信息的过程。为了使观察真实、有效，观察者必须力求客观，排除幻觉、错觉和主观意向的干扰。当然，客观性是相对的，但观察者的客观性水平可以经过长期不懈地学习、训练得以提高。

观察的事物多了，人脑就会在事物之间建立某种联系，就会发现有些事物的联系紧密一些，而有些事物则联系得不紧密或根本没有联系；有些是因果关系，而有些则不一定有很强的因果关系。这种联系的建立过程就叫“解释”，而这种认识和解释的过程就是科学研究的过程。

那么，人是怎样知道事物之间的联系呢？唯有科学方法可以比其他方法更能让人准确地弄清这些联系的性质和强弱。有人说可以凭经验，而不一定用科学方法。所谓经验，从本质上讲，无非是放大了时空尺度的某种实验。另外，仅凭经验还有一个缺陷，就是难以有效地传授给下一代，难以与同行进行交流与发展。而科学的方法不仅能够告诉我们怎样进行客观观察，而且告诉我们对通过观察而收集来的数据、资料进行处理和分析，可以知道事物之间是否存在联系及是怎样的联系。

2. 科学方法的逻辑框架

科学方法的总体逻辑框架是归纳法。这里所谓的“逻辑框架”，是指学术圈一致认可并自觉遵守的从假设到证据、从证据到推理、从推理到结论的一系列操作规则及其相互关系。

归纳逻辑的特点是要有足够的或可以多次重复的观察事实，这是科学与非科学的根本差异，也是科学方法比其他方法更有说服力的原因。

我们必须建立这样的概念——客观描述是正确认识的体现，是解释的基础；只有认识正确，才能解释正确。因此，科学研究至少分为两个层次或步骤：描述性研究和解释性研究。描述性研究回答“是什么”的问题，解释性研究回答“为什么”“怎么样”之类的问题。

3. 科学理论

科学研究是人类认识和解释自然界或社会现象的活动，因此，认识和解释的内容以概括性的、抽象的、具有一定普遍意义的语言表达出来，就是理论。换句话说，科学理论实际上是对某种现象具有一定普遍意义的可信的描述和解释。

由于人类对不同事物的认识程度不同，因此所展现出的理论具有不同的深度，根据认识的深度可以分为描述性理论和解释性理论。描述性理论可分为定性描述和定量描述；解释性理论也可根据其精确程度和全面程度分为相关关系的解释、因果关系的解释、过程与机制的解释。

科学理论在研究中的作用：一是前人的理论是后人提出假说的依据；二是前人的理论是在研究的各步骤中进行演绎推理的元素，如大前提、小前提；三是任何一项研究的最终目的或步骤都是发现规律、形成理论，尽管理论的深度和普遍性各异。

二、教育研究的方法

教育研究由于研究对象的复杂性，研究方法也多种多样。有学者认为，教育研究实践中共有三类研究方法：实证方法、人类学方法、思辨方法①。也有学

① 张红霞：《教育科学研究方法》，北京：教育科学出版社，2009 年，第 13 页。

者从研究方法的基本取向和基本范畴出发，把教育研究方法分为哲理研究（应然研究）与实证研究（实然研究）两大类①，但考虑到教师实践研究的复杂性和特殊性，可将实践研究单独列为一个基本的研究范畴。但是不论何种分法，教师的研究从其研究的特殊性和本质来看，更多的是少量的“哲理研究”与大量的“实证研究”的“变式”的一种混合体。因为教师在实践过程中，实际上面临着复杂而变化的情境，以及大量的不确定的因素，因此很难分别开展哲理研究或实证研究。或者说，教师很难“一次性”地确定研究的价值而投入预设的实证研究，而往往是在价值判断与采取行动之间不断地往复和协调。

与专家学者相比，教师的研究更多的是在一定的教育理念指引下，通过系统的教育行动来解决所面临的教育实际问题，并且获得对前人提出的教育规律或教育理论的一种再认识和再发现。从这个角度看，教师的研究更倾向于实证研究。

三、实证研究的内涵及特征

1989 年，叶澜、陈桂生、瞿葆奎等人明确地提出，实证化是教育研究科学化的重要步骤。近年来关于加强教育实证研究的呼声更是不断高涨，特别是 2017 年 1 月 14 日，14 所大学的教育科学学院（部）院（部）长、30 多家教育研究杂志主编聚首华东师范大学，共商加快教育研究发展、提高教育研究质量之策，大家一致认为，提升中国教育研究的质量和影响力，必须加强实证研究，促进研究范式转型。

实证研究即基于事实和证据的研究。美国社会学家汉森（Hansen，D. A.）曾对实证研究做过一个经典性的概括，实证研究致力于探寻确凿无疑的知识，所提出的是关于研究对象“是什么、曾经是什么、可能是什么、有望是什么”的陈述。

“实证”一词源于拉丁文“Positivus”，意为“肯定”“明确”“确定”。孔德（Auguste Comte）是实证主义哲学创始人，他把“实证”一词提升到了全新的思想高度。他认为，一切知识都必须建立在观察和实验的基础上，经验是一切知识的来源，经验范围以外的知识都是不可靠的。孔德对人类知识的发展提出了著名的“三阶段理论”。人类认识和理解外部世界的现象先后经历神学阶

① 张肇丰：《从实践到文本：中小学教师科研写作方法导论》，上海：华东师范大学出版社，2011 年，第 10 页。

段、形而上学阶段和实证阶段。在神学阶段，世界和人类的命运主要借助上帝和神灵来解释，这是临时的和预备的阶段；在形而上学阶段，人类的认识虽然有进步，用本质、最后原因和其他抽象观念来说明世界和人类命运，但这还不是符合外部世界的科学说明；在实证阶段，人类认识才达到正常状态，即观念和客体的统一。

科学研究的目的在于发现真理、揭示规律，它有三个基本功能：一是描述功能——告诉人们是什么，揭示事物的真实面貌；二是解释功能——告诉人们为什么，揭示事物之间的因果关系；三是预测功能——告诉人们会怎样，揭示事物变化的未来趋势。而要实现这三个功能，只能通过实证研究。

我们可以把实证研究的基本特征归纳为四点：第一是客观，以确凿的事实和证据为基础，实事求是，不被个人的主观愿望或偏见所左右；第二是量化，努力获得对事物特征和变化的"度"的把握，而非笼统的、模糊的描述；第三是有定论，有确切的发现或结论，而非无休止的争论；第四是可检验，通过专业化背景下建立起来的共同概念、共同规则，使用共同方法、共同工具，可以获得相同的结果。

四、实证研究的方法

袁振国教授在《实证研究是教育学走向科学的必经途径》一文中提出了"实证研究是一个不断丰富创新的方法体系"①，并列举了从亚里士多德"旧"的逻辑方法到培根归纳、分析法的演变过程。在这个过程中，最重要的一步便是将"实验"引入研究过程，经过实验过程后，经验就不再是偶然的、盲目的，而成为有指导性的了，它就像黑夜行走时点燃的蜡烛，可以照亮前行的道路。可见，实证研究作为自然科学的研究方法是在不断发展的。一方面，近代自然科学的方法得益于实证方法的发现与运用；另一方面，自然科学的发展催生了实证主义。

实证研究不是一种具体的研究方法，而是从最严格控制变量的实验研究、准实验研究，到完全不控制变量的大数据分析的方法体系，它包括考古研究、文献研究、调查研究、访谈研究、观察研究、视频分析研究、词频研究、知识图谱分析、统计研究等类型体系，是一个不断丰富、不断创新的方法链条。具体的

① 袁振国：《实证研究是教育学走向科学的必经途径》，《华东师范大学学报（教育科学版）》，2017 年第 3 期。

研究方法是各个领域可以共用的问卷法、访谈法、观察法、统计分析法等。而且教育中的“实证”应理解为扎实的证据，不仅包括可以量化、进行数据统计分析的自然数字，还应包括其他各种不可量化的诸如文本、语音、视频等的质性资料，因为它们都是支持教育问题科学化解决的重要证据。

袁振国进一步提出，实证研究即基于事实和证据的研究，并指出人们对实证研究的一些误区，如把定性研究和实证研究作为对立双方来看待，他认为“只要一项研究是基于事实和证据的，它就是实证研究，而不在于它是定量分析还是定性分析”①。以往以“量化”作为研究方法的分割线，割裂了定量研究与定性研究的关系，也割裂了人文与科学的联系，将科学研究等同于精确的数字研究，无疑会走进“死胡同”。袁振国的观点打破了以往对实证研究的狭隘理解，看似扩大了实证研究的外延，其背后是真正理解了实证研究的内涵。

课题研究课作为研究与教学整合的一种新型课型，是承担研究活动的一种有效载体，其实施也是遵循实证研究方法进行的，即为了解决教学中存在的问题，在研究方案中预设措施，并在课堂过程中进行反复尝试、观察、验证，从而寻找到最有效的解决方法。所以，从这个角度来看，课题研究课是一种基于实证研究的有效途径。

① 袁振国:《实证研究是教育学走向科学的必经途径》,《华东师范大学学报(教育科学版)》,2017 年第 3 期。

第二章 >>>

课题研究课的意蕴价值

一、什么是课题研究课

“课题研究课”一词，最早出现于北京师范大学的苏真撰写的《日本高中的“课题研究课”》一文，此文发表于1994年第4期的《学科教育》。文中指出，“课题研究课”的提法最早可能源于日本，是“日本教育课程审议会于1987年12月颁布的通告中要求开设的”。我国则在物理教学中首先采用这一概念，夏振昌于1999年第10期《物理教师》上刊载《培养学生创造性思维的尝试——记一堂“课题研究课”》。这一时期相关文献中出现的“课题研究课”一词，其内涵近似于当下的“研究性学习”，主要指学生从学科学习或社会生活中自主寻找课题，在解决问题的过程中探索科学研究方法、获得体验和知识的学习活动，其研究主体为学生；而我们探索的“课题研究课”的研究主体为教师，我们认为“课题研究课”是课题研究的一种有效载体，是科研进课堂的突破口。从可查文献看，较早提出这一看法的是江苏省徐州市铜山县实验小学特级教师孙建锋，他于2001年年初撰写了《科研进课堂的理性认识与实践探索》一文，该文发表于2001年第1期《基础教育研究》，文中提出“科研要走进课堂，即把一批与课堂教学紧密相关的课题推进课堂，促进课堂教学与科研工作紧密结合”。2003年，江苏省徐州市睢宁县实验小学特级教师宋运来在《课题研究根植于课堂沃土之中》一文中，呈现了课题研究课听课记录表，列举了课题研究课从“定标”到“定课”，再到“议课”的过程。他们是最早一批践行课题研究课的一线教师。这时期的课题研究课尚处于最初的尝试阶段，缘起于学校的最基层的教育科研实践，基本属于个体行为。

据可查文献，最早在区域内推行“课题研究课”活动的是宁夏石嘴山市平罗县,他们称之为"课题研究实验课"。2007年1月,平罗县教研室蔡凤琴在2007年第1期《宁夏教育科研》上发表了《谈课题研究与课堂教学的结合》一文,提出"把课题研究和课堂教学作为教育科研的突破口,专门召开了国家级、省级立项课题论证会,进行示范引领,提供课题研究实验课"。2008年,黑龙江尚志中学也自发开展了课题研究课活动,也正是在这样的基层学校孕育了教科研的基础上,哈尔滨市教育研究院的许凌云、杨青、刘雨群等市级教科研管理人员在对其进行检查之后,认为"课题实验课是教师开展研究的得力助手"①,"是教师进行科研的一种有效方法"②,"是教育科研与教学实践有效整合的路径"③,是中小学校在自行开展教科研的过程中形成的一种行动研究方式。

在区域范围内自上而下全面推进课题研究课活动的是天津市南开区教育中心,2011年,他们在《天津市南开区"十二五"教育科研发展规划》中将这一概念运用于区域性教育科研领域,并以课题推进的形式,在区内各校开展了课题研究课专项活动。自此,有关课题研究课的星星之火在一些区域内逐渐散布开来。

可见,课题研究课应中小学教师教育科研现实问题而生,缘起于中小学教育科研领域中的课题研究与课堂教学割裂的"两张皮"现象。在教学实践中,在区域教育科研工作整体推进过程中,研究者们逐渐发现课题研究课有利于解决课堂教学中的现实问题,有利于提高教师参加课题研究的积极性,是教育科研与课堂教学二者结合的有效载体之一。

(一) 内涵释义

目前,课题研究课的提法有"研究课""课题研究实验课""课题实验课""两课融合""带题授课""课题研究实践课"等,尽管专家的提法各异,但内涵趋同:课题研究课既是一种教学组织形式,也是一种教育科研形式,这也为课题研究与课堂教学的有效融合提供了理论依据。

许凌云提出,"课题实验课"是指在日常课堂教学中融入相关课题研究所

---

① 许凌云,杨青:《课题实验课:教师开展研究的得力助手》,《中国教育学刊》,2009年第7期。

② 刘雨群:《"课题实验课"是教师进行科研的一种有效方法》,《中国科教创新导刊》,2010年第26期。

③ 许凌云,杨青:《课题实验课:教师开展研究的得力助手》,《中国教育学刊》,2009年第7期。

需要的有效课堂观察的实践研究课。① 刘彦良指出，“课题研究实践课”是有研究课题的学校、实验教师，围绕课题按照实验要求，在课堂教学中充分体现出控制要素（自变量、无关变量、因变量）的课。② 袁玥对“研究课”的理解是：“围绕微型课题研究的目标和内容，在学科教学中，运用一定的方法、手段、策略等，有针对性地解决教与学实际问题的课堂教学。”③邱子华用了“带题授课”的提法：在课题研究中，教师将研究内容细化分解为系列教学行为，有计划地进行教学设计、教学实施和课堂观察，并对过程和结果做出判断、评价、分析和解释的研究方式。④ 肖林元认为，“课题研究课是教师将自己教育科研过程中对研究问题的思考、研究问题的解决方式的预设带进课堂中的一种尝试……课题研究课是课题研究的一种实证和应用形式，是附属于整个课题研究中的研究活动”⑤。王毅将其界定为“教师把课题研究与课堂教学紧密结合的一种教学组织形式……是课题研究者在教育科研过程中将课题研究与课堂教学紧密结合，有目的地有意识地运用教育科研理论和方法指导与改善课堂实践，进而提升课题研究质量与效益的一种教育科研形式”⑥。

综上，目前对于“课题研究课”的界定虽没有非常权威的定义，但已形成的共识有：其一，以课题为引导。其二，课堂教学中必须运用课堂观察或控制研究变量，要运用课堂教学解决研究问题。其三，不是孤立的一节课，强调其序列化进程。其四，既要验证研究假设，又要解决教学问题、改善课堂实践；既要提升研究效益，又要改进教学质量。

因此，课题研究课可以界定为：在涉及课堂教学的课题研究中，按照课题研究思路预先设计解决措施，并在课堂教学过程中进行尝试、验证的一种研究活动，是开展课题研究活动的一种实证和运用方式，是近年来教育科研扎根课堂、研究与教学实现整合的一种新型载体。简而言之，课题研究课是中小学教

---

① 许凌云，杨青：《课题实验课：教师开展研究的得力助手》，《中国教育学刊》，2009年第7期。

② 刘彦良：《论学校课题研究实践指导》，《现代教育科学》，2012年第6期。

③ 袁玥：《研究课：换种思路来教学——兼评马建红老师执教的〈走进乡村〉习作指导课》，《江苏教育研究》，2012年第11期。

④ 邱子华：《带题授课：教师课堂教学研究专业化的一种新范式》，《当代教育科学》，2012年第12期。

⑤ 肖林元，林静：《课题研究课：教育科研扎根课堂的重要载体》，《上海教育科研》，2013年第11期。

⑥ 王毅：《关于课题研究课的理性思索》，《天津市教科院学报》，2016年第2期。

师开展课题研究的一种有效载体，是课题映照课堂的一种教育科研实践样式。

（二）特征描述

关于课题研究课的特征，代表性的观点有：许凌云提出课题实验课有四个特征：一是具有教学与课堂观察的双重目标；二是参与者既有合作又有分工；三是与课题研究密切相关；四是一系列研究课形成的序列具有连续性。① 敖占军认为，“课题性、成果性和问题性是其主要特征”②。王毅较为全面地描述了区域层面的课题研究课特征：一是区域科研导引；二是科研教研联动性；三是课题课堂合一性；四是理论实践结合性；五是研究行动一体性。③ 肖林元在阐述课题研究课的“听评课的方式有别于常规公开课评课”这一观点时，提出了“主体合作性”“实践开放性”“反思理论性”“校本整合性”④四大特性。综上，课题研究课具备以下五个显著特征：

1．课题性

课题性是课题研究课区别于其他教学活动的一个重要特征，它只重点关注课题方案中的相关研究点展开教学，与课题研究无关的其他教学活动不在研究之列；同时，课题研究课也只有紧紧围绕课题研究进展情况展开，才能够验证课题方案中的研究假设，有效控制研究变量。

2．双重性

课题研究课作为学科教学与课题研究相结合的有效载体，承载了双重的目标和任务，即课题研究课既有教学目标，又有研究目标；既承担了教学任务，又承担了研究任务。也有学者认为，课题研究课有“教学与课堂观察的双重目标”⑤“教学目标的实现是有效课堂观察开展的前提”⑥。

3．序列性

研究问题的解决不是孤立地靠一节课来承担，是一系列研究课形成的序

---

① 许凌云：《课题实验课：教育科研与教学实践有效整合的路径》，《教学月刊（中学版）》，2011 年第 11 期。

② 敖占军，杜玉花：《从〈都江堰〉一课入手谈如何上好“课题研究课”》，《黑龙江教育》，2012 年第 Z1 期。

③ 王毅，《关于课题研究课的理性思索》，《天津市教科院学报》，2018 年第 9 期。

④ 肖林元，林静：《课题研究课：教育科研扎根课堂的重要载体》，《上海教育科研》，2013 年第 11 期。

⑤ 袁玥：《研究课：换种思路来教学——兼评马建红老师执教的〈走进乡村〉习作指导课》，《江苏教育研究》，2012 年第 11 期。

⑥ 袁玥：《研究课：换种思路来教学——兼评马建红老师执教的〈走进乡村〉习作指导课》，《江苏教育研究》，2012 年第 11 期。

列,经历循序渐进、螺旋上升的过程,最终求得问题的解决。有研究人员指出,“一节孤立的课题实验课所采集的数据只能作为一个点,只有将实验点连成线,再将线连成面之后才能形成完整的数据网络,才能足够支撑课题研究的最终结论”①。

4. 实证性

课题研究课是教师将自己对研究问题的解决方式带入课堂的一种尝试,这种尝试就是对研究假设的课堂实证,实证的目的是对假设证实或证伪。

5. 合作性

课题研究课需要课题组成员形成一个既有合作又有分工的团队,执教者授课、研究者观察、课后反思评课,课题组成员共同改进教学行为。

二、课题研究课的意义

(一) 有利于解决教师课堂教学的真实困境

首先,由于课堂教学研究一定程度上存在着低水平徘徊、不可复制、收效甚微等问题,因此日常课堂教学教而不研,听评课研而不化,课题研究研而不教,而课题研究课这种新型的课题研究范式有利于教师摆脱课堂教学研究的困境。

其次,课题研究课专题活动的有效推进,有利于实现“教学即研究”的主张,在提高教学质量、教学效率方面发挥着重要作用。在课题研究过程中,教师通过课题预设的策略措施改进课堂教学,尤其是在一些课堂观察中取得的观察数据及课堂上学生情况变化之下,不断转换各种教学策略,不断筛选适用于学生的最佳教学策略与方法,增强课堂教学的实效性,提高学生的学习质量。

最后,课题研究课为课题研究进入课堂教学找到了出发点和落脚点,搭建了可供课题研究借鉴和交流的坚实平台,使得课题研究随着日常的课堂教学而常态化、科研化,而常态化、科研化的教育科研才是课题研究的生命力,让课题研究根植于课堂的沃土之中,生长出教育科研之花,这才是将教育科研转化为教学生产力的关键。

---

① 许凌云,杨青:《课题实验课:教师开展研究的得力助手》,《中国教育学刊》,2009年第7期。

（二）有利于激发教师研究的积极性

课题研究课的有序开展、寓研于课，有利于克服教师开展教科研的畏难心理，增强教师研究的信心；在课堂教学中进行课题研究，对于培养教师的科研素质、开阔视野、转变教学策略起到了不可或缺的作用；可以作为在一定水平上徘徊的教师尽快提升专业素质的助推器，促进教师习惯的经验性教学、模仿式教学朝着研究性教学、反思型教学转变，进而形成个人的教学风格。正如特级教师孙建国所述，中小学教师通过课题研究课把课堂教学与课题研究结合起来，对教育规律进行求证和确认，对教育意识体验和了解，把外在的教育思想内化为自己的教育信念，形成自己对教育独特的认识和理解，逐步达到教师个人教育教学更为理想的境界。①

（三）有利于有效应对课题研究不足

在中小学教育科研现状中，有些学校和教师“为教科研而教科研”，教育科研非但没有起到应有的支撑教育的作用，反而成了学校的装饰、教师的负担。区域教育科研主管部门在课题管理过程中发现，有的课题只注重理论研究，有效的过程性研究活动很少；有的研究者有畏难心理，研究积极性不高，研究与教学实践相割裂，难以取得有价值的研究成果，诸如此类的问题比较普遍。为了促使教育科研扎根学校教育实际，扎根学校课堂教学，区域教育科研管理机构认真开展科研送教活动，努力促进校际协作式的或系列研磨式的课题研究课研讨活动的尝试，这样，课题研究才能真正地落地生根。

（四）有利于形成区域教育科研的新常态

天津市南开区教育中心、苏州市吴中区教科室在本区域持续推进的课题研究课活动，就是为了促进区域教育科研深化发展，进而形成区域、学校与教师各负其责、积极联动的区域教育科研新常态，期冀让课堂充满教育科研含量，充分调动教师团队的科研意识，进而实现从“要我研究”向“我要研究”的转变。课题研究与课堂教学融合的教育科研是人本的教育科研生态，朝向精准，朝向实证，朝向一线，实现的是师生自由、自在、自然地成长，这样的教育科研才是区域教育科研应有的姿态。

---

① 孙建国：《例谈课题研究与课堂教学的结合》，《宁夏教育科研》，2007 年第 4 期。

第三章 >>>

课题研究课的基本流程

一、课题研究课的研究基础

（一）课题研究课的流程设计

课题研究课是课题主导下的课堂教学，是一种合作性、序列化、实证型的公开课。因而，它需要依课题目标、内容进行教学设计；需要向听课者进行不同于常规公开课的说课；需要在课堂教学过程中由同课题组教师进行课堂观察，进行研究策略落实及教学效果的评测；需要在一节课的课堂教学完成后，由执教者进行课题研究课的反思及观察者展开议课；还需要在议课基础上调整研究策略措施，改进课堂教学，形成一个需要循环推进的多课时的系列课。对于研究课的操作流程，通常有两种层面上的设计：一是针对一节课，二是针对一个或一套研究策略的验证而展开的系列课。对此，很多学者提出了自己的观点。

黑龙江哈尔滨市教育研究院许凌云提出“课题实验课”的操作步骤：课前确定教学目标与课堂观察目标，进入课堂教学并开展课堂观察，课后分析数据并归纳总结。①

黑龙江齐齐哈尔市富拉尔基区教科所敖占军设定的课题研究课基本模式如下：课前阐述（研究内容、成果、研究中存在的问题）→授课部分（体现研究的课题性、成果性、问题性，找准成果转化关键点）→反思和研讨（结合课题研

① 许凌云：《课题实验课：教育科研与教学实践有效整合的路径》，《教学月刊（中学版）》，2011 年第 11 期。

究内容及进展、围绕教学反映的问题进行)。①

山东聊城市东昌府区教育局邱子华的"带题授课"的流程设计为:计划(细化分解—内容选择)→行动(教学设计—课前会议)→观察(课堂观察—效果检测)→反思(课后会议—反思改进)。②

湖北宜昌市夷陵区研训中心黄英文的操作策略是:课前说课题(五说,说背景—说内容—说思路—说预期-说展示)→课中观课题(五观,教学设计是否整体建构—问题设置是否和策略有效契合—学习过程中使用是否流畅—学习效果是否显现—学习目标达成)→课后评课题(围绕"五观"开展"五评")。③

江苏苏州市吴中区教科室蔡金星提出,课题研究内容着落于课堂相关部位后,应执行四个步骤:转化(课题方案中操作体系的设计转化成课堂教学设计)→行动→检测→改进。④

江苏南京市溧水区教科室章明提出的校级协作式课题研究课研讨活动的操作模式:一是制订方案,二是开展研讨活动(听、说、报、评、导),三是总结提炼成果。⑤

山东烟台市海阳教学研究室的车言勇提出的课题课是基于小课题研究的一种"以课例研讨为载体的教学诊断模式",其操作流程是"主题设计→现场观察→集体会诊→行为改进"。他提出"根据小课题研究中发现的问题,确定突破点,设计课堂观察点和课堂观察表,进行定量分析和定性分析"。⑥

天津市南开区的课题研究课操作细致全面,其整体推进步骤为:研讨选题→明晰课题→方案拟定→明确招法→课堂设计→汇报展示→专题说课→观察评价→课例分析→持续改进→精品范式→观摩推广,单独的一节课题研究课的具体流程为:课题假设→变量控制→研究备课→课堂展示→课后说课→观察剖析→课例整理。⑦

---

① 敖占军:《搭建教育科研与课堂教学契合点的平台——"课题研究课"的理论与实践探索》,《黑龙江教育(中学版)》,2014 年第 5 期。

② 邱子华:《带题授课:教师课堂教学研究专业化的一种新范式》,《当代教育科学》,2012 年第 12 期。

③ 黄英文:《突出过程分享,强化验证推广》,《湖北教育(综合资讯)》,2015 年第 3 期。

④ 蔡金星:《在课题与课堂的对接中提升研究品质》,《江苏教育研究》,2015 年第 Z5 期。

⑤ 章明:《刍议校际协作式课题研究课的研讨》,《中小学校长》,2017 年第 11 期。

⑥ 车言勇,李宁:《基于小课题研究的校本研修组织策略》,《现代教育》,2017 年第 4 期。

⑦ 王毅:《关于课题研究课的理性思索》,《天津市教科院学报》,2016 年第 2 期。

山西阳泉市教育科学研究所任瑞庆提出课题研究课的“四环节”：课前备说目标、课中实施目标、课后研讨成果、研后反思实践。①

建构起课题研究课的框架模式，一是解决了长期以来课题研究与课堂教学相脱节的瓶颈问题，它为课题研究进入课堂教学找到了课题研究的出发点和落脚点，搭建起了可供课题研究借鉴和交流的坚实平台；二是课题研究课有利于培养教师的科研素质，开阔教师的视野，为教师转变教学策略、搜集大量的教学资源等起到了不可或缺的作用；三是课题研究课模式的确立使得课题研究随着日常的课堂教学而常态化、科研化，而常态化、科研化的教育科研是课题研究的生命力；四是课题研究课为在一定水平上徘徊的广大教师尽快提升专业素质摸索到了途径，为在新课程背景下提高教育教学质量探索出了一条新路，为成就高效课堂找到了捷径；五是课题研究使教师培训变“他主”培训为“自主”学习，而课题研究课的常态化、科研化，使教师的自主学习成为现实，这将有力加速教师的专业发展进程。

（二）课题研究课的操作经验

一些学校或区域开展课题研究课活动已有数年，积累了一定的实践经验，提炼了一定的操作方法。

如，任瑞庆从课题研究的不同阶段，提出课题研究课的“四种课型”：开题指向课、中期探究课、成果实践课、结题汇报课等。开题指向课是指在教师接到课题立项通知书后，课题组成员自主开展的实践课；中期探究课是指教师按照本组课题研究实施方案，由学校组织（或自主）开展的课题实践课；成果实践课是指教师在课题研究中期的展示实践课；结题汇报课是指教师提交“结题鉴定申请书”和研究报告等资料、接到“结题证书”后，由学校组织开展的汇报型课型和分享型课型。②

许凌云提出课题实验课的五大实施策略：一是聚焦课堂教学中的真实问题，二是组建研究联盟，三是认真理解双重目标之间的关系，四是明确“课题实验课”中的观察对象，五是观察方式及工具要有多样性。③

---

① 任瑞庆：《基于小课题研究视域的课题实践课的实践与思考》，《教育理论与实践》，2018年第32期。

② 任瑞庆：《基于小课题研究视域的课题实践课的实践与思考》，《教育理论与实践》，2018年第32期。

③ 许凌云：《课题实验课：教育科研与教学实践有效整合的路径》，《教学月刊（中学版）》，2011年第11期。

袁玥认为研究课中，学科教学与课题研究存在“重合、从属、并列”三种关系，强调研究课既要有教学目标又要有研究目标，既要有教学内容又要有研究内容；研究课上既要体现明确的研究对象又要使用具体可行的研究方法。①

许冬梅、朱元兆提出在课题研究课上重点通过“五点探索”策略提升研究质量：一是明确研究点，让课题研究课成为课题研究的载体；二是找准结合点，让课堂教学内容成为课题研究的案例；三是抓住方法点，提升教师研究水平；四是重视发展点，促进研究成果的提炼与提升；五是关注创新点，提升认识。②

关于课题研究课的评价方面，肖林元认为评课标准应评价其课堂中的“研究意识、研究状态与研究效益”，其中研究效益在课堂上体现为课堂效益、课程性质及课堂文化的塑造。③ 另外，黑龙江齐齐哈尔富拉尔基区教科所、南通如皋市教科室及南京溧水区教科室在推进课题研究课活动的过程中都试行了课题研究课专用的评价标准，设计得较为科学合理，但其检测效果如何并未呈现。

综上，课题研究课的已有实践经验可以归纳为四点：一是明确研究点，精准研究目标，细化研究内容；二是找准对接点，理清双重目标，确定研究策略；三是验证研究点，落实策略措施，记录观察项目；四是审视对接点，研讨课堂评价，改进教学行为。

二、本土化的实践探索

20 世纪 80 年代以来，江苏省苏州市吴中区教育科研在苏州市教育科研主流的带动下，经历了从无到有、从普及到提高、从扩大数量到追求质量的发展之路。近年来，教育形势的迅猛发展，既为教育科研带来了新的机遇，也提出了更高的要求与挑战。可以说，质量科研是当下教育科研追求的主旋律，以探索创新来适应教育发展的新形势，是教育科研的当务之急。在教育科研的“十二五”规划期间，苏州市吴中区推行了“两课”对接的区域教育科研专题活动，即以区内各教育科研联盟为活动主阵地，进行课题研究课的公开教学展示活

---

① 袁玥：《研究课：换种思路来教学——兼评马建红老师执教的〈走进乡村〉习作指导课》，《江苏教育研究》，2012 年第 11 期。

② 许冬梅，朱元兆：《“五点探索”提高教学效率》，《北京教育（普教版）》，2015 年第 4 期。

③ 肖林元，林静：《课题研究课：教育科研扎根课堂的重要载体》，《上海教育科研》，2013 年第 11 期。

动，将课题研究的思路、内容、策略等“落地”于课堂教学，整合教研与科研，探索质量科研之路。

长期以来，课题研究与课堂教学的“两张皮”现象削弱了课题研究的现实价值，固化了教师的思维模式，以致很多教师认为研究与教学是两条道上的“马车”，殊途不同归。针对这一现象，苏州市吴中区教科室于2015年提出在全区中小学、幼儿园中开展课题研究与课堂教学融合的“两课”对接活动，在区域推进的过程中，在课题研究课的理论探索和实践操作方面获得了第一手的宝贵资料。

在中小学教育科研第十二个五年计划期间，苏州市吴中区教科室对全区179个“十二五”省市立项规划课题进行了全面分析——根据课题设计思路判断，其中教学类课题就有157个，占课题总量的大半壁江山。教学类课题的显著特性，一是属于行动研究课题，即为实现课题研究目标而需在课堂教学中多次开展行动实践；二是课题研究与课堂教学紧密对接，即课题研究中的某些预设措施必须经由课堂进行实证，不能脱离课堂而存在。

然而，根据区教科室人员多年的观察和了解，教师对教学类课题的“两课对接”意识十分淡薄，行动严重缺位。在很多教师看来，课题研究与课堂教学是各行其道、互不关联的“两码事”；也有很多教师虽然意识到课题与课堂应该融合，但对“如何融合”不甚明了，以至于往往将课题研究课上成常态课或一般的教研活动课。另外，作为教科研指导部门，在指导或鉴定课题时，通常只关注课题研究方案的撰写、研究活动的开展及结题报告的完整性等方面，往往忽略课题研究的实际效益及推广价值，如，课题研究的思想、策略如何有效落实到课堂教学中，是否由于开展了课题研究而改进了课堂教学行为、提升了学生的学习能力等问题，悬而未决。以上两个重要原因，造成教学类课题没有在根本上真正着落于课堂，最终形成的所谓研究成果或装点门面或束之高阁，课题研究质量自然可想而知。这一现状并非局限于某学校、某地区，而是一种普遍现象。因此，在当今强调质量科研的形势中，区域教育科研主管部门应主张强化课题研究与课堂教学的紧密对接，并专题探讨“两课”如何对接问题，这无疑会对教科研推进课堂教学改革具有很大的现实意义。

（一）何谓“两课”对接

“两课”，一指课堂，一指课题研究。将课题研究与课堂教学相对接的课型，称为“课题研究课”，即指在涉及课堂教学的课题研究中，按照课题研究思路预先设计解决措施，并在课堂教学过程中进行尝试、验证的一种研究活动，是开展课题研究活动的一种实证和运用方式，是教育科研扎根课堂、研究与教学实现整合的一种新型研究载体。

（二）“两课”对接的任务及特点

实现“两课”对接，上好课题研究课，课题组必须正确领悟“对接课”的活动任务和课型特点。

1. “两课”对接的任务：将教学类课题的研究设计意图，在课堂教学中贯彻执行，使课题的策略或措施更好地得以具体实施和落实，并观察和分析其有效度，为最终课题的成果获得提供实证性资料依据。

2. “两课”对接的主要特点：专题性、创新性、穿插性和考察性。

专题性，是指将课题设计中的某个“对接点”作为专题，在课堂教学活动中执行和落实（可以忽视与这一专题关系不大的其他各项教学活动），将这一对接点作为“变量”，在课堂教学中进行重点观察记录，并期望生成新的增长点。创新性，是指课题课的探索活动过程具有一定的创新元素，这一创新性，一是课题方案的创新设计，二是从课题方案设计转化为课堂教学设计及其教师实际的教学行为，都存在一个再创造的过程。穿插性，是指确定课题研究措施在课堂教学过程中的着落处（有的课题需要贯穿于课堂的全过程，而更多的课题只需要着落于课堂的某个阶段或某个环节）。考察性，是指当研究措施（自变量）着落课堂、对学生产生了新的影响后，强调研究人员需重点考察效度，即学生的变化度（因变量）。

（三）“两课”对接的原则

1. 针对性原则。按照课题对接课的“专题性”特点，设计者需要深入理解课题思路，针对课题的预设要求进行课堂教学设计。设计中，务必改变原有的习以为常的备课观念，将课题设计的内容和要求合理渗透和穿插于课堂教学过程，并力求体现针对性、创新性和有效性。

2. 准确性原则。课题着落课堂，课堂支撑课题，仅是一个宏观要求，要具体落实这一要求，认清“如何准确着落”是关键。如果能让课题准确着落于课堂教学过程或内容中的合理位置或部位，就能按照课题预设的目标和实施思路顺利推进，就像船夫撑船找准了下篙点，才能有效控制船只前行的方向并奋力向前。

3. 调整性原则。对接课的“考察性”，要求当课题研究点着落课堂、对学生产生了新的影响后，研究人员需要重点考察学生的变化。这一要求，就自然导出了它的“调整性”原则——考察学生的变化，一是为了解“着落课堂”后的效果；更重要的是以此为据，反思“着落课堂”的设计与实施是否存在不足，一旦确认,就必须对以前的设计与实施行为进行及时调整与改进(这符合行动研究课题的螺旋式提升的特点和要求)。

(四)“两课”对接实践做法

1. 开课“三件宝”

开设课题研究课的教师,事先要准备“三件宝”:一份教学设计、一份说课稿、一张两课对接表。为帮助教师顺利拿到这“三件宝”,区教科室提供了课题研究课的教学设计模板,其中包括教学(研究)目标、教学(研究)重难点、教学(研究)环节等内容,此为“第一件宝”。上课之前,由执教者进行说课活动。说课重点为三个部分:一是介绍课题研究方案设计的总体思路和研究重点,阐明课题设计中的策略和措施;二是阐述本节课的总体设计,点明本节课的课题预设部分;三是阐述课题预设部分在本节课中如何设计、如何实施,阐明设计意图,此为“第二件宝”。活动中,为帮助执教者廓清教学思路,找准课题在课堂的着落部位,区教科室专门设计了“两课”对接表(见表3-1),此为“第三件宝”。

表3-1 “两课对接”活动记载表

听课教师:________ 活动地点:________ 活动时间:____年____月____日

课题名称:________		“两课”对接点设定		教学内容:________	听课记录:(择要:针对对接点的教学过程或有关教学环节)	对接效果评价:(听课教师填写,打“√”)
课题主持人:________				执教教师:________		效果很好( ) 效果较好( ) 效果一般( ) 效果较差( )
课题研究措施(或研究内容)简介:	→		→	对接设计(简要)		改进建议:

填表说明:

1. 在活动开展之前,由上课教师负责,填写表中的“课题名称”“课题主持人”“课题研究措施(或研究内容)简介”“‘两课’对接点设定”“教学内容”“执教教师”“对接设计(简要)”,然后打印成纸质稿,分发给听课人员。

2. 表中其他需填栏目由听课人员在听课之前、之中或之后负责填写。

3. 填表人员要细心领会本表的设计意图和思路,特别是上课教师对“‘两课’对接点设定”“对接设计(简要)”栏目和听课人员对“听课记录”栏目,要认真把握,准确填写,以便组织者汇总分析。

4. 本表是电子表,组织人员可根据需要调整。

使用前期,“两课”对接表既让执教者在备课环节加强了研究意识,重视了研究预设,找准了对接着落点,也为听评课人员更好地聚焦研究,提高研究效益,获得研究预期,提供了真实依凭。使用后期,为了便于执教者理解和操作,在第一稿的基础上,做了进一步修改,相较于“两课”对接表,课题研究课主体设计及评价表(见第四章)的划分更为清晰,增加了研究目标部分,并对指导教师如何听评课提供了评价维度和评价内容,至此,为课题研究课的开设更科学理性提供了评价工具。

2. 执行“四步走”

当课题着落课堂的位置确定以后,从操作执行维度着眼,应循环执行以下四个操作步骤:

(1) 转,即“转化”——将课题研究核心及其要点的实施设计(主要指课题方案预设的策略、措施和方法等操作体系的设计)转化成课堂的教学设计。当前中小学教师的课题方案中操作体系的设计,一般都比较笼统和模糊,而将课题操作设计演绎为技术性的课堂教学设计,就是一个再创造的过程。这一点很关键且有一定难度,需要研究人员认真推敲,追求针对性和有效性。

(2) 行,即“行动”——根据课堂教学有关设计,在课堂上开展行动操作。要走好这一步,就涉及上课教师驾驭课堂教学的功力,因此,为确保课题实施的有效性,对参与课题研究的教师应该进行必要的选优。

(3) 测,即“检测”——设立指标,检测行动操作后的效果(或称效益)。检测对象,是学生;检测效果的核心标准,是学生的变化度。

(4) 改,即“改进”——根据检测的结果,回头反思,调整和改进课题预设要点,或课堂教学设计要点,或教师实际操作行为。

在一堂又一堂连续的课题研究课的实践中,按以上四个步骤循环往复操作,就能使“对接性”课堂教学行动日趋理性,使课题研究的教学成效不断显现,最终,使课题研究成果的顺利获得与牢固确立成为可能。

3. 对接“三形态”

找准课题着落于课堂的部位,要根据不同的课题设计的核心研究要点,确定课堂教学中的不同的着落点,以便在课堂教学中执行课题设计任务。由于课题研究内容的外延有大有小,因而着落于课堂的部位也就各不相同,一般有如下三种情况:

(1) 着落于全程:指着落于课堂教学的全过程。有的课题涉及课堂教学的全过程,如课题“初中语文自学指导方式研究”,主要研究教师如何指导学生开展自主学习活动。其研究核心是:对学生自学的指导策略和方式的创新与

改进。因为以自学指导为核心而构思的课堂教学，全程离不开教师的指导和控制，所以，这一着落点应该是课堂教学全程。

（2）着落于阶段：指着落于课堂教学中的某一个阶段。因为有的课题只涉及课堂教学的某一阶段，如课题“初中语文课堂预习的指导方法研究”，主要研究教师如何指导课堂中的学生预习。其研究核心是：针对学生课堂预习的教师指导方式的创新和改进。在课堂教学的全程中，课堂预习只是整个课堂教学中的第一阶段，因此，课题研究的着落点应该是课堂教学的第一阶段。

（3）着落于环节：指着落于课堂教学某一个阶段中的某一个环节。有的课题只涉及课堂教学某阶段中的一个或几个环节。如课题“初中语文教学中的问题生成研究”，主要研究语文教学中如何生成有价值的问题，然后以问题为线索开展教学活动。其研究核心是：研究问题生成的某些规律和教师如何促使课堂问题生成的方法改进。在课堂教学过程中，有效生成有价值的问题，只是某一个（或几个）阶段中的某一个（或几个）小环节，因此，课题研究的着落点应该是某一个（或几个）“环节”，课题“生成问题”的方法改进活动，应该在某一个（或几个）环节中进行。

课题研究人员在明确课题研究核心及其要点的前提下，必须在上述三种选项中选定一项，从而确定课堂教学中的着落位置。

三、课题研究课的基本流程

课题研究课作为课题研究活动的一部分，必然遵循研究的规范性和严谨性，建立起一套规范的开设流程。针对一节课题研究课，其基本流程遵循“五环节十步法”（见图3-1）：

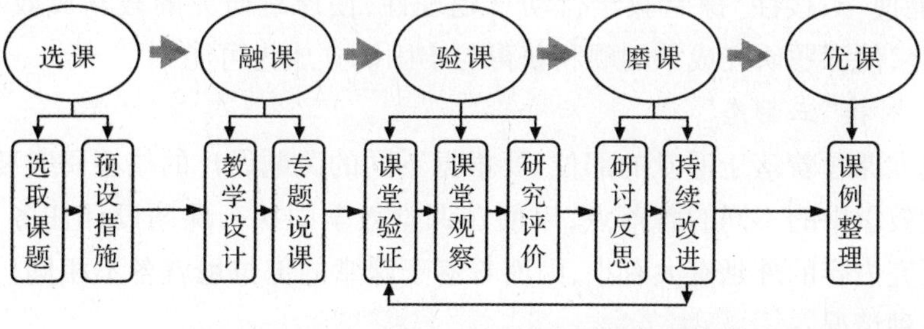

图3-1　课题研究课“五环节十步法”流程图

（一）环节一——选课

第一步：选取课题。这里的“课题”既指研究课题，又指上课主题。首先，

对课题研究方案进行细化和完善，明确操作性界定；其次，依据课题研究主题，选定适宜的上课主题。如“幼儿小组合作学习的实践研究”课题研究指向幼儿的合作学习，而“测量跑道”是一次大班的数学活动，活动任务需要小组成员齐心协力一起合作才能完成。由于课题研究与幼儿数学活动在合作能力培养方面有着一定的相关度，因此选用本课题承担研究任务。

第二步：预设措施。预设措施是开设课题研究课的前提条件，没有假设，课题研究课则无法开设。因此，课题研究课的执教者必须明了课题假设中的因果关系，对如何掌控课题中的自变量、因变量与无关变量心中有数，围绕如何掌控自变量，避免无关变量的影响，促进因变量变化提出课题假说。

关于“三种变量”的内涵及实施，吉林省和龙市教育科学研究所刘彦良在《论学校课题研究实践指导》①一文中曾指出，掌握“三种变量”是课题假设的前提条件，是开展课题研究的重要一环，需加以重视。

确定“三种变量”就是围绕研究课题与课堂教学，结合教师与学生的实际，找出自变量、无关变量和因变量的具体规定（所指的具体内容）。例如，结合“小学课堂教学民主化的实验研究”课题与实验教师及实验对象进行“三种变量”的确定：

一是自变量，即研究内容——教学民主化（营造民主氛围，激发主动参与意识，开发学生的学习潜能，指导学生学会学习）。二是无关变量，即干扰因素——教师的不良情绪与态度、偏爱心理、不恰当的教学方法与手段等；学生不良的学习态度、心理障碍、学习基础差、厌学等。三是因变量，即教学效果——应结合所教内容确定掌握哪些内容，提高哪些能力等。

正确地控制“三种变量”，就是在教学中有效地去实施控制要素。

一是“自变量”的控制。指导实验教师首先要知道“自变量”的内容（研究内容），然后让实验教师考虑好在课堂教学中运用什么样的教学方法、措施与手段去体现出所要研究的内容，也就是指导实验教师如何去促使实验对象迅速产生反应与变化，使课堂教学突出实验内容。“自变量”如果控制不好，可直接影响实验在被试者身上做出的反应与变化，还可以影响到因变量向着预期的方向发展。

二是“无关变量”的控制。指导实验教师首先要掌握好“无关变量”的具体内容（干扰因素），然后在课堂教学中自觉地控制与排除对实验对象的行为

---

① 刘彦良：《论学校课题研究实践指导》，《现代教育科学》，2012年第6期。

结果产生影响的一切干扰因素。比如,对来自实验教师方面的一些干扰因素的控制,实验教师不能把不良情绪、不良态度带进课堂,使学生的学习受到影响。作为实验教师,只要站在讲台上,就得以饱满的情绪、热情的态度对待全体学生。对来自学生方面的干扰因素的控制,实验教师无论是启发学生动脑思考问题,还是鼓励学生动手操作实践,乃至学习上的其他方面,不要歧视学习相对落后的学生,要做到一视同仁,面向全体,因材施教。要关注他们的每一点进步,关心他们的全面发展与成长,从而保证课堂素质教育的落实与课堂教学效果。教师对干扰因素的控制既是实验程序的要求,也是教师职业道德的要求。"无关变量"的控制很重要,它直接影响"自变量"在实验对象身上产生的行为结果。

三是"因变量"的控制。"因变量"的控制就是实验教师讲授完知识,为了了解学生的学习效果而采取的各种检测方法与手段。检测要求做到合理科学。通过实验教师合理的检测,才能全面了解不同层次学生的学习效果,才能保证其学习效果的正确性,才能证明研究内容(自变量)与教学效果(因变量)之间是否成因果关系。"因变量"的控制至关重要,如果选择的检测方法不当,则可能影响实验的成功与失败。

如果教师能有效地控制好"三种变量",就可以保证研究的正常进行,从而保证课堂教学质量的提高。

(二) 环节二——融课

第三步:教学设计。探索出课题课的教学设计模板,包括教学(研究)目标、教学(研究)重难点、教学(研究)环节等内容。将课题研究核心及其要点的实施设计,主要是课题方案预设的策略措施和方法等操作体系的设计,转化成课堂教学设计,以待课堂验证。由于课题方案中操作体系的设计一般比较笼统,如何将课题操作设计演绎为技术性的课堂教学设计,需要研究人员认真推敲,追求研究结果的有效性。

第四步:专题说课。上课之前,由执教者陈述教学设计。将说课安排在上课前,目的是让听评课教师事先了解教学设计,明确课题假说,聚焦课堂观察。说课重点说三个部分:一是介绍课题研究方案设计的总体思路和研究重点,阐明课题设计中的策略和措施;二是阐述本节课的总体设计,点明本节课的课题预设部分;三是阐述课题预设部分在本节课中如何设计、如何实施,阐明设计意图。

(三) 环节三——验课

第五步:课堂验证。执教者根据教学设计在课堂上开展教学实践,实际验证。要走好这一步，教师驾驭课堂教学的功力是关键，因此，课题组事先要对参与课题研究的教师进行必要的筛选与针对性的培训，缺少了这一环节，则不利于课题课研究的开设。

第六步：课堂观察。借助量表和录播系统进入课堂观察。组织磨课团队进行课堂观察，介入专家适时提示观察要点并点评教学行为。课堂观察依据量身定制的量表和录像课，针对课题研究部分进行定性、定量分析研究。

第七步：研究评价。组织教师和专家进行评课。与教研课相比较，课题研究课自有其独特的性质，因此，要建立课题课评课角度与标准。评价角度重点关注三方面：① 研究意识，本节课是否体现了课题研究理念；② 研究状态，本节课是否围绕课题研究的预设展开；③ 研究效益，整个课堂活动是否验证了研究的基本假设，是否取得了课堂的即时效益和长远效益。

（四） 环节四——磨课

第八步：研讨反思。可以是“一课一研，及时研讨”，即上完一节课之后就及时组织研讨；也可以是“一课多研，分步研讨”，即上完一节课之后组织多轮研讨，进行深度分析与反思。

第九步：持续改进。在前一课题研究课的基础上，在研讨反思中不断改进研究，提出新招；进入课堂，再次验证。

（五） 环节五——优课

第十步：课例整理。课题组把整个课题研究课的设计、展示、说课、评价及反思等，系统整理为典型课例，最终形成不同学科、不同学段的课例群，从中找出有效的教学改进方式，运用于后续的课堂教学，并给其他教师的教学实践以借鉴。这里的课例并非一节课的教学设计，教学过程还应包含教学反思，甚至是针对某一教学策略运用及改进的序列课。

第四章 >>>

课题研究课的实践操作

“五环节十步法”为开设一节课题研究课提供了基本流程和理论认识,但是,实践证明,只从理论上弄懂如何上好课题研究课还不行,必须把一定的功夫下在备课、说课、观课和评课指导等环节上。下面以具体案例的形式,对于如何开好一节课题研究课逐一进行阐述。

一、怎样备课

正如我们所知,一旦课题研究的问题产生于课堂教学,开设课题研究课则无疑成了老师们不得不面对的一个问题。而且,正是由于当下许多课题皆与课堂相关,这个问题的普遍性和重要性就更让我们没有理由去回避,甚至想打个擦边球都不行。我们相信,很多老师都急于上好课题研究课,但是对课题研究课究竟怎么上却有些“丈二和尚摸不着头脑”。老师们的问题通常有以下几种类型:

问题一:“开宗不明义”,即不懂什么是课题研究课,对其概念、特征、操作等均缺乏认识。

问题二:“移花接木”,即将课题研究方案中的若干措施“移植”进一堂课的教学设计,而是否合乎课情,有无适切性的措施等,全然不顾。似乎二者合一,任务就完成了。

问题三:“预设不足”,即缺少对研究措施的前期预设,教师备课时,没有将研究纳入其中。

翻阅当前教育科研领域有关课题研究课教学设计这个问题的论述,结果寥寥无几,有的也多是泛泛之谈,无关痛痒。为病人看病要对症下药,再观后效,做课题研究同样要拿出像样的“药剂”攻其要害、断其病灶才能“药到病除”。因而，解决课题研究课的问题，必须先从教学设计，即备课说起。

1. “一备”课题研究思路

这指的是执教者要阐述清楚在研课题的研究背景和研究思路，特别指出本节课将要解决的问题和预设的措施。这是指导整个课堂走向的“风向标”，也是使听评课老师尽快进入角色，了解课题，把握听评课要点，进而科学评判的前提条件。

2. “二备”课堂教学设计

针对一节课要解决的问题，执教者应讲清预设的研究策略措施与教学环节的对接、具体做法和设计意图等。这一“备”非常关键，是对预设措施在课堂中的“植入部位”和“植入方法”的聚焦，是“大胆假设”“小心求证”的重要一环，倘或模糊不清，交代不周，则不利于课题研究课的顺利开展。

3. “三备”课堂检测

如何客观检测课题研究假设在课堂教学中的实际效果，考察问题是否得到真正解决，则可以借助量身定做的课堂观察量表或其他检测方式，如运用师生访谈、调查问卷、考试成绩数据对比等方式，进行检测。

至此，一堂课题研究课的“三备”从研究思路到课堂设计再到效果检测，基本上形成了一个完整流程，有了这“三备”，课题研究的实践成效就呼之欲出了。

“中学语文课堂‘主导-主体’对接式教学策略的实践研究”是一项市级规划课题，课题组成员由区域内部分初中的多位语文教学骨干组成。通过几年研究和反复验证，课题组提炼出了一套实现教师主导性和学生主体性有效对接的教学策略，大大提高了课堂教学效果，促进了学生的主体性发展，从一定程度上解决了教与学这对基本矛盾。苏教版七年级“猫”是课题组袁老师上的一节课题研究课，下面以这堂课为例，具体阐释课题研究课的“三备”。

【案例】

课题研究课“猫”的教学设计

“一备”——课题研究课“猫”的研究思路

研究背景：“以教师为主导，以学生为主体”是新课改提出的一个重要理念，且已获得了广大教师的内心认同。但这一理念还没有真正意义上被贯彻到课堂教学中去。在具体教学实施过程中，教师既要准确把握自身的主导地位，又要最大限度地发挥学生的主体性，这个问题常常让教师顾此失彼。“主导-主体”对接式教学策略研究就是在这一背景下提出来的。

设计思路：主导与主体、教师与学生在课堂中如何实现“对接”，这其实是一个颇为抽象的概念。为了化抽象为具象，课题组从语文课堂教学中常见的三个环节（质疑环节、小组合作环节、反馈总结环节）中寻找“对接点”。具体做法是：从三个环节中筛选出被教师忽略并处理不当的典型现象，这些现象出现的时刻即可确立为我们需要注意的“对接点”，透过现象分析其中的原因，制定相应的策略在课堂中加以反复验证。

“猫”这堂课题研究课的设计是在质疑环节中开展的，针对实际教学中学生不会提问的现象，教师课前预先设计了提问辅导策略、问题卡策略、问题筛选策略、问题分类策略，在实际课堂中运用这些策略指导学生提问，通过对课堂学生质疑情况的观察，来验证这些指导策略是否有效，是否真正体现了教师主导下的学生主体性发展。

“二备”——课题研究课“猫”的教学设计

设计部位：质疑环节（包括课前质疑、课中质疑、课后质疑），本节课的关注点在课前及课中。

设计策略及具体做法：

课前质疑准备

A.“提问辅导策略”——教师在教学前制定预学案，针对学生不会提问这个难题，采用“提问辅导策略”引导学生可以从哪些角度进行提问，再结合课文《猫》指出更为具体的提问方向：一是对第一、第二只猫的描写有没有什么问题？二是关于第三只小猫的描写有什么疑问吗？三是对这篇课文还有什么疑问之处？

设计意图：课前进行提问辅导，可以帮助学生掌握正确的提问方法，明确具体的问题指向，进而提出有价值、有深度的问题，思维向更深处漫溯。

B.“问题卡策略”——预习案中除了让学生解决生字词等基础知识外，采用“问题卡策略”，让学生在预习案中提出个人不能解决的问题，以备课堂解决。

设计意图：由于课内经常没有预留学生质疑的时间，因此要求学生提前将问题记录在问题卡上，以便学生勤于思考及课堂重点解决，也有利于教师对学生问题的大致了解。

C.“问题筛选策略”——学生提出的问题各式各样,这就需要教师对问题进行筛选,即采用“问题筛选策略”。筛选条件首先是要与文本内容相关的问题,其次是有讨论价值的问题。

设计意图:问题筛选策略能够指引课堂走向,使问题聚焦于教学的重难点,引导学生深入思考,将课堂引向深度。

课堂质疑预设

D.“问题分类策略”——问题经过筛选后,教师将问题卡上学生的问题进行分类,围绕课堂教学目标和教学重难点,去劣存精,在课堂上以问题串的形式出示给学生,引导学生逐一解决。

生1:第一只猫是怎样的猫,从哪里可以看出来?

生2:第二只猫的性格特点是什么,从哪些句子中可以体现?

生3:失去第一只猫后作者是怎样的心情?

生4:这两只猫透露出作者怎样的情感?

生5:它既然不想吃鸟,那它又为什么要常常凝望着鸟笼呢?

生6:为什么作者最后会说“对于它的亡失,比以前的两只猫的亡失难过得多”?

教师用PPT出示以上问题,学生以圈点勾画、小组讨论的方法来解决问题。六个问题中前三个属于认知型问题,只要学生圈点勾画基本就能在文中找到答案。后三个是教学难点,学生在理解的基础上,小组探究文章的主旨,解决学习中的难点。

设计意图:问题分类策略后,这些问题以由易到难的顺序出现,利用问题的难易程度,教师可以层层深入,逐步引导学生理解课文。这也符合学生的认知能力,更培养了学生主动提问的良好习惯。

“三备”——课题研究课“猫”的课堂检测

为检验以上教师指导策略是否科学有效,课题组量身定制了A、B两种课堂观察量表,一份用于观察教师,一份用于观察学生,听课人员分别观察。一堂课为何要使用两份不同的量表?课题组的理由是该课题的关注点既在教师,也在学生,因而不能顾此失彼,而且两份观察表互相印证,可以更为全面、客观地反映课堂实况,了解问题的解决程度。

量表A　质疑环节——学生课堂质疑(提问)观察表

观察人：　　　　　学校：　　　　　学科：　　　　　课题：　　　　　时间：

观察内容	课堂实录	提问类型	解决策略
学生提问1			
教师解决过程简要描述			
学生提问2			
教师解决过程简要描述			
学生提问3			
教师解决过程简要描述			
学生提问4			
教师解决过程简要描述			
总体效果评价(请打钩)	A优(　　)B良(　　)C一般(　　)D不好(　　)		

注：上表第三列，学生提问常见类型：A. 认知型　B. 理解型　C. 评价型　D. 创造型，请把相应序号填入上方表格。

量表B　教师指导策略观察表

观察人：　　　　　学校：　　　　　学科：　　　　　课题：　　　　　时间：

教师指导策略	策略运用时的课堂实录	指导效果	针对性建议
		很好(　　) 较好(　　) 一般(　　)	
		很好(　　) 较好(　　) 一般(　　)	
		很好(　　) 较好(　　) 一般(　　)	
		很好(　　) 较好(　　) 一般(　　)	

注：上表第三列中的策略，即质疑环节课题组预设的系列策略：1. 设立问题法　2. 提问辅导法　3. 提问规定法　4. 问题分类法　5. 问题筛选法　6. 分组讨论法　7. 问题标注法　8. 运用学案法　9. 课堂留问法　10. 语言激励法　11. 仿照提问法　12. 学生自我命题法　13. 巧设问题法　14. 其他策略(　　)

有了观察工具，听课人员就能够很好地聚焦研究的开展情况，掌握课堂教学活动是否按照预设展开、是否验证了研究的基本假设、课堂问题是否得到真正解决、学生的质疑能力是否得到提高等一系列问题，研究预设的运用效果和问题的解决程度变得清晰可见，有理有据。

二、怎样说课

通常，若按某学科的一节课来说，说课大体包含以下“八说”：一说教材，对本节教材进行分析，说出本节课的内容、地位及作用；二说教学的重、难点；三说教学目标；四说教法；五说学法；六说教学过程设计；七说作业布置；八说板书设计。

但是对于课题研究课来说，说课要突出课题研究的特点，要突出课题研究理念的阐释和课题研究的预设及取得的成果和应用推广情况。具体来讲，说课重点说三个部分：一是介绍课题研究方案设计的总体思路和研究重点，阐明课题设计中的策略和措施；二是阐述本节课的总体设计，点明本节课的课题预设部分；三是阐述课题预设部分在本节课中如何设计、如何实施，阐明设计意图。下面，以课例形式具体呈现：

【课例1】

Unit 7 Chinese festivals 说课稿

说课者：涂　蕾（碧波实验小学）

一、课题设计思路

在英语教学中，最令学生感到枯燥的或许就是词汇学习。词汇教学历来都是教师教，学生读，学生背，这样的学习形式很被动，很多学生甚至通过死记硬背来记忆词汇，结果往往事倍功半。词汇学习不应仅限于教师讲、学生记，而应该让学生课前课后通过自己的自主学习来记忆词汇的拼写规律。在此背景下，“小学生自主学习英语词汇策略研究”应运而生。

本课题主要针对小学高年级学生，研究在英语学习中如何让学生在自主学习的情况下学习词汇的读音、识记词汇的拼写。希望通过本课题的研究，能够找到帮助学生自主学习词汇的方法，让学生在课堂外运用这些方法进行词汇读音的学习、词义的理解及字母拼写的识记。预设策略：

（一）创设学生自主识记词汇的情境

1. 视听情境；2. 合作探究情境；3. 竞争情境。

（二）引导学生自主掌握识记词汇的方法

1. 字母替换策略；2. 语音拼读策略；3. 汉语迁移策略；4. 同类词汇汇合策略；5. 词汇拆分组合策略。

（三）自主识记词汇的检测

1. 课堂词汇掌握评价表；2. 情境记忆检测；3. 反复记忆和巩固。

二、"两课"对接点设定

在 Unit 7 Chinese festivals 这节"对接"课中，我设定了以下五个策略作为对接点：

1. 视听策略

音乐和节奏是儿童学习语言的重要组成部分，使用歌谣教授英语，既可以陶冶学生的情操，提高他们的欣赏品味，同时又可以辅助英语学习，巩固语法和词汇，融娱乐与英语学习为一体，提高学生英语学习的兴趣。

2. 字母替换策略

这是指以学生学过的旧知为基点，替换其中的部分辅音字母，构成新词汇。替换法的使用对于学生来讲也不是很复杂，可以参照拼音中的声母和韵母，将英文中的辅音字母或字母组合和元音字母自由拼搭。本课主要运用于 dumpling 一词的教授。

3. 词汇拆分策略

对于一些复合词或者多音节词进行拆分，化解为小单位的词汇来学习，降低学习的难度。例如，本课教授 mountain 一词时就用到了此策略。

4. 汉语迁移策略

汉语和英语有着较大的差异，在很多时候翻译的语序是相反的，但是也有相当一部分的英语词汇是基于汉语表达习惯的，这时汉语和英语就有着相似之处，学生可以通过将汉语的表达直译成英语表达，从而达到掌握英语词汇的目的。本课主要运用于四大节日名称的英文自主学习。

5. 词汇掌握评价策略

根据学生课前课后会说的词汇数量对比来检测学生自主识记词汇的效果。

三、本课教学设计

本节课的教学内容为译林版五下 Unit7 Chinese festivals 第一课时 story

time 版块，新授重点词汇为 Spring Festival（春节），Dragon Boat Festival（端午节），Mid-Autumn Festival（中秋节），Double Ninth Festival（重阳节），dumpling（饺子），rice dumpling（重阳糕），climb mountains（爬山）。学生通过对四个中国传统节日的学习，感受中国的传统文化，并能用英语介绍所学的四个节日习俗。

（一）导入环节

1. Brainstorm（头脑风暴）

出示 jump 一词，让学生通过用辅音字母替换字母 j，从而得到新的“单词”，如 bump，dump，lump，pump 等。

出示 sing 一词，让学生通过替换字母 s 得到“单词”：bing, ding, ling, king 等。

出示_ay，让学生自己得出“单词”：bay，day，hay，may，say，way 等。

（设计意图：在一开场的热身活动中，以学生学过的旧知 jump, sing 为基点，运用字母替换策略，引导学生通过替换开头的辅音字母，从而得到新的单词或音节组合。由于含有相同的音素，让学生举一反三地念出其他新得到的词汇，也为后面教授 dumpling 一词做铺垫。）

2. What festival is in May or June?

Teach：“festival”

引出端午节，也叫龙舟节，教授 Dragon Boat Festival。

（设计意图：此处运用汉语迁移策略，让学生通过汉语的表达习惯来翻译节日，虽然端午节学生不会翻译成英文，但是龙舟节很好理解，并且当中的节日为 Festival，舟即船，为 Boat，只剩“龙”这个新单词，处理后很容易记住龙舟节，从而掌握端午节：Dragon Boat Festival。）

T：The Dragon Boat Festival is a Chinese festival. So today let's talk about Chinese festivals.

（二）新授环节

1. Watch and circle 看动画，圈出节日图片

Q：What festivals is the story talking about?

→春节，中秋节，九九重阳节

Work in pairs and try to translate the names of festivals.

同桌合作，试着翻译三个节日的英文名称。重阳节的翻译难度略大，翻译前给出提示词 double（双重的）。

（设计意图：春节、中秋节和重阳节这三个节日的英文顺序均等同于汉语

表达,因此,继续运用汉语迁移策略,在教授剩下的三个节日时让学生通过合作的方式自主进行节日名称的翻译,从而得到英文词汇 Spring Festival, Mid-Autumn Festival, Double Ninth Festival。)

2. Listen and choose 听一听,选一选

① When is the Spring Festival?

② What do people do? →get together

③ What do some people eat? →teach "dumpling"

dump-jump ling-sing

(设计意图:将 dumpling 一词拆分为 dump 和 ling 两个音节,由之前热身环节铺垫好的 jump-dump 和 sing-ling,学生不难读出 dumpling 一词。)

Read and retell the Spring Festival 朗读并复述春节

3. Listen and judge 听一听,判断

dragon boat races; in some places; rice dumplings

Teach: race(比赛)→lace→ place(地方)

(设计意图:运用字母替换策略将此处的 race 过渡到 place 一词的学习,既让学生掌握了两个词中相同的音素 ace,又通过简单地添加辅音字母,记住了单词的拼写。)

4. Listen and guess 听一听,猜一猜

Listen to the music and guess what festival it is. 听音乐猜节日

(1)《明月几时有》→Mid-Autumn Festival

(2)《九月九日忆山东兄弟》→Double Ninth Festival

(设计意图:此处运用视听策略,用歌曲和故事的音乐来让学生猜节日,比直接呈现图片更新颖。学生在音乐中学习的同时也陶冶了情操,激发了学习积极性,提高了学习的兴趣。)

5. Read and underline 自读课文,画出中秋节和重阳节习俗的关键词组。学习词汇 moon cake, rice cake 和 climb mountains。

月饼→moon cake,重阳糕(米糕)→rice cake

Mountain-moun tain(ground→oun→moun)

(设计意图:此处月饼和重阳糕两个词组完全可以让学生用汉语迁移策略自己得出。对于 mountain 一词可以运用词汇拆分策略简化为 moun 和 tain 两个简短的音节,由旧知 ground 提取出 oun 的发音,从而引导学生自行发现 moun 的发音,加上音节 tain 念出单词 mountain。)

6. Fill the blanks 完成表格

Festival	Month	Activities	Food
Mid-Autumn Festival			
Double Ninth Festival			

（三）巩固环节

Read beautifully 优美朗读

Check the words 利用词汇掌握评价表检测词汇掌握情况

词汇	上课前（会的打√）	上课后（会的打√）
Spring Festival		
Mid-Autumn Festival		
Dragon Boat Festival		
Double Ninth Festival		
eat dumplings		
get together		
dragon boat race		
eat rice dumplings		
eat moon cakes		
climb mountains		
得分（每个 10 分）		

（设计意图：此评价表可以清晰地反馈出学生通过一节课的学习，掌握词汇的情况。）

Play a game：Make a sentence with a word. 用单词造句

Think and write："My favourite festival."写一写自己最喜欢的节日

Motion education：Be proud of our culture！

情感教育：Be proud of our country！

【课例2】

《测量跑道》说课稿

说课者:金丽萍(临湖中心小学附属幼儿园)

一、说课题研究理念

我园的"十二五"规划课题"幼儿小组合作学习的实践研究",指向幼儿的合作学习。合作,是一种重要的社会行为,是儿童适应行为的一个重要方面,更是儿童社会性教育的重要组成部分。幼儿小组合作学习是幼儿在小组里为了一个共同的目标协调行动,自发地分配角色、互相分工、共同完成任务。幼儿的学习活动要突现个别化和合作化的学习形式,《3~6岁儿童学习与发展指南》指出:"幼儿园应多为幼儿提供需要大家齐心协力才能完成的活动,让幼儿在具体活动中体会合作的重要性,学习分工合作,提高幼儿的合作能力。"①随着年龄的增长,大班幼儿的交往能力也增强了,他们不仅注意自己的活动,而且注意同伴的活动,他们会主动向同伴学习,一起讨论问题,遇到共同的兴趣和目标幼儿之间会有很好的分工、合作……以上种种都为幼儿进行小组合作学习提供了可能。

"测量跑道"是一次大班的数学活动,以森林运动会上,小动物质疑在环形跑道上比赛结果的不公平,引出一系列问题:四条跑道的距离是不是一样长?到底每条跑道有多长?找找每条跑道的新起点?根据创设的教学情境,我为幼儿提供了两次操作测量的机会。第一次操作:让幼儿学会通过摆放棋子测量跑道的方法;第二次操作:找到跑道的新起点。这个任务需要小组成员齐心协力一起合作才能完成。在具体活动中幼儿要积极与同伴交流、协商,分配角色学习分工,共同合作完成任务。

由于课题研究与幼儿数学活动在合作能力培养方面有着一定的相关度,因此选用本课承担研究任务。

二、说教学环节

第一环节:设疑激趣。教师导入动物运动会场景,激发幼儿参与活动的兴趣。认识环形跑道,说说小动物分别站在第几跑道上。比赛结束了,可小动物

① 中华人民共和国教育部:《3~6岁儿童学习与发展指南》,首都师范大学出版社,2012年,第31页。

们对比赛结果是否公平提出疑问,发生了争执,跑在后面的小兔、小猴说“不公平”,跑在前面的小猪、老虎说“公平的”。教师启发小朋友思考:你觉得公平吗?为什么?鼓励幼儿发表自己的意见,激发幼儿参与活动的兴趣,自然过渡到下一个环节——测量跑道的长度。

第二环节:自主探究。这是本次活动的重点部分,主要采用讨论法、操作法,先让幼儿讨论量什么、怎么量,再自己动手操作,在摆放棋子中探究学习测量跑道的方法,为下一环节小组合作学习打好基础。“这4条跑道是不是一样长呢?我们可以用棋子来摆一摆、量一量。”“请你选一个小动物,用棋子来测量一下跑道有多长。”“这里有一张记录表,你是测量第几跑道的?想想应该从哪里量到哪里?几个棋子要摆在哪里?”“谁来介绍一下,你量了第几跑道?它有几个棋子长?”……游戏情境的创设,让幼儿很快进入小裁判角色,认真地测量起跑道的长度,通过动手操作,亲身体验发现每条跑道真的不一样长。

第三环节:小组合作。这是本次活动的难点部分,主要采用合作学习法。为了比赛公平,小动物必须跑一样长的路,怎么帮小动物找到各条跑道的新起点呢?教师提出合作要求:“小组合作帮小动物找到各条跑道的新起点。”并提示:“想想一组4个人怎么分工?谁摆棋子?谁记录?谁检查?”“如果都想摆棋子行不行?”“跑道的终点已经设定,想想应该从哪里量起?”……这个环节是本次活动中幼儿进行小组合作学习的对接点,通过教师提示、幼儿合作完成的学习,幼儿要学习商量如何分工,如何齐心协力完成任务,在寻找新起点的过程中,感知合作的重要性,学会合作技能,提高合作能力。

第四环节:分享评价。多元有效的评价是调动幼儿合作的积极性、巩固幼儿合作行为的关键因素,也是让幼儿学会小组合作学习的指导策略。所以在幼儿进行小组合作后,教师分别请每组代表介绍自己小组找到的各条跑道的新起点,特别介绍自己组内是怎么分工的,在合作中有没有碰到问题,又是怎么解决的。对于没有完成任务的小组,请他们找找失败的原因,并且请其他组小朋友帮他们想办法,让他们明白:小组成员只有分工明确、互相配合、团结合作,才能又好又快地完成任务。相反,如果互相埋怨,各干各的,是完不成任务的。幼儿通过反思评价,可以总结合作的技能,体验成功的快乐,感受合作的重要性。另外,教师对表现突出的小组和个人及时给予鼓励,从而更好地巩固幼儿已养成的合作行为。

第五环节:活动延伸。培养幼儿小组合作学习不是一蹴而就的,所以在一日活动中教师要做个有心人,充分抓住生活中的各种契机,为幼儿提供更多合作学习的机会，多引导他们参加集体性游戏，更好地培养幼儿的合作意识，使幼儿学会合作的方法，体验合作学习的快乐。如，在数学角提供园博园的游览地图及围棋子、环形针等测量工具，标出儿童欢乐岛、东门、南门、北门的位置，让幼儿自愿组成4人小组一起来挑战：测量从哪个门进园到欢乐岛最近？比比哪个小组最快完成？哪个小组可以评到“最佳合作小组”？

三、说设计意图

1. “两研活动”自然融合

此次活动，既是一次教研活动（是大班学习测量的数学活动），又是一次教科研活动（让幼儿学会小组合作学习活动）。孩子们在帮助小动物测量跑道长度、找到新起点的过程中既学会了小组合作学习的方法，又体验到了合作学习成功的快乐，两次活动合二为一，自然融合。

2. “有效对接”措施得当

让幼儿进行小组合作测量4条跑道找到新起点，是本次活动的难点，同时也是“两课”的对接点。为了使对接效果明显有效，主要通过三大指导策略。(1) 小组编排的科学化策略：本次活动按照“组间同质，组内异质”的原则，采用了强弱搭配的分组方式，让能力强的幼儿做组长，能力稍弱的幼儿做组员，活动中组长承担着分配角色、维持纪律、协调关系等工作，而组员则服从分工、乐意配合。强弱分组，可以充分发挥每个幼儿的潜能，从而也解决了以往能力强的孩子“一手包办”，能力弱的孩子“插不上手”的状况，让每个孩子都有成功的体验，提高自尊心和自信力，有利于孩子主动性和创造性的发展。(2) 过程指导的优效化策略：教师通过创设小动物跑步比赛的游戏情境，借助游戏的情节，把抽象的测量知识与生动活泼的测量游戏紧密结合起来，让幼儿在富有情节的游戏情境中自然而然地完成任务、达到目标，做到润物细无声，真正寓教于乐。(3) 多元七彩的激励化策略：多元有效的评价是调动幼儿合作积极性、巩固幼儿合作行为的关键因素。教师引导幼儿把自己的合作行为和合作后产生的愉快感受表达出来，对于同伴的合作行为给予评价，并说出理由。活动中，教师结合创设的游戏情境，以各小组取得的总体成绩作为评价和奖励的依据。肯定性的评价和评选活动不仅巩固了幼儿的合作行为，使幼儿体验到了合作的快乐，更激发了幼儿再次合作的内在动力。

附：

幼儿小组合作学习效果检测表

评价指标		优秀 ★★★	良好 ★★	一般 ★
合作意识	小组目标明确，团队意识强，人人积极参与。			
合作技能	1. 小组成员分工明确，各尽其职，完成任务。			
	2. 人人发言，会表达自己的意见，会倾听同伴建议。			
	3. 遇事会主动协商，愿意配合同伴，共同解决问题。			
合作体验	4. 正确对待成功和失败，不互相埋怨、指责，具有小组荣誉感。			

【课例3】

《近代化的探索》说课稿

说课者：周　黎（光福中学）

一、课题的整体思路、研究重点及策略措施

苏州市“十二五”规划课题“提高初中生史料解析水平的策略研究”，主要采用“行动研究法”和“文献研究法”。首先，从阐述初中生史料解析能力的重要作用入手，强调重视培养初中生史料解析能力是“实现历史课程目标”“转变传统教学方式”“应对各类阶段测试”“有利学生长远发展”的重要途径。

其次，从学生、教师两方面入手，结合问卷调查结果分析制约初中生史料解析能力提高的因素。学生因素方面，从研究“认知心理”入手，并举例说明该能力的不足，其实就是“文本阅读”与之相关的“五大支柱能力”缺失的集中体现。教师因素方面，“史料”教学、“合作”教学意识的缺乏和“‘终身学习理念’‘史料教学能力’‘苦练教学基本功’毅力”的缺乏分别是制约初中生史料解析能力提高的主要“教学理念”和“专业素养”因素。

再次，本研究的重点，即研究的主体部分，让初中生史料解析的“五大支柱能力”——文本阅读、识图辨图、分析对比、归纳概括、知识迁移能力“集体亮相”，并提出以“立足课堂、紧扣课本”等为主的、贯穿初中生历史学习全过程的、提高上述能力的具体实用的教学策略。我以历史教育学基本理论为指导，结合多年初中历史教学经验，提出了提高上述能力的“大三部曲”：立足课堂、

用好课本资源；精挑细选、巧用课外素材；精编练习、注重技巧点拨。它们分别是培养学生历史学习能力的“关键”、“辅助”和“提升”。“小三部曲”：夯实基础、稳扎稳打是根本保障；多种媒体、立体多元是最佳平台；抓住课外、自主学习是拓展延伸。

最后，初中历史教学“应充分尊重初中生历史认知水平”，并提出以教研组、备课组、教师个人三层次为具体的工作思路。

二、“两课”对接点总体阐述

本课主要是针对课题主体部分中的提高初中生史料解析能力之“文本阅读”和“识图辨图”两大能力展开的。本课题提出的具体研究措施为：①立足课堂、用好课本资源，培养学生文本阅读能力、识图辨图能力是关键；②精挑细选、巧用课外素材，培养学生文本阅读能力、识图辨图能力是辅助；③精编练习、注重技巧点拨，培养学生文本阅读能力、识图辨图能力是提升。本课的研究措施“对接点”为措施。

三、课题研究课总体设计及“两课”对接点示例

本课是一节初三历史一轮单元复习课，内容是“近代化的探索”，是《中国历史》（人民教育出版社下册）第二单元，本单元可以说是本册教材的“灵魂”。本课围绕中国近代化是一个从“学技术”到“学制度”再到“学文化”的由表及里的过程这一主线，设计四大篇章，分别是第一篇章《经济近代化：举步维艰，话“洋务”》（洋务运动）；第二篇章《政治近代化（一）：昙花一现，说“变法”》（戊戌变法）；第三篇章《政治近代化（二）：柳暗花明，论“革命”》（辛亥革命）；第四篇章《文化近代化：生气勃勃，评“思潮”》（新文化运动）。

下面以第一篇章为例，介绍本课的两处“对接点”：

（一）教师出示“文言史料”

轮船之速，洋炮之远，在英、法则夸其所独有，在中华则震于所罕见。若能陆续购买，据为己物，在中华则见惯而不惊，在英、法亦渐失其所恃……可以剿发捻，可以勤远略。

——曾国藩

教师在引导学生解读史料前，首先，向学生介绍史料解读中“借力‘语文智慧’”的小技巧，以消除学生的畏难情绪，告诉他们其实文本阅读能力在语文课上早已得到很好的锻炼，“文史不分家”，史料阅读能力其实就是将其迁移到历史学习中来，不要把史料解析复杂化、神秘化。其次，在学生独立阅读史料和思考问题的基础上，启发并引导学生结合课本知识，回答老师的问题：从“轮船之速，洋炮之远”中解读，并加深对洋务派主张“师夷长技”的理解；从“可以剿发捻，可以勤远略”中解读，并体会洋务运动的根本目的是“维护清朝统治”。当然，在培养学生的文本阅读能力，尤其是文言史料阅读能力的过程中，针对超出学生知识范围和理解能力的部分，教师要加以及时的讲解，如本段史料中的“发捻”（指当时的太平军、捻军等农民起义军）的含义，教师就要做铺垫性的讲解。

总之，在培养学生文本阅读能力的时候，要跨学科巧妙借力，用好语文与历史教学的合力。此处选择文言史料，主要是因为文言史料向来是学生文本阅读中的“最怕”，此类题目是对学生古汉语功底和历史知识的双重考查，解题关键是找出文言史料所述历史人物（本题的关键人物是曾国藩）、事件等和课本知识的衔接点，在此基础上紧密结合并灵活转化课本知识就可以成功解答题目。所以，教师在日常课堂教学的史料选取中要有所倾斜，以此加大培养的力度。

（二）教师出示漫画类“图片史料”

教师首先请学生自由描述自己看到的景象：“一棵主干腐朽的大树”（没落腐朽的封建制度）、“结出果实的嫁接枝丫”（西方先进技术）、“乐呵呵的果实采摘者”（想挽救统治危机的地主阶级洋务派）。其次，教师组织学生就本幅漫画的深意展开讨论。最后，教师引导学生得出结论：洋务运动中诞生了中国第一批近代企业，取得一定成果，但这个看似新鲜的枝丫并不能挽救整个大树死亡的命运，所以说，洋务运动最终还是失败的，失败在没有触碰导致近代中国落后的“病根”——封建制度，所以说这种挽救只能是隔靴搔痒。至此，教师帮助学生得出洋务运动失败的根本原因是“只学习西方先进技术，不改变腐朽的封建制度”就是顺理成章的了，学生在形象生动的漫画解读中懂得了深刻的历史难题，掌握了本课难点，可以说是事半功倍。

以数字化媒体的出现和繁荣为主要特征的读图时代的到来，引发了社会生活方方面面的深刻变化，也步步逼近初中历史教学，对学生的识图辨图能力提出了更高的要求。历史照片、地图、绘画、图表、漫画等是初中历史教学中普遍使用的图片史料，“一图胜千言”，它们能使学生直观生动地感知历史，其促教利学的作用是显而易见的。

【课例4】

《三角形的三边关系》说课稿

说课者：周　夏（香山实验小学）

一、课题设计的总体思路、研究重点与策略

我们选择“新课程背景下小学数学练习设计的实践研究”为课题进行研究，希望通过该课题的研究，引领教师找到一条提高数学有效教学的基本路径和操作程序，切实提升课堂教学的有效性，既促进学生的全面发展，又推动教师的专业发展，全面提高教学质量。课题设计思路如下：

准备阶段：建立课题研究组织机构，确立课题，文献研究，对学生进行有关数学练习的调查问卷，修订研究方案，开题论证，制定实施细则；培训研究人员，使其学习教育理论，指导课题工作开展。在新课程理念的有效引领下，结合本校实际，通过对小学各年级数学练习设计的研究和实践，尽可能地重建与提升小学数学练习对于小学数学课程的意义，进一步体现“人人学有价值的数学”理念。

实施阶段：根据本课题所选择的研究方法，把具体目标转化为操作方法；根据操作方法，进行小学数学练习设计的研究；组织、指导、协调研究人员之间、研究人员与研究对象之间的关系，适时反馈，调整研究策略；组织课题中期汇报，推进实效研究；通过对小学各年级数学练习设计的研究和实践，真真切切地来探索适应学生个体差异、促进不同层次学生发展的小学数学练习模式；尽可能地把数学练习的自主权还给学生，达到以“生”为本的练习模式；进一步提高我校数学教师小学数学教学的基本功，提升练习设计的综合能力，从而提升数学教师队伍的专业素养。

总结阶段：整理、分析、归纳材料和数据，形成研究报告；整理调查报告、教学论文、案例、有效的设计练习形式进行经验总结，形成成果集；通过积极探索设计及组织有效练习训练，落实学生的主体地位，灵活运用多种练习方法，激发学生参与探索知识的兴趣，促使学生的情感由“要我做”向“我要做”转化，进而促使学生主动获取知识，形成能力，发展智力，进一步形成数学思维能力。

课题的研究重点有以下几点：

1. 新课程背景下小学数学练习设计的特点与原则。

2. 新课程背景下小学数学练习设计的内容和形式。如:以“生”为本的练习设计的研究;协同合作的练习设计的研究;动态生成的练习设计的研究;整体关怀学生发展的练习设计的研究;反映实际生活应用的创新性练习设计的研究……

3. 新课程背景下小学数学练习设计中教师的作用。

4. 新课程背景下小学数学练习中学生的情感体验。

5. 练习情况的调查与研究等。

课题的研究策略为:

1. 针对性策略

在设计练习时,争取做到目的明确,从实际出发,针对教学内容和学生基础,紧扣教学目标,精选练习,突出重点。

2. 层次性策略

在设计练习时,依据认识事物的规律及学生的年龄特点,由浅入深,由熟到巧。

3. 多样性策略

根据教学理论和教学实践,单一形式的练习往往使学生感到枯燥乏味。因此,练习设计应形式新颖、多样,充分体现知识的发展线索。

4. 趣味性策略

根据这一策略,设计时注重练习题的趣味性,使学生在愉快中获得知识,提高教学效率;变枯燥的练习为趣味性练习,调动学生积极性。

5. 应用性策略

在设计练习时,从贴近学生生活的实际出发,把练习与现实生活有机地结合起来,使学生从练习中体会到数学在现实生活中的应用,从而减少对数学的畏惧感和枯燥感,体现知识的实际应用。

6. 开放性策略

变课本上的封闭题为开放题,培养学生的创造性思维。

二、“两课”对接点

1. 课题研究的层次性策略与“三角形的三边关系”:这一课时中的练习设计的层次性相对接,在练习过程中以三个层次呈现:第一层次是基础练习,第二层次是综合练习,第三层次是拓展练习,使练习真正体现“以生为本”。

2. 课题研究的多样性策略与“三角形的三边关系”:在这一课时中合理运用教材的基础上进行有效的整合、改变、拓展等,使练习过程充分体现出是连续性、多样性、开放性、发展性相对接的。这样的练习是顺着学生的思维发展的习题，是真正做到“以生为本”的练习。

三、本课的总体设计

“三角形的三边关系”这一课时教学主要是通过四个环节进行教学的。第一环节：复习回顾，引入新课。探索三角形的三边关系实际是有知识的延续和连接的，因此，在教学新课导入时，我让学生从复习回顾开始。因为上节课学生认识了三角形，知道了三角形的一些特征，所以可以先让学生回顾三角形有什么特征，从而很自然地引出三个顶点、三条边和三个角，进而回顾用三个点作为顶点围一个三角形，学生从能围的过渡到不能围的；针对性地回顾到“三角形三个顶点不能在一条直线上”这一特殊规定上。最后小结：“既然三角形的三个顶点有这样的特殊规定，那么三角形的三条边有什么特殊规定呢？今天我们一起来探索。”很显然，这样的新课导入是相对体现出了针对性的，既没有“假惺惺”的情境创设，也没有刻意刁难学生的实际问题解决，而是实打实地复习回顾，很好地把握住了数学知识的起点，朝着“以生为本”的目标迈进。

第二环节：操作思考，探究新知。这一环节是本课教学的核心环节，主要通过三个部分进行教学。第一部分：初步探索，操作汇报。借助课件让学生认清4根不同的小棒及其长度，进而任意选3根小棒，围成三角形。学生根据不同的选法，选择其中一种，动手围一围，通过交流、汇报、展示发现能围的和不能围的。第二部分：再次探索，比较分析。在问题“为什么任意选三根小棒，有的能围成，有的不能围成呢，这里的奥秘到底是什么？”的引领下，引导学生探索并发现：能围成三角形，这三条边之间到底有什么关系？第三部分：深入探索，归纳总结。①举例论证，再次感悟，学生举例论证：每人先任意画一个三角形，再用尺量一量，然后选两条边相加和第三条边相比，看看情况怎样，发现其中的规律。②解释说理，完善认知，要求学生说说两边之和等于第三边是否能围成三角形。③归纳抽象，得出结论，这一教学环节，让学生经历了“操作—思考—交流—验证—完善—归纳”等学习过程。在问题的引领下，学生分析能围成三角形与不能围成三角形的原因，且经过修改完善，最终得出“三角形任意两边长度的和大于第三边”的结论。这样，学生既亲历了新知的形成过程，又培养了科学严谨的研究态度等。

第三环节：巩固练习，深化认识。这一环节也是本课教学与课题研究“对接点”的主要内容和重点部分。这课时的练习由6个习题组成。第1题（教材“练一练”第1题）：下面哪组线段可以围成一个三角形？为什么？第2题（教材练习十二第8题）：从学校到少年宫有几条路线？走哪一条路最近？其实这两题就是我们平时所讲的第一层次：基础练习。在这一层次中学生也进一步学习了三角形的三边关系。这样的练习设计不仅很好地与课题研究中的层次性相对接，而且很好地体现出了多样性的策略，既能进行判断，还能解释生活现象等。接下来的第3到6小题分别把教材的“练一练”的第2题、练习十二的第6题和第7题进行了整合、改编和拓展。把这些习题中的数据做修改后统一。分别先给学生两根小棒，根据题意，要围成三角形，让学生选择出第三根小棒的长度；接着过渡到除了可以选择的这个长度的小棒外，还有多少厘米的小棒也是符合要求的？接着又问：那么最长、最短又分别是多少厘米？接着又是一题，让学生在原来两根的基础上把其中一根剪成两段来围一个三角形，可以怎么剪；然后是把一根小棒剪成三段围三角形可以怎么剪？最后提升到“根据今天学习的三角形边长的关系，最长的边应该如何确定？”这一拓展问题。其实，这6道习题并没有完全脱离教材，而是在合理运用教材的基础上进行有效的整合、改变、拓展等，练习很好地体现出了针对性和多样性。练习中的一系列问题是有连续性的和多样性的，是顺着学生的思维发展的习题，是真正做到“以生为本”的练习。这样的练习很好地与课题研究的多样性相对接。学生长期做这样的练习，一定能培养有序思考的能力，发展数学思考的能力和运用知识解决问题的能力等。这样的练习一定会成就“实效课堂”。

第四环节：全课总结，拓展延伸。通过回顾总结，延伸学生的思维，激发学生继续学习的愿望。

【课例5】

《24点》说课稿

说课者：陈　浩（越溪实验小学）

一、课题研究理念及思路

微型课题“元认知理论指导下提高小学高年级数学学困生学习能力的研究”是我校主课题“元认知理论指导下提高小学学困生学习能力的研究”的一个子课题，就高年级数学学困生方面的问题进行研究。

研究目标是在元认知理论指导下，通过班中典型学困生个体的改变，总结经验，寻找元认知理论指导下培养小学高年级数学学困生学习能力的有效策略，从而总结出符合本班特点的转化数学学困生的教学策略，促进班级教学质量不断提高。

本课题选择了班中有代表性的四个学困生为典型,通过对他们进行分析,发现他们的认知特点,提高其学习能力,总结出培养小学高年级数学学困生学习能力的有效策略。

班级学困生概况

谭同学:基础知识较差,最基本的计算题目都有较多错误,稍难一些的题目难以完成。经研究发现,这位学困生的理解能力较差,对于文字类的叙述题理解停留在二年级水平;记忆力差,容易忘记计算方法;反应慢,在上课时经常跟不上教学节奏。认知优势特点:上课比较认真、安静、耐心,订正作业时能自己思考。

陆同学:基础知识较差,学习习惯较差。经常拖拉作业,学习知识囫囵吞枣,前学后忘。认知优势特点:理解力不差,口算速度也比较好,能达到中等以上水平。对老师的表扬比较在意,被表扬后表现出来的积极性比其他同学明显。

钱同学:基础知识较差,学习习惯较差,注意力不集中,容易分心,导致一个知识点需要很长时间才能理解。认知优势特点:通过观察直观材料,能较快地理解数学知识。

殷同学:基础知识较差,理解能力较差,对新知识不能灵活运用,需要反复训练后才能理解。认知优势特点:比较喜欢做小游戏,游戏过程中参与性较强,有好胜心。

在本节课中,我们将关注学困生在理解4张牌算"24点"、掌握 $3\times8=24$ 和 $4\times6=24$ 两种方法这两个方面,针对不同学困生的认知特点,对他们进行相应的学习指导,提高他们的学习能力。

二、教学设计思路

在教学中,凡是学生喜闻乐见的形式都应该是设计小学数学教学时所使用的载体。在本课中运用学生熟悉的扑克牌加入教学设计,通过不同的扑克牌组合进行24点的计算,引入学生对新知的认识。接着,在本课的教学中,加入了竞赛活动一块,将所学知识运用到竞赛中来,激发学生兴趣的同时也提高了学生解决问题的技能。扑克牌、竞赛等环节的设计,对班级个别学困生也是很有帮助的。如,钱同学等学困生比较喜欢这种直观材料,比较喜欢做小游戏。

(一)课前交流,激发兴趣

课前通过多媒体课件图文、声音的有效组合,介绍扑克设计中包藏的学问,激起学生想玩扑克的兴趣,从而引出扑克的另一种玩法——“算24点”。

(设计意图:根据学困生钱同学喜欢直观材料的认知特点,在介绍扑克牌时请他进行简单讲解,通过对生活中熟悉事物的介绍,激发学生的学习兴趣。)

(二) 了解规则,揭示课题

老师介绍“算24点”的具体游戏规则。把A看作1,利用几张牌,用加、减、乘、除运算,使其结果为24,每张牌只可用一次。今天就用9张牌来算24点。(板书课题:算24点)

(设计意图:由于学困生存在注意力不集中的特点,因此在这个环节中,需要时刻注意学困生的学习状态,并且在讲解规则的同时要求进行复述。只有熟悉规则,才能在接下来的游戏活动中展开进一步的学习。)

(三) 激情游戏,玩中带学

在这一环节,遵循从易到难的原则,我设计了3个游戏活动。

1. 游戏一:幸运对对碰(2个数算24点)

ppt出示游戏规则:老师出一张牌,学生用手中的一张牌和老师碰,碰成24。经历$3\times(\quad)=24$、$4\times(\quad)=24$的对对碰游戏。(在这个游戏中让学生感悟三八二十四、四六二十四两种计算24点的基本方法。)

(设计意图:由于学困生的基础较差,老师请他们回答较容易的问题,让学困生进入一个自主的、积极的学习过程,充分调动他们参与学习的积极性,也为接下来学习三、四个数算24点奠定基础。根据学困生殷同学和陆同学的认知特点,他们在这个环节中更加容易被调动积极性,从而体现学习的主体地位。)

2. 游戏二:幸运凑凑碰(3个数算24点)

ppt出示数字“9”,老师提问:“再来一张牌能碰出24吗?”简单辨析过后,借此提问:怎样才能碰出24? 请同学们进行小组讨论。

(设计意图:学习难度增加了,这时老师走近学困生,关注他们的小组活动,适时发动周边学生对学困生进行简单讲解,将本来的学习过程细化,进一步激发他们学习的热情,调动学困生的学习积极性,并丰富其知识,提高其能力。学困生陆同学理解力不差,口算速度也比较好,在这个练习中能够很快、很流畅地和老师、同学进行交流、讨论,可以水到渠成地理解3个数字计算24点的方法。)

讨论结束后再制定新规则,需要增加1张或者2张牌。

在增加3张牌的情况下,得到(9,3,8)(9,3,4)等多种情况,请学生小组交流,尝试计算。接着出示练习:

(2,3,4)(7,6,3)(9,8,3)(3,5,9)

① 2×3=6,6×4=24,7-3=4,9÷3=3,3×5=15

② 2×4=8,3×8=24,4×6=24,3×8=24,15+9=24

③ 3×4=12,12×2=24

让学生边算24边寻找算24点的秘诀。

(设计意图：这个环节是本课最重要的环节，它既承接了上一环节的基本思考方法——三八二十四和四六二十四，又要为下面四个数字计算24点做好铺垫。所以本环节的学习对于学困生来说尤为重要。本班的学困生特点是在受到鼓励的情况下能发挥自己的学习潜能。在练习的过程中，老师走近每一位学困生，和他们探讨其中的一种计算方法，引导他们观察、思考、归纳，最后的一步计算都可以用三八二十四或者四六二十四来得到，与前一环节相呼应。在全班交流的过程中再次体会这两种算法的特点，感悟算24点的秘诀。)

学生分组讨论、汇报。

最后师生共同总结：多数算24点可以凑3和8、4和6，应用口诀进行计算，不能应用口诀的，再想办法进行加、减、乘、除混合算。

(设计意图：在整个过程中，先易后难，循序渐进，老师通过引导学生探究游戏活动的方法和操作步骤，让他们"玩"有组织，"玩"有目的，"玩"有方法，"玩"有收获。)

3. 游戏三——幸运比比拼（4个数算24点）

课件出示(1,2,5,8)，请同学们各自写一写自己的计算方法，并在小组内进行交流。(学生亲历3个数字计算24的过程，对于规则有一定了解，利用知识的正迁移，能够比较顺利地得到计算24的过程。)

(设计意图：对于学困生来说，4个数字计算24已经达到了本节课的难点。而学生在小组讨论的时候，学困生容易被忽略、冷落，尤其是安静的谭同学，所以老师必须走近学困生所在的小组，参与到小组讨论中去，作为学困生的后援团，把思路理清楚，写在练习本上，将其中一种计算过程讲解透彻，主要引导思考三八二十四的计算方法，即① 5-2=3，② 3×8=24，③ 24×1=24。如果能通过思考得到不同答案，老师要给予肯定和表扬。通过老师的引导，同学的帮助，将本来难以理解的内容变得通俗易懂，帮助学困生建立自信，并且在书写过程中巩固混合运算三步计算的知识。)

讨论结束后，各组展示自己的计算过程，请方法较多的小组进行汇报。

接着课件出示4组数字：(4,6,7,8)(2,6,7,9)(2,3,4,5)(5,6,5,3)，要求学生独立完成，写在自练本上。将写好的和组内同学交流。最后由小组长汇报结果。通过4个不同的计算活动,学生在实际操作中逐步完善了算24的计算方法,发散了思维。学生也经历了知识的形成和发展的过程。

(设计意图:本班大部分学困生都有注意力不集中的特点,而在这个过程中,题量变多,在书写计算的过程中遇到困难后容易转移注意力。这时老师选择从接受能力相对比较强的学困生陆同学、殷同学开始观察、帮助。通过书写其中的一个或者两个算式,让他们先掌握一定的学习技能,形成一定的自我调控能力。接着可以引导他们协助老师,帮助学困生钱同学,在知识的传递过程中,进一步提高他们的积极性,形成自主学习的能力。选择学困生谭同学辅导时,要注意他本身的认知优势,启发他根据三八二十四和四六二十四的计算方法,书写每个计算24点的过程。在书写的过程中,进一步理解、掌握算24点的方法。)

最后,全班对四个数算24点与三个数算24点进行比较,引导学生发现知识的内在联系:三个数算24点和四个数算24点方法相同,只是后者算法更多样些。

(四)小组对战,快乐十分

播放录像:小组四人算24点的游戏规则。即每人都准备A—9共9张扑克牌,小组的4个同学每人各出一张牌,先把出的4张牌的数字记录下来,根据所出的4张牌上的数,算出得数为24,把方法也记录下来,如果不能算出24,就空着,把自己打出的牌收回去。每个小组都有5次出牌的机会,哪个小组成功算出的速度快、方法多,就获得胜利。

老师巡视课堂,将学生不能做出的选几组出示,请全班同学一起参与思考计算,算对可以获得小小奖励。最后评选优胜组。

(设计意图:由于学困生的基础知识都比较差,因此老师在巡视课堂的时候,将学困生分为一组,这样每个人的特点相近,更加容易激发他们的竞争意识和学习热情,培养他们自主学习的能力。特别是游戏情节很深的学困生殷同学,能在抢答的过程中把知识真正运用到计算中去。当然,在游戏时也要循序渐进,由易到难,将手中的随机牌变成指定牌,比如拿出前面环节出现过的几组数字,进一步理解和掌握计算步骤,巩固计算方法,激发计算潜能。在此基础上,适时加入几组不同的数字,逐步建立正确的计算观念。)

在本环节中,用4张牌算24点时,计算过程要复杂一些。有必要组织学生以小组为单位进行活动,而且4人小组每人从自己的牌里摸出一张,正好可以计算。借此可以培养学生主动探究、合作交流的意识。学生算完后,在小组里介绍自己的算法,大家可以互相补充,互相吸收,在合作中交流,在交流中分享,逐步增强合作的意识。

(五) 全班评价,回顾总结

对全班比赛进行点评。表扬优胜组,并且颁发小奖品。最后,全班交流今天的收获。

(六) 课后延伸。

请学生回家组织一场家庭算24点比赛。

【课例6】

《云房子》说课稿

说课者:周珏华(吴中实验小学)

一、课题简介

借助"孙子文化进校园"的活动,我校提出了"智慧教育"的办学理念,设想将《孙子兵法》的《形篇》和《势篇》中"谋形任势",用以改造我们的课堂教学,提高教师的认知和转化能力,丰富和深化"智慧教育"。由此,2014年我校立项开展了市级"十二五"主课题"谋形任势,建构智慧型课堂的实践研究"。

《孙子兵法》中,将领特别需要"谋形任势",我们由此联想到课堂教学中同样存在的"形"与"势",要改造我们的课堂教学,教师也应该特别具备"谋形任势"的能力,这也正是提高教师认知和转化能力、建构智慧型课堂的最佳切入点。

二、"对接"策略

围绕学校主课题"谋形任势,建构智慧型课堂的实践研究",语文组根据学校主课题实施方案,结合学科特点,根据学生的认知水平、学科教学内容、教师自身的素养特长等特点,谋形任势,从教学目标的指向和调控、教学手段的选择和优化、教学情境的利用和创设、教学方式的运用和调整、教学成效的评价和标准进行实践研究,打造智慧教师,构建智慧课堂,培养智慧学生。而教学手段作为课堂教学的重要因素,必须发挥显而易见的优势。其中,现代教学手段已全面普及到了日常教学中,它让课本上那些呆板的、不易理解的文字变得更加有声有色,让教师的教和学生的学这个互动的教学感知过程变得更加活灵活现。因此,如何根据教学实际需要,灵活运用,不断优化,让现代化教学手段发挥更积极有效的作用,成为语文教学的重要课题,而怎样使课堂教学实际和课题研究对接,成为我们研究的重点。

在研究教学手段的选择和优化这个内容时，应根据具体的教学内容，结合不同年龄段的学生特点，科学、合理地选用教具和学具及信息辅助技术，并根据目标需要和成本控制原理，对教学工具进行利用、改造和开发。具体教学苏教版国标本二年级上册《云房子》一课时，从课前预设、情境导入、细致品读和识写生字四个方面，借助现代化教学手段优化运用，与课题研究相对接。

三、教学设计

下面先谈谈对《云房子》一课的理解：《云房子》是一篇童话故事。根据对教材的分析和已提出的教学目标，可以把本课的教学重点定位为品读课文，培养学生热爱大自然之情。但是对于低年级孩子来说，他们缺乏一定的自然知识，对于完整的说话练习还不够连贯。根据低年级儿童的年龄特点，可以利用现代化教学手段化静为动，变无声为有声，让学生面对绚丽的画面、鲜艳的色彩、优美的音乐，产生身临其境的感觉。这不仅能让整篇课文生动形象起来，还能帮助孩子们理解。所以应在课前做充分预设，在教学中察形谋势，将现代化教学手段在这一课的恰当运用，作为“两课”的对接点。

1. 情境导入，录音范读，借形造势

都说“良好的开端是成功的一半”，语文教学中的新课导入便是教师运用现代化教学手段的一个好时机。此时，利用多媒体，创设情境，能尽快吸引学生们的学习注意力，在揭题的同时也能调动学生们整堂课的学习积极性，使他们静下心来，将关注点集中到文本上来。《云房子》这则童话故事，它的内容来源于生活却又不是生活的完全写实，所以揭示课题是教学的第一步课件先是出示各式各样的房子让学生观赏。由此向学生发出疑问：我们在生活中见过许多种房子，有砖瓦房，有钢筋混凝土的房子等，可是有谁见过“云房子”呢？今天我们就一起到童话王国去找一找“云房子”吧！这时课件出示录音范读的视频让学生整体感知课文的内容，这一环节与课题研究中现代化教学手段运用的“时机优化策略”便对接了。

2. 细致品读，动画切入，辨形任势

运用现代化教学手段可以使教学内容不受时空限制，形象地传输、保存和再现知识原型，把间接的知识转化为直接的知识，也可以把所有教学内容、资源加以整合，提高教学效率。这一环节中现代化教学手段的“整合优化策略”和“主体优化策略”，更好地服务于教师的“教”，让学生学得很有效。在教学中，可以让学生到课文中去看一看雨过天晴，天空中发生了什么，云房子究竟是什么样的？借助多媒体课件出示雨过天晴的美景和相关的课文内容，提问：

“雨停了，有些云留在天上了，这时，一群小鸟飞来了，它们会说些什么呢？做些什么呢？”学生很快会在课文中找到，小鸟们造了各种各样的云房子，“有的像大冬瓜那样傻傻地横着，有的像花儿那样美美地开着，有很高的大楼房，有很宽的大礼堂，也有一点点小的，小得只可以住进一只小麻雀”。对于认知水平还比较低的低年级学生来说，单靠想象，很难理解这么多种不同的云房子，所以学生边读老师边出示对应图片，让学生更直观地理解句子。利用多媒体动画把它们形象地展示在学生面前，学生便能豁然开朗，从而喜欢上阅读。

除此以外，要让学生发挥想象：小鸟们还会造什么样的云房子呢？适时地把“有的像……，有的像……，还有的像……”这个句式迁移了。有了现代化教学手段辅助教学，可以提供积极主动的学习环境，能突破时空的限制，让学生融入角色，身临其境，把所学课文更深入地内化，并产生共鸣。

3. 识写生字，Flash 演示，观形运势

现代化教学手段的运用，还体现在优化识写生字上。本课时要识写的生字是“房”“造”两个半包围结构的字，两个字笔顺和结构是难点。教师先出示两个生字，让学生观察生字的结构，然后用 Flash 动画演示生字的笔顺，并用不同颜色标注书写的注意点和主要笔画，最后在学生熟记字形的基础上指导学生书写，做到精讲多练，把时间用在练习书写上，以提高学生的书写能力。

总之，在整个教学过程中，要始终抓住“两课”对接点，不断优化现代化教学手段的运用策略，合理有效地运用到语文教学上，充分发挥其魅力，并把学习的主动权交给学生，引导他们充分地读，主动地悟，尽情地交流，创设各种情境，引领学生进入文本，学习语言，培养语感，力求生动有趣而不失实效，从而达到全面提高教学质量的目的。

三、怎样观课

众所周知，一切科学研究始于观察，观察是科学认识的重要源泉。观察法是教育科学研究常用的一种研究方法，贯穿于研究过程的各个阶段，不仅在收集和积累各种事实、资料，仔细观察研究对象的发展变化阶段会使用到观察法，而且在对事实进行定性定量分析、检验研究实践效益的高低时，也是一种必不可少的方法。因此，科学观察不仅是打开课题研究之门的“敲门砖”，而且是检验科研成果含金量的“试金石”。观察法固然不可小觑，但是，很多老师最犯愁的地方也正在于此：如何观察？观察什么？如何通过观察来判断研究成果的价值高低？一系列问题，让这块“敲门砖”非但没敲开门，反而变成了“绊

脚石”。如果能够找到一把打开观察大门的“金钥匙”，这些问题就迎刃而解了。那么，对于课题研究课来说，到底应该如何进行观察？

中小学的教育科学研究领域涉及众多研究范畴，每个研究范畴又区分为若干个研究分支，在不同分支领域开展研究的过程中要采取不同的科研方法。同理，针对不同“课题研究课”上的课堂观察，我们也要采取不同的观察方式，运用相应的观察工具。教师们要在抓住实验本质及数据采集基本原则和服务对象的基础上，根据自身研究的特点，选择或开发适宜的数据采集方法及工具。

（一）开发量表中存在的问题

我们知道，很多课题研究都是围绕“基于课堂，在课堂中，为了课堂”这个主题开展的，因此开展课堂观察是从事课题研究的重要渠道之一。而观察法的主要载体是量表，那么，由此出发，开发量表进行观察，无疑是寻找“金钥匙”的明智之举。开发量表的意义在于能够让老师们通过使用量表，在课中知道该聚焦什么、记录什么，课后知道应依据什么、建议什么、改善什么。一句话，让问题浮出水面，让方法有据可依，让成果真实可信。但是，目前量表的开发存在两大问题：

1. “拿来主义”

在这种情况下，大多将别人的量表直接拿来或稍加修改就为我所用，缺少自主开发。然而记录者对别人设计的量表背后的理论不得而知，导致观察针对性差、指向性不明。事实上，并不存在一个适用于所有人和所有课的观察量表，每一位教师所面临和所关心的教学问题都是具体的、不同的，因此，他们根据自己对观察点的理解和对自身教学特点的认识所编制的观察量表也是具体的。当我们借鉴这些量表时，必须依据自身的需要对其做出修正，只是照搬他人的观察量表，恐怕无法实现我们全部的观察意图。

2. “盲目主义”

这类问题主要是针对自主开发的量表。表现有四：一是缺少观察点，往往是先有量表后有观察点，导致观察盲目无主，认识不明；二是观察点繁多，既要观察学生又要观察教师，还要对现象做出判断，往往让记录者顾此失彼，手忙脚乱；三是设定的有些观察指标，既不好观察，又不好记录，更不好推论，导致有观察无结果；四是依赖主观经验设计观察指标，往往导致设计的观察量表逻辑性差，以偏概全的现象突出，导致观察的价值大打折扣。

（二）开发量表的基本步骤

如此看来，开发出科学有效的量表是决定观察成功的重要一环。那么，如何开发量表呢？可把握以下几项基本步骤：明确观察维度——设定观察点——确立观察指标——规范呈现量表。

1. 明确观察维度

我们知道，课堂主要由学生学习、教师教学、课程性质及课堂文化四个维度构成。因此，研究人员必须先结合课题研究的实际，确定观察的维度究竟是什么，这样才可以为具体观察明确“抓手”或“支架”，否则将使观察陷入随意、散乱状态。通常，我们可以参照以下视角进行判断：从预习、倾听、互动、自主、达成等视角看，观察维度是学生学习；从环节、呈示、对话、指导、机智等视角看，观察维度是教师教学；从目标、内容、实施、评价、资源等视角看，观察维度是课程性质；从思考、民主、创新、关爱、特质等视角看，观察维度是课堂文化。

2. 设定观察点

在明确观察维度的前提下，研究者要根据课题研究的问题来设定观察点。需要注意的是，不同的问题有不同的观察点，同一个问题也可以从不同角度设立观察点。如研究课堂中学生的主体性问题，可设定“学生课堂提问情况”作为观察点；开展问题驱动教学研究，可设定“教师如何引导学生思考”作为观察点；开展教师教学行为研究，可设定“教师讲解行为”“教师指导行为”等作为观察点。

3. 确立观察指标

确定观察维度和观察点后，研究者根据可观察、可记录、可解释三原则，确立观察点的各项观察指标，即观察内容。这里，可观察是指观察指标通常是指向具体行为的，如师生之间的提问与应答、阐释与分辨、辅导与练习、教师移动与教学手段的运用等，理念、思路、内心思考等头脑中的东西因其是无法观察到的，所以不能作为观察指标；同样，所设定的观察点还必须是可记录和可解释的，不可记录等于不可观察，不可解释等于没有观察。以小组合作为例，可以从下面的内容中有选择地确立观察指标：

小组交流时，每一个成员能不能表达明白自己的意思？

交流时学生是不是关注他人的发言？

小组合作是不是按时完成任务？

最后是不是有小组的总结？能不能形成集体的意见？

集体交流时，小组的汇报员是不是汇报集体的观点？

是不是关注其他组的观点？

……

4. 规范呈现量表

研究者根据以上步骤，先自主开发出量表初稿，经由课题研究组合作审议，对量表提出修改意见后，研究者开发二稿，在课堂试用，课题组再次审议完善，最终完成量表定稿。

（三） 开发量表的三个维度

第一个维度：学生学习维度。一切教育改革的最终目的是学生的发展，因此学生始终是课堂的中心，也是观察的中心。因此，我们的观察量表也应该把落脚点放在学生身上。根据研究内容的不同，观察量表内容呈现不同。

一位教师为了研究体验教学在"道德与法治"课堂中的效果，对两个班级进行了观察，并制定了相应的观察量表。如表4-1所示：

表4-1　观察量表（一）

环节	教学内容	学生表现（参与度，在活动中的具体表现等）	课堂效果

上述观察量表很简单，但是教师在不同的班级都使用这张观察量表，一个班级在教学中增加了"体验"的活动，而另一个班级则没有，课堂效果就发生了明显的变化。观察量表反映的情况也许对于一般教师而言是"意料之中"的事情，似乎不值得这样"劳师动众"，但是如果没有观察，就会使我们的研究落入"想当然"的俗套，失去了研究的根基。

第二个维度：教师教学维度。观察量表除了关注学生的活动外，教师本身的活动常常被忽略，因此，有些问题就没有办法引起重视。有的教师会通过录像的方式来回顾自己的课堂，当再现课堂后，有些教师常常会发出这样的感叹："原来我在课堂是这样的啊！"可见，我们需要通过一些方式让教师看到自己的课堂表现，从而反思自己的课堂。课堂观察量表是一种简单有效的方式。

对于每一个教师而言，理想的课堂大多是一样的，就是既能发挥教师的主导作用，又能体现学生的主体地位。但是在现实的课堂中，这两者的关系要么是一边倒，要么就是在不断地"拉锯"战，因此，为了更加清晰地看到课堂中这两者的关系，有教师就设计了一张观察量表，让听课的教师为自己记录下来。如表4-2所示：

表 4-2　观察量表(二)

行为	所用时间	所占百分比
教师讲解		
学生交流		
师生互动		
小组讨论		
学生练习		
其他时间		

这张观察量表很简单,就是观察一堂课中教师教的时间与学生学的时间,看看两者所在时间的百分比。虽然观察目标很单一,但是“时间”的百分比很能说明,也能让教师清楚地了解自己的课堂。

第三个维度:课程性质维度。不同的课程,有不同的课程性质,有的注重语言文字的运用,有的注重关系之间的逻辑关系处理,有的注重观察与实践……因此对于不同的课,观察量表也应该不一样,这样才能凸显课程的特点,也更能发现课程教学中的问题。

科学课是学生喜欢的课程,但是什么样的方式更受学生欢迎,教师如何引导学生思考等值得做进一步研究。为了更好地了解此课程的课堂情况,可以设计如表 4-3 所示的观察量表,做进一步观察。

表 4-3　观察量表(三)

观察内容	方式	环节一 课堂效果	环节二 课堂效果	环节三 课堂效果	环节 X 课堂效果
教师如何引导学生思考	教师讲解				
	辅助性讲解(演示、实验等)				
	师生问答				
	学生实践观察				

其实课堂的呈现远比表 4-3 中的内容丰富,但是表格中的一些内容应该是课堂中最普遍的情况。教师在设计观察量表的时候,其实就是一个很好的“预设”过程,而课堂中的真实反映也是对教师预设的一种验证,让教师的教学趋于理性,摒弃随意。

（四）如何对量表进行完善

根据观察重点，寻找到合适的观察维度制定量表，这只是开展研究的第一步。实践中我们会发现，随着研究的不断深入，需要不断调整、完善观察量表，以得到更加精准的“数据”，让课堂研究的“枝干”更加粗壮，让研究更具科学性。

1. 量表完善方向——前后纵向对比

对于一线的教师来说，面对课堂中出现的问题，亦可以说是研究的契机，往往是“当机立断”地解决了，而之后一般就“抛之脑后”。这便使得很多值得研究的内容被“忽略”掉了。而要使教师形成一种研究的思维，就可以从不断完善观察量表一步步推进。一般观察量表在制定之后会被多次使用，但是深究下去就发现，很多量表在制定初期是不够完善的，同一张量表，随着观察时间的推移，就会出现需要完善的地方。这其实就是在启示我们，可以根据前后纵向对比，对观察量表进行改动。

如表 4-3 所示，在实践中发现，课堂上观察实验或者学生自己动手操作，便会出现一些事先没有预设到的问题，而有些问题并不是随便可以“滑”过的，应该引起教师的重视。因此，此观察量表可以再增加一些内容，如表 4-4 所示，增加了“教师对生成问题的处理方法”，这样使得观察更加全面一些。

表 4-4　观察量表（四）

观察内容	方式	环节一 课堂效果	环节二 课堂效果	…… 课堂效果	环节 X 课堂效果
教师如何引导学生思考	教师讲解				
	辅助性讲解（演示、实验等）				
	师生问答				
	学生实践观察				
教师对生成问题的处理方法	生成的问题				
	教师的处理				

2. 量表完善方向——平行班的横向比较

当我们要检验一个教学方法是否有效时，最简单的方式便是通过平行班的横向比较，一个班级使用这个方法，而另一个不使用，看看效果怎样。其实很多科学研究上的伟大发现，常常采用这种横向对比的研究方式。而观察量表因为对象不同,也可以随之改变。

如表 4-1 所示,教师想检验一下体验活动在“道德与法治”课堂教学中的效果,而研究教师同一个教学内容,在多个班级进行教学,完全有条件进行横向比较。而根据是否使用体验活动,在不同的班级,可以增加一列,让观察更加“聚焦”。如表 4-5 所示。

表 4-5 观察量表(五)

环节	教学内容	组织体验活动	学生表现(参与度,在活动中的具体表现等)	课堂效果

增加了一列“组织体验活动”,其实就是让观察者更加关注观察“点”,而观察量表的记录结果也能给研究教师以更加清晰的对比内容。

(五) 如何对量表进行统计分析

在课堂观察中,观察者依据对象的行为表现在量表的相应位置上进行记录,记录结束后,观察者对信息依次进行统计、整理、归纳、分析。

第一步——数据统计:对于简单的、一目了然的数据,可以通过百分比、频数或排序等方法进行统计;对于复杂的数据,如师生语言互动分析,可以通过频率和百分比的计算,绘制出可以说明问题的图表,也可以利用 Excel 等电子制表软件来开发数据表进行数据分析。

第二步——文字整理:对于文字记录资料,可以按观察量表的设计意图对所有记录人员记录的信息进行合并、归纳、分析,力图完整地囊括众人的记录,真实地体现当时的课堂情境。

第三步——归纳陈述:在数据统计和文字记录整理的基础上,寻找、发现可以陈述的问题或观点,建构分析框架,对统计或整理的结果按不同的问题进行归类,把具体的事实与数字集合到相应的问题或观点中去,为下一步的解释做好准备。

第四步——分析解释:分析解释的任务在于对发现的问题或被观察者的教学特色进行剖析与反思,对数字的具体含义与现象背后的原因及意义做出解释,并提供相应的教学建议。但必须依据课堂实录,针对此人此事此境此课,不要进行过多的经验类推或假设。可以一段完整的观察量表 4-6 为例加以说明:

表 4-6　观察量表(六)

观察维度:教师教学　　　　观察点:教师提问的有效性

<table>
<tr><th rowspan="3">序号</th><th colspan="6">教师提问</th><th rowspan="3">停顿时间</th><th colspan="5">学生回答</th><th colspan="5">教师理答</th></tr>
<tr><th rowspan="2">教师提问(以原话为准)</th><th colspan="2">指向</th><th colspan="3">层次</th><th rowspan="2">学生回答(以原话为准)</th><th colspan="4">回答方式</th><th colspan="5">理答方式</th></tr>
<tr><th>清晰</th><th>模糊</th><th>识记</th><th>理解应用</th><th>综合分析评价</th><th>无应答</th><th>集体齐答</th><th>个别回答</th><th>讨论汇报</th><th>打断或代答</th><th>不理睬或批评</th><th>重复答案</th><th>鼓励称赞</th><th>追问</th></tr>
<tr><td>1</td><td></td><td></td><td></td><td></td><td></td><td></td><td></td><td></td><td></td><td></td><td></td><td></td><td></td><td></td><td></td><td></td><td></td></tr>
<tr><td>2</td><td></td><td></td><td></td><td></td><td></td><td></td><td></td><td></td><td></td><td></td><td></td><td></td><td></td><td></td><td></td><td></td><td></td></tr>
<tr><td>3</td><td></td><td></td><td></td><td></td><td></td><td></td><td></td><td></td><td></td><td></td><td></td><td></td><td></td><td></td><td></td><td></td><td></td></tr>
</table>

观察结果及教学建议:一是评价指标的频次统计。结果如表 4-7、4-8、4-9 所示:

表 4-7　评价指标的频次统计表(一)

<table>
<tr><th colspan="3">教师提问</th><th>频次</th></tr>
<tr><td rowspan="5">问题本身</td><td rowspan="2">指向</td><td>清晰</td><td>22</td></tr>
<tr><td>模糊</td><td>0</td></tr>
<tr><td rowspan="3">层次</td><td>识记</td><td>11</td></tr>
<tr><td>理解、应用</td><td>12</td></tr>
<tr><td>综合、分析、评价</td><td>4</td></tr>
</table>

表 4-8　评价指标的频次统计表(二)

<table>
<tr><th colspan="2">教师理答</th><th>频次</th></tr>
<tr><td rowspan="5">理答方式</td><td>打断或代答</td><td>7</td></tr>
<tr><td>不理睬或批评</td><td>1</td></tr>
<tr><td>重复答案</td><td>8</td></tr>
<tr><td>追问</td><td>12</td></tr>
<tr><td>鼓励、称赞</td><td>8</td></tr>
</table>

表4-9 评价指标的频次统计表(三)

学生回答		频次
回答方式	无应答	2
	集体回答	12
	个别回答	14
	讨论、汇报	2

二是对统计结果的分析:(1)问题指向明确、表达清楚;(2)提问的思维层次搭配合理;(3)理答方式有待改进。当然,研究者在具体分析时,应结合课堂记录情况,此处只做简析不赘述。需要注意的是,分析时应对其所呈现的“数据”进行一种历史性的考察,明确这些数据产生的背景和条件,防止被表面的数字所迷惑,以致对课堂教学做出错误的观察结论。

三是提出相关建议:如对于如何提高教师提问的有效性,研究者通过统计、分析,可从提问所起的作用方面提出合理化、改善性意见。

量表作为教师从事课题研究的一种工具,为教师走向专业化研究提供了一把“金钥匙”。当教师渐渐学会用专业的研究目光审视课堂、解析课堂的时候,将会越来越有信心。

四、怎样评课

课题研究课是在涉及课堂教学的课题研究中,按照课题研究思路预先设计解决措施,并在课堂教学过程中进行尝试、验证的一种研究活动,是开展课题研究活动的一种实证和运用方式,是教育科研扎根课堂、研究与教学实现整合的一种新型载体。它首先是课堂教学的一种相对特殊的样式,它的教学样式及教学效果也自然需要一种相对特殊的评价方式。

教育科研和教学研究虽然都可以聚焦到微观的课堂层面,但教育科研的目标与教学研究的目标是不同的。教育科研是依据一定的理论,对课堂教学中的现象与问题进行解释性的阐释或实证性的解决,带有一定的探索性、试验性、实验性和创新性。它是课题研究的一种实证和应用形式,是附属于整个课题研究中的研究活动。教师在课题研究课上的动力并非来自教学完美表现的需要,而是来自对教育科研问题的实践解答。课题研究课是教师将自己教育科研过程中对研究问题的思考、研究问题的解决方式的预设带进课堂中的一种尝试。它并不要求教师有完美的课堂表现，但要求教师有完美的问题解决方式。而教学研究是对已有的教学原理、教学思想的具体应用，具有已知性、示范性和实践性，它主要是为了展示教师的授课水平和专业能力，对教师的教态、教学过程的设计、教学策略的选择、教学组织的能力、课堂氛围的营造、教学目标的达成、教育效果的评价等都有很高的要求。因此，对二者的评价应该坚持"术业有专攻"的思想。倘若缺乏教科研评课的专业知识，习惯用教研的思维和方法来处理科研的事情，往往会陷入传统评课的窠臼。

课堂教学评价是促进学生成长、教师专业发展和提高课堂教学质量的重要手段，对课堂教学评价的研究已成为教育研究者们关注的重点。课堂教学评价量表已经成为进行课堂教学评价最常用的工具。我们在推进课题研究课的实践过程中，也逐渐形成了针对性较强的相对特殊的评价方式。课题研究课也要看实际教学成效，同时它还要找寻教学过程中蕴含的课题研究的味道，如：教学目标中是否有研究目标的体现；教学过程中是否运用了课题研究中预设的研究策略措施，是否运用了观察研究的方法，这些研究策略及研究方法的运用是否改进了教师的有效教学行为、提升了学生的学习能力……

目前，较有代表性的课堂教学评价指向主要有三类：关注教师的教，关注学生的学，关注课堂教学的有效性。课题研究课是要体现教师的某一课题的研究思路的课堂教学，其教学评价看起来更关注教师的"教"，而且关注的是教师教学过程中体现的教学策略，是否指向对应课题的研究目标、研究内容，对其教学行为是否有改进作用，对其教育质量是否有提升价值，因而，课题研究课的评课起于教师的教，指向课堂教学的有效性，最终落在学生的学。

（一） 评价标准

在课堂教学中，尝试解决课题研究的特定问题是课题研究课的主要目标，这不仅是其功能和作用所在，也是课题研究的价值和意义所在。对于涉及课堂教学的课题来说，只有上好课题研究课，课题研究才能真正落到实处。

对一次课题研究课的评价，我们通常坚持这样两个原则："一事一议"和"一时一议"，围绕"预设"展开评议。主要标准要看本节课是否围绕课题研究的预设展开，课堂的理论基础是否牢靠，课堂上问题的解决是否围绕研究点来进行，整个课堂活动是否验证了研究的基本假设，其课堂文化是否体现了课题研究理念。评价标准可以借助开发评价工具——量表来实现。评价角度可从三方面展开：一是研究意识，本节课是否体现了课题研究理念；二是研究状态，本节课是否围绕课题研究的预设展开;三是研究效益,整个课堂活动是否验证了研究的基本假设,是否取得了课堂的即时效益和长远效益,是否凸显了基本的课程性质、塑造了有特色的课堂文化。

为了将课题研究课与教研公开课评课区别开,我们编制了相应的教学设计表及评价表,也便于评课教师抓住听评课的要点,促进开课教师及课题组成员调整研究策略,加强教学行为改进。

表4-10是在最初开展课题研究课专题性活动时设计的,项目不多,简明扼要,给出了研究课的设计要点,能够引导听评课教师抓住听评课的关注点。这一表格的填写难点在于第二列“两课对接点的设定”,课题研究课的实践重心在于课堂教学行为的改进,“两课对接点”通常是指课题的一些研究内容或具体的研究策略措施着落于课堂的“部位”,主要有着落于教学重难点、着落于某一教学环节、着落于教学全程,我们可以称之为研究相关内容与课堂教学环节的“点线面”的对接。这一表格的填写重点在于第三列的“对接设计”一栏。“对接设计”是为了请授课教师将课题中预设的具体实践策略运用于教学环节,改进教学行为,提升教学效果。这两栏内容实质上体现的是“两课对接”的设计及实施要点。例:一位教师执教小学二年级语文《台湾蝴蝶谷》的课题研究课,其研究课题为“以有效质疑引导学生自悟自得的教学策略研究”,她的“有效质疑”策略运用于教学的不同环节之中(见表4-11)。

表4-10 “两课对接”活动记载表

<table>
<tr><td>课题名称:</td><td rowspan="3">→</td><td>两课对接点的设定</td><td rowspan="3">←</td><td>教学内容:</td><td>听课记录:
(择要:针对对接点的教学过程或有关教学环节)</td><td>对接效果评价
(听课教师填写,打“√”)</td></tr>
<tr><td>课题主持人:</td><td rowspan="2"></td><td>执教教师:</td><td rowspan="2"></td><td rowspan="2">效果很好( )
效果较好( )
效果一般( )
效果较差( )</td></tr>
<tr><td>课题研究措施(或研究内容)简介</td><td>对接设计
(简要)</td></tr>
</table>

例：

表 4-11　“两课对接”活动记载表(节选)

对接点一	导入环节:勾连激兴趣 在上一课的学习中,小朋友提出了一个问题:台湾的山谷为什么叫蝴蝶谷呢?(设计意图:勾连第一课时的学习,从学生自己提出的问题处设疑,并让学生自己从文中解疑)
对接点二	击破难点:设疑解难点 学习“飞过 穿过 越过 赶到”四个表示动作的词时教师设疑:这些表示动作的词语可以相互交换吗?(设计意图:针对学习内容的难点之处精心设疑,并通过让学生进行充分的合作研讨解决,老师创设情境、适时点拨,体会用词的准确、生动)
对接点三	关注细节:质疑促生成 指读最后一段,蝴蝶谷的小精灵们看到游客们就把他们团团围住,翩翩起舞。读到这里,你有什么疑惑吗?(设计意图:让学生就段落疑惑处质疑,在学习实践中发现问题,提出问题,解决问题,从而养成深入思考的好习惯)
对接点四	总结拓展:留疑延课外 台湾的蝴蝶谷是不是仅仅有黄蝶谷和彩蝶谷两种呢?我们可以把这个问题留到课外去解决。(设计意图:把问题留在课外,设置悬疑,让学生再次查找资料,阅读材料,拓展与课外的联系)

但课题研究课的开课教师在填写时,往往无从下手,不清楚对接点是什么,也难以将自己预设的教学策略在教学进程中清晰地显示出来;评课教师只是做听课记录,难以把握开课教师的研究点的实施情况,最终评价并无明确的标准,不能给出一个相对中肯的建议,只能随意给出一个结论。

为此,我们对表 4-10 进行了重新设计,如表 4-12 所示。

表 4-12　课题研究课主体设计及评价表

<table>
<tr><td>课题名称</td><td colspan="3"></td><td>课题主持人</td><td></td></tr>
<tr><td>课题研究
重点问题</td><td colspan="2"></td><td>教学内容</td><td colspan="2"></td></tr>
<tr><td>执教老师</td><td></td><td>执教班级</td><td></td><td>执教时间</td><td>年　月　日第　节</td></tr>
<tr><td>本课的
教学目标</td><td colspan="5"></td></tr>
</table>

本课体现的研究目标		
本课体现的研究内容		
需要课堂验证的具体研究策略		
研究策略着落于课堂的教学设计	研究策略	对应的教学设计

（第一部分）

评价项目（分值）	评价要点	分值分布	评价得分
研究目标（15分）	1. 研究目标设置明确、具体。	5分	
	2. 研究目标能在教学设计中充分体现。	5分	
	3. 研究目标与教学目标有机结合，共同指向教学任务的完成。	5分	
研究内容（15分）	1. 教学设计能体现研究内容，具有研究的针对性。	10分	
	2. 研究内容设置切合学科教学和学生发展特点，有利于解决课堂教学中的实际问题。	5分	

续表

评价项目（分值）	评价要点			分值分布	评价得分
实施过程（不要求所有环节都反映研究内容及方法，但在某些环节必须鲜明体现）（40分）	1. 教学设计及教学过程能印证课题研究中的问题、支撑课题研究的观点或体现研究的成果，能鲜明地体现课题研究的思路。			10分	
	2. 教师预设的教学方法手段运用科学、顺畅，教师教学的生成能力强，善于掌控教学进程，课堂情境创设有效。			10分	
	3. 实施了自主学习、合作探究、展示交流、检测反馈等活动环节，并能有效反映研究内容或研究方法。			10分	
	4. 教学过程学科特点鲜明，以学生发展为本，教学互动有序，学生学习积极性高、参与度广。			10分	
实施效果（30分）	1. 研究措施运用恰当，实现了研究课的教学目标，提高了课堂教学效果。			10分	
	2. 研究措施运用恰当，有效地解决了课题研究目标，验证了课题预设成果。			10分	
	3. 采用了观察量表，且量表设计合理、操作性强，具有一定的实证性作用。			10分	
评价等级	□优秀（85分以上）	□良好（70—84分）	□一般（70分以下）	100分	
综合评价及建议： 议课人： 年　月　日					

（第二部分）

表4-12是在表4-10试用一段时间的基础上进行的完善，由两部分构成。第一部分，由执教者完成，主要展示的是课题研究课的教学设计，这一教学设计并非一节完整的教学课的设计，而是具有鲜明的针对性，需要专有所指，在学科教学中态度鲜明、目标明确、方法具体、专一解决具体问题。通过一节课的教学，它要向听评课者提供预设的研究策略，并明确标注教学过程中要以怎样的教学内容或教学手段来展现或验证。第二部分，由评课者完成，主要是依据一定的评价标准对课题研究课的实施过程及效果进行评价，并提出改进建议。其实，这一评课方式不仅仅是对课堂教学进行评价，主要是通过教学实践重新审视课题的研究目标、研究内容、研究方法、研究思路等研究点的预设，还需要依课堂教学成效来验证研究措施运用的科学性、合理性，更重要的是希望通过预设的研究策略来不断改进课堂教学行为，促进教育质量的提升（见表4-13）。

例：

表4-13　课题研究课主体设计及评价表

<table>
<tr><td>课题名称</td><td colspan="3">农村幼儿园玩美课程的开发与实践研究</td><td>课题主持人</td><td>朱玲萍</td></tr>
<tr><td>课题研究重点问题</td><td colspan="2">利用农村幼儿园的特有资源，怎么玩？怎么美？玩和美怎么充分、有效结合？</td><td>教学内容</td><td colspan="2">美术“我是小小波洛克”</td></tr>
<tr><td>执教老师</td><td>徐云</td><td>执教班级</td><td>小(3)班</td><td>执教时间</td><td>2017年5月17日
第1节</td></tr>
<tr><td>本课体现的研究目标</td><td colspan="2">挖掘适合幼儿年龄特点的周边农村玩美资源素材</td><td colspan="2">是否从属于教学目标</td><td>是</td></tr>
<tr><td>本课体现的研究内容</td><td colspan="5">针对小班年龄段心理和生理特点，结合幼儿现有的主题活动内容，多层次、多方面感受“玩美”带来的乐趣。</td></tr>
<tr><td>需要课堂验证的具体研究策略</td><td colspan="5">1. 观察的多层指导（细节观察、对比观察、联想观察）　2. 多重自主表现的引导（肢体表现、语言表达）　3. 多元的示范　4. 多种材料的提供　5. 多样化的游戏　6. 多彩的呈现方式　7. 多维的点评</td></tr>
<tr><td>本课运用的研究方法</td><td colspan="2">☑观察法　□调查法 □实验法</td><td colspan="2">是否使用量表</td><td>否</td></tr>
<tr><td>研究策略在课堂教学中的着落点</td><td colspan="5">教学全过程</td></tr>
</table>

续表

与着落点相关的教学设计	1. 观察的多层指导策略体现在教学活动的第一个环节中： (1) 细节观察：出示波洛克的画，提问，你看到了什么颜色呀？引导幼儿进行细节观察，感受其色彩的丰富，再问，你还看到了什么呀？观察点、线、面的多样。 (2) 联想观察：教师提问，你觉得这些点和线像什么呢？通过观察画面上彩色的点、线、面，联想与其相像的物体。 2. 多重自主表现的引导策略体现在教学活动的第一个环节中： (1) 肢体表现：通过观察波洛克画面上的线条，用动作来表现线条的流动。 (2) 语言表达：用语言来表达看到的东西。 3. 多元示范的策略体现在教学活动的第二个环节。由大师示范和教师示范组成。 4. 多种材料的提供策略体现在活动的第二个环节。 (1) 作画工具：欣赏波洛克有趣的作画方式（用水桶和刷子大胆甩、滴等）。 (2) 辅助材料：运用各色颜料、刷子、汽车、皮球、喷壶等作画。正与我们的课题中“玩美”相结合。 5. 多样化的游戏。以玩的形式来进行画画，用小汽车滚出车轮的痕迹，用刷子甩，用喷壶喷等。 6. 多彩的重现方式。全部的幼儿在一张大大的画布上作画。 7. 多维的点评。请小朋友说一说，你在画布上画了些什么呀？请你给这幅大大的画取个好听的名字吧。

课题研究要解决的是某一“类型”的问题，既是“一类”问题就不是一堂课、一两天就能解决的，它需要在一定时期内持续不断地观察、分析、改进和提高，在这个过程中，课堂研究课既是研究活动的抓手、载体，也是研究活动的现场。因而，课题研究课不是孤立地上一节课，是贯穿一个课题研究始终的多套循环改进的序列课，听评课当然也不是只就一节课展开就大功告成的，是课题组不同成员经过多轮设计、上课、反思、评议、改进的行动演进。

（二）案例呈现

【案例一】

围绕“小组合作学习在高中英语词汇教学中的研究”这个研究主题教师开展了课堂教学。其方案中设计了小组合作学习的策略及词汇教学的拼读策略、资源策略等，并将这些策略应用于课堂教学，观察其教学效果，尤其是学生在合作学习中的表现与其应用词汇教学策略后学生词汇的习得效率。

评鉴意见：该课教师与学生的表现和互动给研究的基本假设“小组合作学习与词汇教学策略的运用有助于学生词汇的习得”提供了例证，研究的即时效益（英语教学内容的精选、学生词汇量的扩充）及长远效益（学生对词汇学习的兴趣和合作学习的能力）都能在课堂上有所体现，但具体的操作策略仍有待细化，并针对性地运用于课堂教学。

【案例二】

课题“交往教育理念下小学课堂教学行为改进的课例研究”重点开展了语文、数学、英语、音乐四个学科“课题研究课”研讨活动。听课人员团队分四个小组，走进课堂听课。

评鉴意见：课堂教学方面：一是交往教育的理论基础探讨要更深入一点；二是必须关注交往的双方和多方之间的关系是平等的，是要建立某种恰当而合理的教育伦理；三是交往教育的目的是师生之间、生生之间等要形成平等的关系，要达到和谐的境界，要真正促进学生的健康成长。课题研究方面：一是在学生学习没有太大压力的前提下，注重学习的趣味性，让学生主动感受到学习的乐趣；二是在交往教育的理念下，注重校园文化，特别是课堂教学中有利于交往的若干平台的搭建，在师生交往、生生交往和人际交往上多探索，变革学习方式和教学方式，使教与学更能与时俱进；三是通过有效的教学设计，与常态的传统教学进行对比分析，特别是要注意在交往教学中注重学生独立思考能力的培养。

首先，课题研究课的听评课方式有别于常规的教学公开课的听评课，要突出“主体合作性”，即听评课的主要成员是课题组成员及外来的研究指导人员，他们相互之间的专业对话主要就课题研究思路、策略如何在课堂教学中有效实施，而非仅侧重于教学流程组织的严密、师生互动的充分；其次，课题研究课的听评课方式，具有“实践开放性”，即基于具体的课堂教学情景，教师要运作其预设的教学手段、教学策略，甚至一定程度上要打破原有的教学方式；再次，强调了“反思理论性”，开课教师既是执教者又是研究者，重视教师在课题研究的引领下进行教学行动的改进，促进个人实践能力的提高；最后，这种课题研究课也凸显了“校本整合性”的特质，将学校发展、核心课题研究、教师专业成长、个人教学实践有机地统整了起来，塑造了学校浓厚的科研氛围和科研风尚。

（三）问题呈现

以上是从理性认识和案例角度对如何评课做了界定，但是在实际操作过程中，常常会出现许多现实问题，成为研究的“拦路虎”和“绊脚石”。为进一步厘清思路，将问题情境化，应以问题呈现方式，在开设课题研究课之后，使教师们在真实的听评课情境中解决疑惑及问题。

1. 没有评价标准的研究课

矛盾的导火索由课题组的一次研讨活动引发。

【案例三】

按照课题组专题研究计划，这次的研讨主题围绕“小组合作中的教师指导策略”展开。课题组特意安排木渎实验中学的赵老师开设了一节课题研究课——初二语文《黔之驴》。因为听说他们学校的小组合作已经搞得风生水起，墙内开花墙外香了，所以我们带着研究加学习的心理前往学习。课题组成员除人手一本听课本外，其他什么也没准备。我们当时的想法是：看看课堂上能发生点什么，把有价值的东西或者对课题有启发的做法先记录下来再说。这种做法现在看来纯粹是脚踩西瓜皮，滑到哪里是哪里。就这样，一次没有明确听课目的、评课标准的听课活动开始了。

课题组成员都是听评课老手，一节课下来，听课本密密麻麻几大页，可坐下来评课的时候却发现苗头不对：关于教师对小组合作的指导内容几乎全无。因为这是一节彻头彻尾的以学生为主体的小组合作课，一个颇为老练的女生主持课堂，“一条龙”负责各小组讨论、归纳、展示、评价……教师充当记分员的角色，除了最后几分钟的寥寥总结，全程几乎沉默不语。原本希望看到教师的指导策略，好从中获得启发，总结提炼，没承想竹篮打水一场空。课题组第一次开课题研究课就因意想不到的问题陷入了僵局……

【第一次评课】 回忆当时的尴尬情景，听课活动结束后，我们进行了集体评课，原打算先让赵老师对这节课进行简要反思，然后课题组成员进行评议。可是赵老师在研讨时不无怨言，他说：“我工作近二十年了，各级各类的公开课也上过不少，但是今天上课题研究课，还是大姑娘上轿头一回。到底该怎么上，真是一头雾水，又摸不清你们的意图，所以只能按教研课上了。”一语点醒梦中人，我们这才意识到，原来迷惑的不仅是“听众”，还有“演员”。开课头一天，我们只是口头通知开课老师上一节关于小组合作方面的课题研究课，让他好好准备，其他一概未讲。无疑，从教研课的角度来看，这节课上得比较成功，学生的主体性在小组合作中得到充分展露。然而，作为课题研究课，我们希望看到的东西恰恰不是他完全放手的且可能自鸣得意的地方（暗地里这样认为）。看来，课前双方没有沟通，课中又没评课目标、评价工具，导致课后出现执教者目标不明、评课者无从评鉴的结果也是必然的了。反思这次教训，我们认识到：开设一节课题研究课，首先，需要课题组和开课教师沟通在先，这样教师就能够在课前对问题的解决有明确的把握和精心的预设。其次，评课教师必须根据课题研究的需要有备而来，而不是信马由缰，漫无目标。这里的“备”既包括备评价工具，也包括备评价标准。倘若听课教师和开课教师均没有充分准备，这种课题研究课就不宜开展。再次，评课可以引导上课，评课的思路一旦清晰，教师上课的思路自然会廓清。而且，从评价入手，是打开课题研究课大门的一把钥匙。虽然第一次开课就触礁，但经过思维的碰撞，我们意识到，搞课题研究就是要学会用研究的眼光来看待问题、分析问题。

2. 如何制定课堂观察量表

【案例四】

既然评价是切入口，那么就从评价入手，当然，在明确究竟应该怎么评鉴一节课题研究课前，有必要先明确课题研究课的定位。课题组成员领到任务后分头行动，在网上搜寻有关课题研究课的各类资料，可收获寥寥无几，且称谓不一，诸如课题实践课、课题展示课、课题汇报课、课题课等之类的叫法，不一而足。尽管收获不多，但有一点可以明确：课题研究课是一种新的、不同于教研课的教育科研的载体课型，因此，要从教科研的角度而不是纯粹教研的角度进行专业的观摩和评鉴。但就具体如何上、如何评尚有许多值得挖掘的地方。想到此，大家的干劲来了。

有了第一次的失败经验，第二次开课目标就明确多了。我们先从评价工具——量表开始。这次是木渎实验中学徐老师的一节课题研究课《窗》。开课前，每位听课老师手上多了一样东西——“小组合作学习教师指导观察量表”。

小组合作学习教师指导观察量表

观察维度：学生学习　　观察点：小组合作学习的有效性

观察教师：顾老师　　观察对象：吴中区某中学初二9班

任教者：徐老师　　观察时间：2016年4月16日

观察指标	教师指导策略	课堂记录(尽量实录)	观察结果	即时点评
小组合作学习目标			A很好　B较好 C一般　D差	
小组合作交流讨论			A很好　B较好 C一般　D差	

续表

观察指标	教师指导策略	课堂记录(尽量实录)	观察结果	即时点评
小组合作成果展示			A 很好　B 较好 C 一般　D 差	
小组合作评价			A 很好　B 较好 C 一般　D 差	

备注:1. 请在观察结果的相应选项处打钩;2. 请在“教师指导策略”一栏填写对应序号。教师指导常见策略:(1) 分组策略;(2) 分工策略;(3) 培训策略;(4) 全程参与策略;(5) 小组轮说策略;(6) 运用导学案策略;(7) 学生互评策略;(8) 小组打分策略;(9) 其他策略。

这份量表是课题组成员的集体结晶,是在“小组合作教师指导策略调查问卷”及集体讨论、修改的基础上完成的。量表预设了培训策略、全程参与策略、学生互评策略等教师指导策略,每个策略都有较为详细的操作步骤,以供上课教师提前准备。听课教师在听课时着重观察、记录执教者上课时运用这些策略的效果,并给出评价等第及意见。为了避免出现上次的尴尬,课题组特地邀请开课的徐老师全程参与了以上活动,因此,她对自己即将开设的课题研究课有了较为明晰的认识。

【第二次评课】　听课后,大家一致感觉,有了评价工具,听课不再盲目和抓瞎,只要重点观察执教者对预设策略的运用效果就可以了。评课时大家结合课堂实施情况,对这些操作策略提出了修改意见,还吸收了徐老师采用的“小老师”策略。就在这时,课题组李老师说:“我总感觉量表哪里不对,我们的课题主旨是研究教师主导和学生主体对接策略,可观察量表只关注了教师而忽略了学生。小组合作学习的目的就是通过这种合作形式,让学生的主体性在小组内得以最大程度的发挥,所以,我们不仅要观察教师,更应该观察学生。”他讲完后,当即有人反对:“听课时既要观察教师,又要观察学生,难免会顾此失彼。”我马上想到,A、B 量表可以解决这个问题!即制作 A、B 两份不同的量表,一份观察教师,一份观察学生,听课人员分头观察,问题不就迎刃而解了吗?看到大家点头称赞,我也为自己突然冒出的这个想法而感到得意。

有了上次设计量表的经验,学生量表也很快出炉。徐老师在邻班上《窗》这节课时就派上了用处。两张量表虽然观察角度不同,但记录内容互为印证,为课题组评课找到了抓手,也摸清了门道。因为课题研究课使用的量表是根据不同的研究问题量身定做的,研究人员听评课时,目的性就非常明确,重点关注研究问题的解决方式和解决效果。

3. 如何对课堂观察进行分析判断

【案例五】

课题组在研究主题进入“学生质疑环节”后,又请课题组的陆老师开了一节课题研究课《猫》。下表是一位听课老师的课堂记录。

学生课堂质疑(提问)观察量表

观察人:薛老师　　学校:吴中区某中学　　学科:语文

上课老师:陆老师　　上课内容:猫　　时间:2016年5月24日

观察内容	课堂实录	提问类型	解决策略
学生提问1	何仁宇:第一只猫是怎样的猫?从哪里可以看出来?	A	
教师解决过程简要描述	通过浏览和细读指出猫的外形特点,教师指导学法:圈点标注。		2/3/4/5/8
学生提问2	许龙龙:第二只猫的性格特征是什么?从哪些句子可以体现?	A	
教师解决过程简要描述	请学生根据教师的引导回答。		2/3/4/5/8
学生提问3	王桂广:第一只猫失去后,作者是什么心情?	A	
教师解决过程简要描述	学生回答。		2/3/4/5/8
学生提问4	马一:这两只猫透露出作者怎么样的情感?	B	
教师解决过程简要描述	小组讨论,鼓励学生大胆质疑。		2/3/4/5/8
学生提问5	许扬:它既然不想吃鸟,又为什么要常常望着笼子里的鸟呢?	B	
教师解决过程简要描述	学生回答,教师联系上下文补充总结。		2/3/4/5/8
学生提问6	李响:为什么作者最后说,对于它的亡失,比以前的两只猫的亡失更难过?	D	
教师解决过程简要描述	教师没有解决,问题被疏漏。		
总体效果评价(请打钩)	A优(　)　B良(√)　C一般(　)　D不好(　)		

备注:1. 学生提问常见类型:A. 认知型;B. 理解型;C. 评价型;D. 创造型,请把相应序号填入上方表格。

2. 教师解决常见策略:(1) 设立问题卡;(2) 提问辅导法;(3) 提问规定法;(4) 问题分类法;(5) 问题筛选法;(6) 分组讨论法;(7) 问题标注法;(8) 运用学案法;(9) 课堂留问法;(10) 语言激励法;(11) 仿照提问法;(12) 学生自我命题法;(13) 巧设问题法;(14) 其他策略。

3. 斜线处不需填。

【第三次评课】 以下是评课片段。

张老师:从学生课堂提问情况来看,学生的问题大多还停留在认知型问题,教师对如何引导学生学会提问并提出有价值、有深度的问题还需深入研究,在策略的运用上还要进一步细化、优化。

李老师:陆老师课前有预习要求,有提问方法指导,有提问规定,并且对学生提问进行分类,整个教学过程以学生的六个提问贯穿始终,第四个问题是对前三个问题的总结,问题呈现也是由浅入深。但遗憾的是,教师忽略了对最后一个问题的处理,这恰恰是一个值得深挖的问题。

卢老师:对提问方法的辅导非常重要,预学案上给了方法指导,在具体操作过程中,教师对学生提出的问题进行分类。建议教师在上课时,让学生自己把准备好的问题提出来,这样效果会更好。

顾老师:教师辅导时,可以让学生从内容提问,从详略提问,从手法运用提问等,发散学生的思维。另外,让学生质疑的时机不仅是在预习时,学生预习后可能会产生新的问题,教师如果能关注到这一点,对提高问题的价值会更有效。

金老师:这节课中的问题归类法、问题筛选法运用得比较好。最后,还可以让学生讨论一下哪个问题最有价值,从而把课堂引向更深处。在提问方法辅导上,也可以让学生从文章结构来提问,如三只猫的描写有详有略,可以让学生在日常写作中习得此法。

梁老师总结:陆老师的这节课较好地体现了我们的课题研究理念,即在教师的引导下,让学生的主体性得到充分体现。陆老师事先设计了提问辅导、提问规定、问题分类、问题筛选、运用学案等几种策略,并将这些策略运用于课前和课堂,对课题研究问题的解决提供了一次很好的实证,体现了研究的即时效益,也对有效地激发学生的思维,提高学生的质疑能力具有长远效益。

经过大家你一言我一语的颇为内行的评课,"教师主导性和学生主体性对接"这样一个原本抽象的问题变得具象化了,从前一些似清非清、似是而非的问题，现在也一一厘清，我们以前只会外行看热闹，现在会用较为专业的眼光看门道，看教科研的门道了。

五、怎样磨课

既然课题研究课是一种运用实证研究方法的课型，首先就需要确定研究的问题，其次是对研究问题解决的预设，接下来开设课题研究课的教师需要对预设的内容有明确的把握，并将其做好充分的课前预设，然后进行第一次课堂验证。紧接着，听课教师根据评价量表判断预设的科学性和价值性，提出修改意见，课题组调整策略，开课教师进行第二次课堂验证，反复实践，最终确定解决方式。由此，总结出开设序列性的课题研究课的基本规律：提出问题——预设策略——开课教师课前预设——第一次课堂验证——听课教师评鉴解决效果——调整策略——第二次课堂验证——进一步完善策略——反复实践——最终确定解决方式。

【课例7】

怎样到达目的地

苏教版《品德与社会》四年级

一、上课背景

“‘生活场’课程激发学生生成力的实践研究”是一项市级课题。“生活场”课程，主张立足儿童立场，以儿童真实的生活或问题情境为学习切入口，体现“生活场”课程的儿童性；以项目引领、跨课融合等主要构建方式，体现“生活场”课程的结构性；以运用技术、构建模块、服务社会等主要学习途径，体现“生活场”课程的体验性；以问题的连续性生成为导引，注重学生素养指标的达成度，体现“生活场”课程的发展性。

综合实践活动课作为课题实施的主渠道之一，旨在以综合实践活动为引领，结合真实情境，尝试选取并构建跨学科的内容主题进行课程设计，开展基于项目的学习和基于问题的学习，激发学生在批判性思维、创造性与问题解决、学会学习与终身学习等方面的生成力。

“怎样到达目的地”是苏教版“品德与社会”四年级中的一节综合实践活动课，为完成课题研究任务，教师按照课题研究课的教学思路做了精心预设。

由于课题研究课是学科教学与课题研究的结合体，承载着研究与教学的双重目标和任务，因此，这节课的教学目标是让学生学会根据实际情况，选择合适的交通工具顺利到达目的地；研究目标是创设综合实践课堂的“生活场”，让学生置身于一个充满生活性、真实性、学科性、探究性、情感性的教育生态环境中，激发他们的学习生成力。教学内容是为到达目的地选择合适的交通工具；研究内容是将研究预设的情境策略、表演策略、调查策略，带入课堂进行验证。可以说，这节课的教学目标、教学内容和研究目标、研究内容有着共同的价值指向，即引导学生更好地到达目的地。

二、第一次抵达

教师像往常那样，按照教材内容及要求进行了教学设计。考虑到这是一节课题研究课，为了体现“生活场”课程所提倡的儿童立场和生活立场，完成课题研究任务，在完成运输任务和出行旅游两个教学环节时，教师利用超级飞侠“乐迪”这一卡通人物，将情境策略贯穿课堂始终：首先，由“乐迪”送包裹，导入课题；其次，运用表演策略，让四位同学扮演不同的交通工具，让学生了解不同交通工具在物品运输时的作用、特点，完成四项运输任务；最后，利用教师提供的“课前研学单”，让学生交流调查结果，为“张天明”全家出行设计最快捷的计划。

课前研学单（一稿）

课前研学单（一稿）
1. 从南京到大连可以选择哪些交通工具？
2. 假如你是张天明，你会选择哪种交通工具？能说说你的理由吗？
3. 选择好交通工具后，你还有什么乘坐小提醒？

教师的教学设想是通过“乐迪”这一学生熟知并喜爱的卡通人物拉近与学生的距离，激发学生参与学习的积极性，结果却出人意料：除了看到卡通人物的片刻惊喜外，整个课堂就像一面无风的湖水，平淡无奇。问题究竟出在了哪里？什么样的生活才是“生活场”课程所提倡的生活？才能激发起学生生成力的学习？预设策略与课堂实际达成为何相去甚远……

面对第一次上课出现的问题，课题组与执教教师进行了深入研讨。发现：教材中选取的运输任务及出行计划，虽然取自日常生活，却非学生真实体验过的生活，更非灵动的生活。很多学生对南京和大连头脑中根本没有地理概念，选择交通工具时大多靠猜想；在运输任务“苏州一家食品厂的食品运往木渎大润发”中，对于“食品”一词没有指明，学生在选择交通工具时只一味求快；让学生扮演不同的交通工具，设想调动学生的兴趣，实际却与他们的个体经验脱节……总之，当课堂远离生活，远离学生的真实体验时，即使是学生喜爱的卡通人物和表演形式，也无法在学生的内心激起波澜。

课题组第一次意识到，课题研究课并非简单的“教学＋研究”，那种自以为将研究预设搬入课堂，镶嵌进某个或若干教学环节的想法，并不能真正达到解决问题、改变课堂的目的。课题研究课应该回归研究的本原，吃透研究理念，在此基础上进行合理预设，反复验证，科学评价。因此，就有了第二次上课。

三、第二次抵达

第二次上课前，课题组围绕“生活场”课程进行了热烈讨论，最后大家一致认为，“生活场”课程所提倡的生活，应该回到儿童立场，回归儿童生活而非成人生活，回归儿童真实的生活而非虚幻的生活，回归儿童熟悉的生活而非他们感到陌生的生活，回归儿童丰富灵动的生活而非简单呆板的生活，这样的课程才能够真正让学生参与其中，享受其中，碰撞出思维的火花。

对于小学生而言，生活是家庭、学校、社会及各项活动和经历的总和，教学就是要把生活中与学习息息相关的诸多因素关联起来，把学生的生活经验调动起来。所以，好的课堂必须创设最真实的生活情境，这种情境不是单一的生活中的元素或片段，而是能够把生活较完整地、最真实地呈现出来的“生活场”。

因此，第二次上课前，教师决定从学生自己的生活体验入手进行重新设计。

1. 调整教材，情境创设“生活场”

“品德与社会”课程每一课都与学生的生活紧密相连。教材内容不缺乏丰富的生活素材，但由于教材编写时间与学生实际生活存在时间差，因此很多内容与学生真实的生活脱节。只有用贴近儿童真实生活的素材创设的生活情境，才能生成学习的行动，才能激发学生的生成力。认真研读教材后，教师从儿童真实的、熟悉的、丰富灵动的生活出发设计教学，让课堂回归到生活中来，情境创设出两种“生活场”：出行“生活场”和运输“生活场”，并对教材内容进行了大胆取舍和修改。

两种“生活场”

出行“生活场”		修改理由	运输“生活场”		修改理由
调整前	调整后		调整前	调整后	
家住南京的张天明一家去大连旅游	学生和家人从木渎去大连旅游	和家人出行旅游的经验每个学生都有,而尝试帮助家人完成出行任务,能够调动学生的生活经验,更好地将他们带入“生活场”。	从本地的食品厂把食品送到超市	把苏州东山的杨梅运到木渎大润发	上课时正值杨梅上市季节,对于这种不易保存的新鲜水果,需要学生调动多种生活经验,多方考量,周密计划。
			从南京把一批急需的救灾药品运到江西九江	从台湾把捐献的骨髓运到苏州九龙医院	越是学生熟悉的地方,越能够让人感到真实可信,进而激起学生主动探索,解决问题的无穷兴趣。

2. 调整策略,问题贴近“生活场”

在运输“生活场”教学环节,一位学生的爸爸恰好在运输公司工作,为了加深学生对运输“生活场”的体验,教师借助这一真实情况,提出帮助同学爸爸解决运输难题,以问题生成策略取代之前预设的情境表演策略。

问题导引:请你帮助同学爸爸解决以下运输难题,选择最为合适的运输方式,说明选择理由并给出安全贴士。问题一:如何把苏州东山的杨梅运往木渎大润发?问题二:如何把东北林区的木材运往苏州市区?问题三:如何把秦皇岛煤运码头的煤运往上海?问题四:如何从台湾把捐献的骨髓运到苏州?

由于有了明确的问题指向,并且所涉问题均是学生熟悉的生活场景,因此学生很快就能够调动起生活经验,列出详细的出行计划。应该说,问题导引下的学习,更有利于培养学生的生成力。

3. 调整“研学单”,实例调查“生活场”

调整后的课前研学单,避开学生陌生的生活情境,选择学生熟悉的生活及其场景进行调查,了解日常生活用品的运输方式,体会选择交通工具的重要性。应该说,研学单的使用,让学生通过生活实例,进一步认识了不同交通工具的优缺点,能够更好地参与其中。

课前研学单(二稿)

1. 你的生活中有哪些物品是外地生产的? 选用哪种运输工具比较合适?
2. 完成从木渎去大连的出行路线表。
3. 近年来,我们的家乡在交通运输方面发生了哪些变化? 我们的国家在这方面又发生了什么变化?

4. 设计"路线表",真实策划"生活场"

由于出行计划需要方方面面的考虑,如路线、时间、成本、气候等诸多问题,为了引导学生多方考虑,周密计划,教师增设了"出行路线表""小组汇总表",从出行成员、出行方式、路程、路线、费用、所需时间、选择理由等方面帮助学生通盘考虑。出行路线表让学生课前完成,小组汇总表课中小组合作完成,展示小组学习成果,并从安全性、环保性、便捷性、经济性及个人爱好等方面综合评价影响到达目的地的相关因素。

第二次上课后,教师觉得整个过程很奇妙,看似简单的几张表格,一下子就把学生带入了真实的生活情境,学生似乎忘了身处课堂。特别是"出行路线表",很快就把学生带入了课堂的"生活场",学生就像鱼儿游回水里一样,畅通无阻地进行思考和规划……在这个"生活场"里,学生感受到了学习的自由自在,思维的碰撞,亲自探索的乐趣,以及自己解决问题的畅快,他们围绕"如何更好更快地到达目的地"这一学习主题,飞快地向目的地游弋。

四、第三次抵达

第二次上课后,课题组和执教教师感觉到了一种前所未有的挑战和喜悦,当研究与教学碰撞过后,课堂会发生奇妙的变化:表格作为情境创设的产物,让学生感受到了亲自体验、探索、感悟的快乐,让教师做到了放手、引导、启迪,让"生活场"得以情境还原。

然而,课题研究课的性质决定了研究预设是一种反复验证、不断完善的过程,对研究问题的解决也不是孤立地靠一节课来承担,而是一系列研究课形成的序列,经历循序渐进、螺旋上升的过程,最终求得问题的解决。因此,聚焦这节课,课题组又进行了反复研讨,发现了一些细节问题:

1. 教师课前指导不是很到位

学生对出行路线表中的一些设计没有真正理解,表现在选择出行方式时,一味考虑时间成本,对费用、路线、安全、现实情况等关键因素考虑不周,因而出现"一边倒"现象:大部分学生选择飞机、高铁、火车出行,只有少数学生选择轮船、大巴及自驾方式。而且,选择轮船的学生,没有了解清楚上海到大连的

轮船已经取消这一现实情况。另外，学生对“影响到达目的地的相关因素”打星时，很多组没有选，原因是学生对相关因素的含义理解不清，教师课前也没做特别说明。

2．学生思维没有贴近“生活场”

从课堂反响来看，学生的思维没有完全打开，表格与真实的生活情景没有建立起紧密联系。另外，相比出行“生活场”，在运输“生活场”环节，课堂气氛较显冷清。一方面，出行“生活场”用时过多，导致运输“生活场”匆忙收尾；另一方面，从人的出行到物的运输，缺少顺利过渡，学生的生活经验发生“断层”，不能快速建立起联系。事实上，从人到物，两种不同的“生活场”体验，对学生生成力的培养同样重要。

针对以上问题，教师在第三次上课时做了以下调整：

1．简化表格，优化出行调查

课题组讨论过后，对出行路线表做了重新调整。在“出行成员”一栏中，去掉了“年龄”“健康等级”等非重要的影响因素，仅在汇总表中呈现，简化个人出行表填写；“出行方式的缺点”与汇总表中的星级评价发生重复，故而删去。

2．课前指导，有效运用调查

为保证课堂教学时表格的有效运用，课前，教师先大致了解了学生对出行方式的选择，并对每组人数进行了粗略计算，同时对填写错误处做了及时纠正。然后，对课堂小组合作提出明确要求，在充分讨论的基础上，各小组由专人负责汇总、展示，确保小组的学习成果得到展示。

3．小组合作，激活生活体验

出行方式多种多样，不同的家庭会有不同的选择。因此，怎样的出行计划才是最优化、最合理的，这就需要教师在安排小组合作时，将选择同种出行方式的学生归为一组，这样更有利于激活每个人的生活体验，用集体的智慧为生活引路。以下是运输“生活场”课堂片段：

师：从刚才的学习中，我们知道交通工具除了出行，还可以帮助我们运输货物。我们班张睿同学的爸爸是运输公司的老板，他最近接了四单运输任务，但是不知道使用什么交通工具，正在发愁，你们能帮帮他吗？请各小组代表展示学习成果，你们分别选择了哪种交通工具？为什么？

生：我们调度汽车把苏州东山的杨梅运往木渎大润发。理由是两处地方都在一个城市，用汽车运送更为便捷、经济。

生：我们调度轮船把煤从秦皇岛煤运码头运到上海。因为秦皇岛是码头，可以通过水路直接去上海，另外，轮船的运量较大，运费便宜，运输安全。

生:我们调度飞机和汽车从台湾把骨髓运到苏州。因为运送的是人体器官,要保证不在路上出事,并且速度一定要快,价格不是问题。

生:我们调度火车从北方林区运输木材到南方。理由是木材运输起来量大,需要火车来帮忙,而且火车运送速度也不慢,价格又不贵。

选择同种交通工具的学生,经过小组讨论,不但合理选择了交通工具,而且成功地解决了生活难题,获得了真实的生活体验和成就感。

综观以上课例,“怎样到达目的地”的三次上课,也映射了序列性的课题研究课需要扎实的研磨过程:每一次的努力,都是一种向目的地靠近的抵达,这种前进的过程,让研究的目的地更为清晰,视线更为开阔,也让研究者的头脑变得越发冷静。回顾三次抵达,用更加理性的目光审视这种过程,将更有助于我们的研究抵达彼岸:

1. 让研究预设回归研究的初心

课题研究课是把研究预设带入课堂的一种尝试,是对研究预设的证实或证伪。这就意味着研究预设必然经历反复尝试,不断调整,直至达成目标的过程。这一过程始终是以研究理念为轴心进行运转的,脱离了研究,即使是再“出彩”的一节课题研究课,也难以成为一节成功的课题研究课。这节课的研究预设从最初的“情境策略、表演策略、调查策略”,后来调整为“情境策略、问题导引策略、调查策略”,在策略的具体实施过程中,又进行了完善。这些都可以看作对研究初心的一次次回归,只有回归到研究初心的研究,才能够更为理性、更为清醒地看待课堂上正在发生什么。

2. 有了调查就有了更好的发言权

毛主席说:“没有调查就没有发言权。”这句话充分证明了调查的重要性和可靠性。同样,进行任何科学实验,都是从调查起步的。在这节课中,教师课前设计的三张表格看似简单,实则用意深刻:每一张表都是调查,有个人调查、小组调查、全班调查。在充分调查和集思广益的基础上,学生不但了解到各种交通工具在生活中的重要作用,也了解到更多人在选择出行方式时的思考方式。三张表真正把课堂还给了学生,让学生真正地活跃在课堂里,这样的设计,更激发了学生的课堂生成力。而调查结果也是最有力的依据:通过各组、各类、各项调查数据对比,学生自然而然从量化的数据中发现出行选择的倾向及倾向背后的原因,这样的调查实践,不仅让学生在调查实践中锻炼了生活能力,而且在数据对比中训练了思维能力,养成了有一份证据说一句话的求真思维。

3. 研究意味着教师有了更大的自主权

回顾教师第一次上课，教师拘泥于教材和传统的教学理念，亦步亦趋，不愿越雷池一步，课堂反响平平；第二次试上，教师从研究出发，活用教材内容，调整研究策略，通过实际调查和经验提取，激起了学生的学习动能和原有经验，课堂被激活；第三次试上，教师反思课堂，瞄准问题，完善策略，精益求精，课堂成为学生思维自由游弋的"生活场"。纵观三次上课，教师在具体的教学实践活动中，经过多次提纯，运用科学的方法，指导具体的教学实践活动，使课堂焕发出了生命的活力，带领学生抵达了学习的彼岸。在这一过程中，是研究让教师有了更大的自由度和选择权，把过去以经验为主的主观、片面的教学模式打破、重塑，转而学会用调查、观察、数据等研究方式重新审视课堂。正是经由这样的过程，教师才一步步成长为研究者，成为推动课堂前行的一股重要力量。

经过一次次的磨课，教师获得了一个更为清晰的认识：教育科研与课堂教学应该是"一张皮"，而课题研究课正是将二者良好结合的有效载体。这种整合将课堂教学目标顺利地转化为科研目标，教师可以将教学问题提炼上升为研究课题，而教育科研的成果也应该运用到课堂教学之中，促进教师教学行为的改进和教学效果的提升。

不断地磨课、评课，记录了老师们从草根到专业听评课的成长经历，正是在一次次磨砺中，他们品尝着教科研带来的酸甜苦辣……

附：

磨课后的教学反思

——以"怎样到达目的地"为例

刘咪咪　木渎中心小学

"生活场"课程主张建立以生活为中心的思想，让课程回归儿童生活而非成人生活，回归儿童真实的生活而非虚幻的生活，回归儿童熟悉的生活而非陌生的生活，回归儿童丰富灵动的生活而非简单呆板的生活。本课题以学科教学、综合实践、家庭为抓手，通过"融合""项目""体验"等多元学习方式，将学生置身于一个充满生活性、真实性、学科性、探究性、情感性的教育生态环境中，解放学生的双手和大脑，让他们调动多种感官，学习用体验、观察、思考、实践、合作等方式完成项目研究或任务体验，从而激发学生在涵育核心素养上的生成力。课题内容分成四个子课题，其中一个子课题是“基于学科能力的指向解决问题的‘生活场’融合课程实践研究”，本课就是对这一子课题的实践探索。

构建课堂生活场激发学生生成力的策略研究可以从教材、学生、课堂三个方面进行考量设计教学过程，经过探索，我们总结了三种构建生活场的教学策略：创设情境策略、小组合作策略、实践调查策略。

一、创设情境策略，让生成力植根于生活本真

“品德与社会”课程每一课都与学生的生活紧密相连。教材内容不缺乏丰富的生活素材，但由于教材编写的时间与学生生活现状存在一定的时间差，因此很多内容与学生真实的生活脱节。只有用贴近儿童真实生活的素材创设的生活情境，才能生成学习的行动，从而激发学生的生成力。认真研读教材后，我从儿童真实的、熟悉的、丰富灵动的生活出发设计教学，让课堂回归生活，对教材上的内容做了大胆地取舍和修改。

为了让学生主动地、积极地参与到学习根据实际情况选择合适的交通工具顺利到达目的地的活动中来，我将教材中住在南京的张天明一家去大连旅游改成学生们自己和全家人一起从木渎去大连旅游，请他们帮助繁忙的父母完成出行构想表。学生们爱玩，也乐于尝试帮助家人完成这项任务，都积极踊跃地参与其中。这样，一下子就把学生带入了课堂的生活场中。

家庭出行构想表由个人带回家完成，上课时交流。设计出构想表的时候，由于考虑到个体的差异性，我让学生自由地选择出行方式，因此表格项目内容较多。表格内还涉及路线的设计、里程数、单程预估时间、单人预估费用等，汽油的价格和汽车的耗油指数等都需要查询，有些甚至需要动手计算。我也曾怀疑过学生们是否能把表上的内容填写完成。但我在教“媒体连着我和你”的时候发现，四年级孩子都会用网络来解决学习上的困难。事实证明，他们大部分人也都完成得非常好。所以，我们应该相信学生，放手让学生亲手实践。四年级学生个人意识已经觉醒，他们需要被人肯定，所以会努力尝试各种挑战。很多学生都是依靠自己在网上查了价格、路线等。当然，还有一些学生在父母的帮助下完成了此表。不得不说，一张表真正让学校、家庭和社会融合在了一起，一张表真正让孩子做到了亲自体验、探索、感悟，一张表真正让老师做到了放手、引导、启迪。

表格是学习交通工具的代步作用中创设情境的产物，在交通工具的另一作用——运输货物中我创设了一个情境代替了教材上的“交通工具擂台赛”：

我们班有一个同学的爸爸是运输公司的老板,最近接了四单运输任务,但是不知道使用什么交通工具,正在发愁,你们能帮帮他吗？学生们跃跃欲试,都想获得这样难得的机会。结合学生的生活实际,我将其中两单运输任务做了修改:将教材上“从本地的食品厂把食品送到超市”改成“把苏州东山的杨梅运到木渎大润发”。因为上课的时间正处于杨梅上市的时候,看到杨梅这种不易保存的水果,粗心的学生就会直接选择飞机运输,但实际路途并不远,经过再次思考就会发现汽车是最佳的选择。在这一过程中,让孩子们学着多方考量,思虑周全,养成细心的好习惯。同时,还将教材上“从南京把一批急需的救灾药品运到江西九江”设计成“从台湾把捐献的骨髓运到苏州医院”。自己生活的地方会让他们感觉到更加真实,能有效激发学生主动探索、解决问题的兴趣,使他们不由自主地参与到课堂的活动中来。利用这种无形的“场”激发学生在涵育核心素养上的生成力。

二、小组合作策略,让生成力萌发于互助探究

小组合作能够改变学生传统的学习方式,让学生在小组里参与和问题解决中进行体验性学习,主动探索,亲手实践,促进学生手脑并用、学思结合,从而有利于激发学生涵育核心素养上的生成力。

我根据同学们选择的出行方式进行分组,小组合作讨论最佳路线,汇总出行理由及情况,一起评价影响到达目的地的相关因素并打星。每个班选择飞机、火车的人最多,火车组中选择高铁的比选择普通火车的人稍多。选汽车、大巴的较少,轮船最少。即使出现了一个组的人非常少的情况,组内学生都不愿轻易改变选择,可见他们多么希望能发现自己,肯定自己。不管学生如何选择,我都会充分尊重他们的选择,即使这个组只有一个人,我也会任命他做组长,配合他完成汇总表,让他完成自己选择的学习方式。

每个班上课时分组都是学生最兴奋的时候,他们能够根据自己的选择组成一个小组,所谓志趣相投,在课堂的小组合作中都表现得团结有序。尤其是星级评价的时候,对于影响选择交通工具的因素每个人心中都有自己的评判。大家先把自己的打星情况说出来,组长汇总算平均值作为本组的星值。汇总选择出行方式的理由时,正是由于小组的团结合作,才能总结出那么多此出行方式的优点,了解交通工具的特点。小组内每个人的想法、观点和判断都能得到认真倾听和充分尊重,组内成员才能在学习中积极思考,充分发言,充分体验,也才能在其中学会学习,感受到责任担当,在充分发展中提升核心素养。

三、实践调查策略,让生成力生长于量化对比

为了完成从木渎到大连的交通出行构想,课前学生个人完成了出行构想表,课堂中小组内进行充分讨论,汇总出所选交通工具的出行基本情况及评价影响我们到达目的地的相关因素。做完这些,就到了全班汇总和调查的阶段了。到底大家在选择交通工具到达目的地时主要受哪些因素的影响?如何在以后的生活中选择合适的交通工具更好地到达目的地呢?我制作了一张全班汇总表,收集每个组的汇总表,将影响因素的打分都进行汇总,让学生们观察汇总结果,自己得出结论。这三张表每一张都是调查表,有个人调查、小组调查、全班调查。还可以把一个年级的全班汇总表再进行汇总,就能了解到更多人在选择出行方式时一般都从哪些角度考虑。毛主席说:“没有调查就没有发言权。”调查的结果才是最好的说明。学生在各组、各类、各项调查数据的对比思考中,通过讨论、交流,自然能从量化了的数据中发现出行选择的倾向及倾向背后的原因,这样的调查实践不仅让学生在调查实践中锻炼了自己动手动脑的生活实践能力,还让学生在数据对比中训练了分析、发散的思维能力,可谓一举多得。

到此,学生自主设计全家从木渎到大连旅行的出行设计的生活场景就完整地展现出来了。学生在这个生活场里感受学习的自由自在,感受思维的碰撞,感受亲自探索的乐趣,感受靠自己解决问题的畅快。

这是我首次在课堂上践行生活场课题,整个过程让我感到很奇妙。教师成了设计师,学生回归真实的生活状态,似乎忘了自己还处在课堂之上。仅仅三张表格就让教师的主导作用发挥了出来。但是这堂课还有很多不合理的地方需要改进,因为设计得不够严谨,所以让非常宝贵的、有助于学生生成的机会溜走了。

首先,生活场还停留在表面。学生的真实感受没有充分表达,没能很好地激发学生的生成力。本课教学不缺乏充分的学生活动,然而充分的学生活动是为了有效的生成服务的。学生在完成小组合作后,一定对选择怎样的交通工具出行有了很多想法和思考。此时应该在全班进行一次深刻的讨论,例如对于短途、中途出行又应该有怎样的考虑。给学生提出问题的时间,充分发展他们的创新思维,让他们在思维的碰撞中收获知识和能力的火花。也许,在活动之后,我能多问几句:你有什么收获?你有什么感受?你还想说什么……或许这堂课就更加生动精彩了。记得第一次试上的时候,一个孩子说:“经过这次出行构想我知道了,原来每次出去玩,爸妈都这么辛苦地筹划,下次我要多替他们分担分担了。”这样的生成就像一朵花盛开在我们的教室里,多么可爱,多么娇艳,美进了每个学生的心里。

其次,教学内容缺少整合,场与场没有得到很好的衔接和迁移。关于交通工具的两大作用我设计了两个生活场景，但是这两个场的过渡太过生硬，每个场都没能激发学生说出更多的体验和感受，没能让生活自然天成地回归到文本——学会恰当选择交通工具到达目的地。一个出行计划，一个运输公司，如果再进行精雕细琢，一定能让二者更好地对接，形成一个包含这两个场的更大的、更有趣的场。这堂课从生活中来，再从生活中回到文本上去，最后再从文本回归到生活。完成这样一个回归，生活场才算是圆满了。

最后，我应该充分利用那三张表格，让学生真正理解每张表、每一个细节存在的合理性和它们承载的启发意义。例如参与旅行的家庭成员一项，他们的人数、年龄、健康状况其实都影响着出行的交通工具的选择。如何在表格里展现出来？如何能让学生关注到这一点，从而把家庭成员的情况作为选择交通工具的考虑因素？从上课的效果来看，几乎没人注意到这一点。我想，填表是一回事，真正地读懂表又是另一回事。课堂中小组汇总完后，充分的班级讨论也许能解决这一问题。

虽然这节课还有诸多不完美之处，如对小组汇报方式缺乏有效指导，对课堂时间没能合理分配等，但看着学生们如此喜欢这样生活化的、能得到充分体验和发展的课堂，我还是挺有成就感的。这是课题研究带给我在课堂教学上的改变。站在理论的高度来设计教学，的确能提升我的课程设计能力和具体环节的目标指向性，只有这样，才能更好地服务于学生的成长。我会在以后的教学中继续践行“生活场”课程理论，真正激发学生的生成力，逐步推进学生核心素养的生成。

第五章 >>>

课题研究课的教学形态

江苏省如皋市教育科学研究室副主任袁玥认为，“研究课”是把课题研究与课堂教学有机融合起来，真正做到在教中研、研中教的一个适切的平台和抓手。① 他在《微型课题研究课的三种形态》一文中曾指出：研究课是指围绕微型课题研究展开的教学活动，也就是根据微型课题研究的目标、内容，在学科教学中，运用一定的方法、策略有针对性地解决教与学实际问题的课堂教学活动。研究课既是学科教学活动，又是课题研究活动，因此，具有双重的目标和内容。首先，研究课既要有教学目标又要有研究目标，教学目标是师生通过教学活动预期达到的结果或标准，研究目标则是教师运用具体的研究方法解决实际问题所要达到的效果；其次，研究课既要有教学内容又要有研究内容；再次，研究课要有明确的研究对象，课题研究的对象可以是人，也可以是物、教育现象或教育事件；最后，研究课还要有具体的研究方法。②

课题研究课的研究内容和目标都是在课堂教学中实施和达成的，因此，没有脱离学科教学的研究课，研究课的研究目标和内容不可能游离于学科教学过程之外。但课题研究课的价值指向又是相对独立的，它的聚焦点和着力点不仅仅是教学学科知识和相关的技能，更关注教学的思想、观念、方法、手段、策略、途径及支撑教学的非智力因素等。设计和实施课题研究课，教师不仅要考虑教什么，更要思考怎么教和为什么教。那么，在课题研究课中，学科教学与课题研究之间是什么关系呢？从价值指向和逻辑关系看，它们之间具有重

---

① 袁玥：《研究课：换种思路来教学——兼评马建红老师执教的〈走进乡村〉习作指导课》，《江苏教育研究》，2012 年第 11 期。

② 袁玥：《研究课：换种思路来教学——兼评马建红老师执教的〈走进乡村〉习作指导课》，《江苏教育研究》，2012 年第 11 期。

合、从属和并列三种关系。

所谓重合，是指研究课的两类目标或内容在特定的教学时空中是一体的，教学目标、内容与研究目标、内容的指向是高度一致的（或目标一致，或内容一致），两者相互包容、融为一体。①

所谓从属，是指研究课的研究目标和内容从属于教学的目标和内容，研究目标和内容是为实现教学目标而服务的。②

所谓并列，是指研究课的教学目标、内容与研究目标、内容没有直接的联系（存在间接关系），是相互独立的。③

从教学形式来看，重合型、从属型、并列型是从课题研究与课堂教学如何“对接”的实践研究中，归纳、提炼出的课题研究课的三种基本教学形式，是从学科教学和课题研究的角度，根据教学内容和研究内容、教学目标和研究目标之间的关系，对课题研究课进行的一种划分。除此而外，原苏州市吴中区教科室主任蔡金星在区内“两课”对接活动中，从教学环节的角度，提出课题研究课的三种教学形式，即课题研究任务着落于课堂的全程、阶段、某一环节。这些划分对老师开展课题研究课都具有一定的指导、借鉴作用。下面，以袁玥老师的划分作为依据进行案例呈现。

一、重合型课题研究课

【案例】

一节作文讲评课

在一次吴中区小学教科联盟活动中，金老师计划开一节课题研究课的公开课。她的课题是“中高年级学生自主修改作文的指导策略研究”，结合课题内容，她准备上一节作文讲评课。《小学语文课程标准》（2011 版）明确提出：要培养学生独立修改作文的能力，并指明“能修改自己的习作，并主动与他人

① 袁玥：《研究课：换种思路来教学——兼评马建红老师执教的〈走进乡村〉习作指导课》，《江苏教育研究》，2012 年第 11 期。

② 袁玥：《研究课：换种思路来教学——兼评马建红老师执教的〈走进乡村〉习作指导课》，《江苏教育研究》，2012 年第 11 期。

③ 袁玥：《研究课：换种思路来教学——兼评马建红老师执教的〈走进乡村〉习作指导课》，《江苏教育研究》，2012 年第 11 期。

交换修改，做到语句通顺，行款正确，书写规范、整洁。根据表达需要，正确使用常用的标点符号”。金老师的课题研究目标与课程标准保持了一致性——“让学生修改作文，掌握修改方法，提高修改能力”。由于事先对课题研究课有了基本了解，金老师知道课题研究课就是要将预先设计的教学策略措施放到课堂教学中去尝试、验证。因此，她在课前预设了“七星三评表”和“习作修改表”。

七星三评表

评价方式	七星标准						
	字迹工整干净	消除错字病句	语句流畅生动	结构清晰完整	选材新颖有趣	细节描写生动	情感丰富动人
自评							
生评							
师评							

习作修改表

修改情况	细节描写				典型事例	侧面烘托
	外貌	动作	神态	语言		
修改前						
修改后						

“七星三评表”涉及作文修改的字、词、句、段、篇等方面，“习作修改表”记录、对比了修改前后的真实情况，这两张表的综合运用，旨在引导学生学会自评自改、互评互改，实现教学相长，提高写作水平。正如叶圣陶先生所说：“批改固教者之要务，然须进一步想，必使学生能自改其文，或文成达，而竟不须改，乃有济也。”研究措施明晰了，但是具体到课堂如何实施，金老师却有些困惑：运用两张表，意味着要打破传统的作文教学模式，放手让学生进行修改和讲评，当评改方式都要发生变化的时候，课堂应该怎样设计？于是，吴中区专职教科员和课题组成员坐下来一起探讨：既然课题研究课是学科教学与课题研究的结合体，那么，它势必承载着双重的目标和内容，即教学目标和研究目标，教学内容和研究内容。讨论后，大家发现：从学科教学和课题研究的价值指向和逻辑关系来看，金老师这节课的教学目标和研究目标其实是高度一致的，共同指向学生作文能力的提高。这节课的教学内容是学生习作的评改，研究内容是习作评改的策略——“七星三评表”和“习作修改表”的运用，教学内容与研究内容也相互一致且有直接联系。因此，我们把这类课称之为重合型

课题研究课。在介入时机和方式上，两张表的运用体现在课堂教学的全过程——以“七星”为评价标准，以“三评”（学生自评、生生评价、教师评价）为主线，以“习作修改表”为依托。

论文讲评课教学过程实录如下：

（一）自评环节——自主评改，自我诊断：教师下发学生上周的习作——《我喜欢（崇拜）的人》，自己先读一读，然后运用“七星三评表”对自己的习作从七个方面进行自主评改，自我诊断，填写“习作修改表”，最后推选代表说一说自己的习作思路和收获之处。

师：对照“七星三评表”，你给自己几颗星？

生：五颗星。在语句流畅和情感方面，我觉得自己还需要修改提高。

师：请向大家介绍一下习作中你最满意的地方。

生：我觉得选材比较新颖。

师：你选取了什么事例？表现了人物的什么精神品质？

生：通过王新奇主动搬水这件事，体现他乐于助人的品质。

师：你觉得哪个细节最能体现他的精神品质？

生：动作描写。（生读略）

师：一连串细致的动作，把他搬水的样子写得生动形象，这样写的确体现了他乐于助人的品质。

（二）互评环节——小组合作，取长补短：开展小组合作学习，小组间相互交换作文，运用“七星三评表”，轮流点评，指出优缺点，取长补短，填写“习作修改表”，最后小组代表全班展示修改结果。

师：接下来我们进行佳作赏析，请张一凡同学读一读这篇七星习作，其他同学仔细听，把你觉得写得好的地方画出来。

（师出示习作）

师：这篇习作写了一件什么事情，你能概括一下吗？

生：作者通过一场格外难的考试，来表现王皓翔非凡的数学才华。

师：请分析一下习作的优点。

生：事件选择比较恰当、典型。

师：小作者就是通过具体事例来表现人物品质的，也就是事例选择要典型。（师板书：典型事例）

师：习作中描写人物的哪些细节值得我们学习？

生1：外貌描写。我觉得他的外貌描写和人物的精神、品质是有内在联系的，因为您经常和我们说，眼睛是心灵的窗户，最能体现人物的品质。

生2：动作描写。从他一连串的动作我们看到了一位数学小高手的专注，可见作者观察细致入微。

生3：神态描写。他写神态的句子仿佛让我看到了王皓翔同学在专注地思考问题的情景。

（师板书：细节描写）

生4：除了这些细节，写其他同学的反应，算不算细节描写呢？

生5：这个应该是侧面烘托法，用周围人的抱怨声，大家成绩的不如意，来反衬他高超的数学能力。

（师板书：侧面烘托）

（三）师评环节——总结评价，展示成果：教师结合学生点评，在"七星三评表"上进行总结性评价，对佳作进一步赏析评价，总结评改经验和习作成果。

总体来看，这节课的研究与教学取得了和谐共振。金老师借助"七星三评表""作文修改表"进行作文教学，一方面利用表格作为学习支架，帮助学生直观地了解评价作文的指标，明确作文评价的方向，更准确中肯地评价作文，在反复修改中逐步建立写作的基本路径；另一方面，两张表较好地解决了传统作文评改中的一些弊端，调动了学生参与评改的积极性，发挥了集体智慧。而且在评改过程中，学生通过对每篇习作的深入分析，特别是对一些优秀的写法、巧妙的构思有了更深的理解，自然会"择其善者而从之，其不善者而改之"。

二、从属型课题研究课

【案例】

《小露珠》教学

对于低年级语文教学而言，词语教学依然占据着十分重要的地位，引导学生理解词语、积累词语、运用词语是教学的重要任务。在此背景下，何老师主持的"谋形任势：词语教学有效策略的实践研究"课题应运而生。"谋形任势"是孙子军事思想的重要组成部分，在战场上，能否巧妙而合理地形成强弱、疾徐、高低、深浅、大小、顿挫的"势"，以发挥最好的作战效果，这是衡量一个指挥员优秀与否的重要指标。借鉴《孙子兵法》的这种思想，改进课堂教学，教师同样需要具备"谋形任势"的能力。"谋形"指教师对学情、教材等影响教学的各个因素的客观认知，"任势"则是基于以上认知对教学要素进行改造和设计。

《小露珠》这篇课文语言生动形象、新鲜有趣，是训练学生语言表达的好材料，而何老师任教的三年级学生的语言学习正处于低段向高段过渡的阶段，在此情况下，如何提高词语教学的有效性呢？这节课她预设的教学策略是“理解·训练·积累”。

教学片段实录：词语教学环节

师：在小青蛙的眼中，小露珠是什么样子的？联想到了哪些词语？

生：像钻石那么闪亮。

师：你见过钻石吗？在哪儿见过？（师出示钻石和露珠图片）

生1：在女孩子的发夹上看到。

生2：妈妈手上戴的钻石戒指。

生3：我联想到了闪亮、亮闪闪、亮晶晶、金光闪闪、闪闪发亮……

（设计意图：图片对比调动起了学生的生活经验，学生因此思路大开，直观感受到“闪亮”一词的含义，品味到了用词的形象生动。）

师：请关注“精神”这个词语，结合语境选择准确词义。

生出示词典含义，选择准确词义。

（设计意图：查工具书既可以帮助学生准确理解一词多义，又能够快速积累词语。）

师：文中还有一个词也是“精神”的意思，请找出。

生：生机勃勃。

师：从哪里可以读出“生机勃勃”？

生1：金黄的向日葵。

生2：碧绿的白杨树。

生3：紫红的喇叭花。

生4：数不尽的鲜花嫩草。

（设计意图：联系上下文也是正确理解词语的好方法。）

师：读读课文2—5自然段，你还发现了什么？

生：小动物们的出场方式不同。小青蛙是“蹦”到大荷叶上的，小蟋蟀是“爬”到草秆上的，小蝴蝶是“落”在花朵上的。

师：这几个词能不能调换顺序？

生：不可以，这样就不准确了。

生说话练习，体会用词准确。

师：自读第7自然段，用“越来越”练习说话，了解小露珠生动活泼，充满生机的特点。

生1:雨下得越来越大,路上的行人也越来越少了。

生2:妈妈的年纪越来越大,皱纹也越来越多了。

生3:课堂上,同学们的思维越来越活跃,发言也越来越积极了。

(设计意图:学生通过语言训练,从模仿到想象,从理解到运用,对体悟用词的精准性和今后写作大有裨益。)

这节课的研究目标是"提高词语教学的有效性",研究内容是词语教学策略"理解·训练·积累";教学目标是"让学生理解优美的语言,体会小露珠的特点,体会作者所表达的思想感情",教学内容是"《小露珠》第一课时学习"。显而易见,这节课的研究目标和研究内容是从属于教学目标和教学内容,且为教学内容和教学目标服务的。这类课可称为从属型课题研究课。在教学过程中,何老师借助图片对比、查阅工具书、联系上下文、模仿说话等具体的教学方法,引导学生在语言实践过程中感悟语言、积累语言、运用语言,有效地激发了学生的学习热情和学习兴趣,提高了课堂教学效果。在介入时机上,和金老师的作文讲评课的全过程介入有所不同,由于词语教学只是本节课的教学目标和教学内容之一而不是全部,因而该策略的运用主要在词语教学环节。

三、并列型课题研究课

【案例】

中班幼儿数学游戏"数字接龙"

"数字接龙"是苏州市吴中区幼儿园教科研联盟活动中的一节公开展示的课题研究课,与之相关的课题是"让幼儿在体验中快乐知礼的实践研究"。张老师第一次上课题研究课的公开课,自我嘲笑是"牛吃蟹"。但作为骨干教师,不能轻易露怯,还好有课题组同仁的帮助,她愿意尝试一番。备课伊始,让她感到纠结的是:上课内容和课题研究内容看上去并没有关系,在这种情况下,怎么设计教学?这个问题比较典型,不妨换个专业性的问法:在教学目标和研究目标,教学内容和研究内容没有直接联系或相互独立的情况下,课题研究课应该怎样设计?

一起讨论时,张老师介绍,以往教学活动中,"数字接龙"是借助既定的游戏规则,让幼儿在"玩"的过程中,获得一定的数学知识,学会辨认数字,理解数的形成、组成,练习加减运算技能,等等。但有时候,一种游戏玩腻了,老师们会变个新花样——改编游戏,保持游戏的新鲜感。听她讲到这里,大家突然脑洞大开:既然游戏可以改编,那么我们何不将“礼仪”元素渗透进游戏规则?这样不但能体现游戏的“研究味”,还能玩出“新概念”呢!由此商定研究预设策略——“创编游戏规则”,即老师对游戏规则进行改编,将礼仪元素渗透进接龙游戏规则,让幼儿在集体游戏的过程中体验礼仪、知晓礼仪、运用礼仪。

游戏片段实录:

师:小朋友们,我们的游戏叫作数字接龙大闯关。既然是闯关,当然会有一个比一个更难的挑战。看看闯关游戏里接龙的数字有哪些吧!

(教师按“1、2、4、3、5、6、8、7、9、10”的次序出示数字,并在电子屏上呈现出来。)

师:你们的小耳朵听清楚了,我们的游戏规则是:1. 一个小朋友说一个数,不抢也不拖,声音响亮,听清别人,做好自己。2. 轮到3、4和7、8的小朋友数的时候,要注意数字变化规律,相邻的两个小朋友数完后还要给对方用大拇指点赞。3. 你们每个人有10个游戏币,在游戏的过程中,对认真倾听他人数数,主动帮助同伴,不嘲笑同伴,老师会给予游戏币奖励;如果你少数、漏数、慢数、错数,就要交出一个游戏币;游戏币用完的话,你就出局了。听清游戏规则了吗?

幼儿进入游戏过程。一轮游戏结束。

乐乐:老师,我刚才没注意听,数错了。

(乐乐主动交出一个游戏币,并轻轻放在了准备好的篮子里。)

师:我们给乐乐小朋友鼓鼓掌,虽然他出错了,但很诚实!

(乐乐的脸看上去微微发红)

师:小苏,你是怎么做到一次也不错的?给小朋友们介绍一下。

小苏:我一边注意听前面一个人的报数,一边盯着大屏幕上的数字看。

师:为什么呀?

小苏:因为我发现3、4和7、8位置交换了,如果不注意听和看,很容易报错。

师:你不但会认真听,还注意观察,老师要奖励你一个大大的拥抱!

师:依依、青青两个小朋友数到4、3时,反映比较快,几乎同时给了对方一个大拇指。我们请他们分享一下自己的感受。

依依:哈哈,我数完4,差点忘记点赞,幸亏青青悄悄拽了我一下。谢谢你,青青!

青青:不客气!好朋友之间就要互相帮助。

孟子言:“不以规矩,不能成方圆。”而规则意识的养成,重在从娃娃抓起。这节课,张老师将一个普通的接龙游戏规则进行了创编,将遵守规则、尊重他人、懂文明讲礼貌、诚实守信、友爱互助等礼仪元素渗透进游戏规则,让幼儿在玩中潜移默化地接收到了礼仪教育,研究预设在游戏进程中得到了充分证实,同时也获得了很好的游戏效果。这里,游戏规则的改编是打通研究与教学的突破口,把两个原本看起来关联度不大的内容——礼仪教育研究与游戏活动勾连了起来。与前两类课相比,研究目标、研究内容与教学目标、教学内容相对独立的这类课,可称之为并列型课题研究课。

教学型的课题的研究目标就是直指课堂教学行为的改进,就是要运用切实有效的研究方法、研究策略措施来解决教学中的实际问题,无论什么形态的课题研究课都要有鲜明的针对性,要善于清晰地把握研究目标、研究内容及研究方法在课堂上的恰当呈现。

第六章 >>>

课题研究课的理性思考

一、课题研究课的实践调查

课题研究与课堂教学有机结合是开展教育科研的一条有效途径，也是让教师参与教育科研的一个突破口。我们牢牢抓住课题研究课这一区域教育科研的有效抓手，借助区域教育科研联盟组织开展课题研究课专项推进活动。在实践操作过程中，发现多数参与教师对课题研究课的认识模糊、操作失法，课题研究课与教学常态课差别不大，教学设计与课题内容关联度不大，课堂观察工具缺乏针对性和有效性，评课没有指向问题的归因和诊断……区域教育科研管理部门需从实践操作层面上进行范式引领，从策略方法上进行具体指导，从研究规律上进行提炼总结，从根本上解决教师的研究困惑，进一步推进研究与教学的融合，尚有很多需要研磨和探索之处。为了更扎实地推进课题研究课的有效实施，给教师们提供更有针对性的课型指导，针对中小学及幼儿园教师的课题研究课的基本认知及实施情况做出调查并分析，是必备的一项基础研究。以下是研究初期开展的调查分析：

（一）价值认同方面：教师们对课题研究课有了基本认同

调查数据显示，89%的教师认为能够改进教育教学方法，解决工作中遇到的实际困难，也有11%的教师认为有助于评职称或其他荣誉；在成果推广方面，绝大部分教师认为开展课题研究课有更大范围的实施及成果推广价值，仅有4%的教师认为无价值。由此可见，课题研究课作为一种新生事物，通过区域范围内连续性的活动开展，其意义与价值已得到绝大多数教师的认同。

（二） 概念认知方面：没有厘清基本概念和教与研的区别

在了解教师对课题研究课的基本认知方面，数据统计显示（见表6-1），20%的教师了解，70%的教师稍有了解，10%的教师则一无所知。由此可见，如何扩大区域指导课题研究课的受益面、提高活动效益，值得我们反思。

表6-1 教师对课题研究课的基本认知

选项	小计	比例
了解	103	20%
稍有了解	360	70%
一无所知	52	10%

"十二五"期间，在吴中区省市立项课题中，教学类课题就有157个，占课题总量的大半壁江山。一方面，课题数量多，单靠教科研管理部门和几个人的单枪匹马，很难惠及所有课题；另一方面，受益面窄，每学期的区域层面的专题教科研活动，通常是执教者和部分教科研骨干教师参与，而非课题组全部成员。而且，课题研究课作为一种新课型，也是近年来才出现在教师们的研究视野和课堂教学的，以往的教学类课题基本未涉及。因此，这样的研究与探索绝非一蹴而就，势必要经过长时间的跋涉，多轮打磨，才能引导教师渐入佳境。

（三） 实践操作方面：缺乏实践指导和主动学习

开设课题研究课，并不意味着适用于所有课题。由于课题研究课专注于解决课堂中发生的特定问题，因此，唯有和课堂教学有关的课题，才具备开设课题课的条件。因为没有脱离学科教学的课题研究课，研究目标和研究内容必须在课堂教学中实施和达成，不能游离于学科教学之外。那么，在课题研究课的教学内容选择上，教师们又是怎么认识的？从数据来看，47%的教师认为适用于学科教学类课题，22%的教师认为适用于教育管理类和师生发展类课题，还有31%的教师认为适用于所有类别。另外，关于教师对课题研究课教学设计的了解情况（见表6-2），仅有20%的教师表示了解，其余教师均稍有了解甚至一无所知。事实上，在指导过程中我们也发现，很多执教者最初根本不懂教学设计，有的教学设计与课题毫无关联，有的教学设计是研究方案与日常教学设计的简单"嫁接"，具体到课题是否合乎教学主题、研究措施是否适切、研究目标是否完成等，全然没有考虑。所谓的课题与课堂"对接"，仅是貌合神离，而非水乳交融。

表 6-2　教师对课题研究课教学设计的了解情况

选项	小计	比例
了解	102	20%
稍有了解	349	68%
一无所知	64	12%

那么,导致教师不了解课题研究课的最主要原因是什么呢？从教师选项来看,研究与教学“两张皮”、大多数一线教师没有机会参与两项均占比 33%。进一步调查数据显示,作为区内课题研究课的活动开展情况,近 70% 的教师仅听说过甚至一无所知。对于教师个人是否关注过此方面的论文或课例调查反映,81% 的教师表示偶尔关注或从未关注。由此可见,造成以上情况的原因,除了受长期以来研究与教学被割裂看待的大环境影响,教科研部门还必须转变科研指导方式,开拓科研实施途径,加大成果推广力度。教师个人必须加强对新生事物的学习主动性,常怀对教育科研的好奇与探索之心。

（四）研究期待方面：渴望实践操作性的指导培训

如表 6-3 所示,93% 的教师愿意参与课题研究课实践活动,其中 36% 的人表示非常愿意,仅有小部分教师对此不感兴趣。面对教师们这么高的学习热情,作为区域教科研管理部门,应该为他们提供什么样的帮助呢？

表 6-3　教师参加课题研究课的活动意愿

选项	小计	比例
非常愿意	187	36%
视自身需要而定	294	57%
不感兴趣	34	7%

预设研究措施是最需解决的困难。从调查来看,近一半的教师感到预设研究措施是开课中最棘手的事情,24% 的教师认为是撰写教学设计,27% 的教师认为是制定课堂观察量表。而研究措施是开设课题研究课的首要前提,通常需要在研究方案中提前预设,没有预设或胡乱为之的做法,是违背开课初衷的。因为开课的目的是借助课堂教学对研究预设进行验证,对预期研究成果进行检验。大量的课题方案缺少对研究措施的前期预设,导致在许多情况下,教师为了开课而开课,这种开课就变成了一种毫无价值的伪科研。

观摩优秀课例是最佳的培训形式。面对这种新课型,教师们最期盼的培训形式是什么呢?42%的教师优先选择观摩优秀课例,28%的教师希望在课题组范围内进行听课、磨课活动,23%的教师选择参与区级示范课活动,而仅有7%的教师希望听专家讲座或报告。

课堂教学设计是最需要的学习内容。在学习内容方面,课题研究课的教学设计最受教师们青睐,占32%,理论与实践交流、课例探讨各占28%,12%的教师选择课堂观察量表设计。

从培训方式和学习内容的选择可以看出,教师们更认同培训主题的针对性和务实性,在优秀课例中汲取营养,在教学设计中摸清门道,在听评课中获得启发,貌似这些做法比日常的专家讲座或报告更实惠、更解渴。

专业人员的指导是最需要的帮助。在学校层面,教师们最需要的帮助主要集中在两方面:43%的教师希望得到富有经验的教师及专家的指导,38%的教师希望学校创设区级交流学习平台,只有极少数教师建议与绩效考核与评先评优挂钩。

二、课题研究课的问题反思

1. 研究参与度不深:导致教师开课陷入"盲区"

调查显示,一线教师大部分没有深度参与过课题研究,个人主持过课题的仅占8%,作为核心组成员参与的也仅占10%,课题参与的级别多是校级微型课题。正因为对研究缺乏深度的参与和热情,执教者在不熟悉课题研究方案、研究流程的情况下,完全听命于总课题组或主管部门的部署,按部就班,亦步亦趋,执教时大多处于"盲区"。

为了解决这个问题,在执教者人选上,必须有所限制,指定课题组主持人或核心成员执教。这是因为他们一开始就参与了研究,对整个课题有全面系统的认识与把握。唯有如此,才能在执教时具有明确的研究意识,并在教学设计及实施过程中,每个教学环节设计、每个教学细节实施始终围绕研究主线展开。与此同时,在当前从事教育科研已成为广大教师的一种基本需求时,我们每个教师,特别是年轻教师,都要从教育科研的旁观者走向研究者,用研究的目光来审视课堂,用研究的方法来破解碰到的难题。只有这样,才能真正突破瓶颈期,获得新发展。

2. 研究预设不足:阻碍教师开课的"绊脚石"

既然课题研究课是将研究假设放在课堂教学过程中进行尝试、验证的一种研究活动,是对预期研究成果的检验,这就意味着先有假设后有课题研究课。但是事实上,大部分课题方案在研究措施部分出现明显“短板”,导致课题实施无法推进或无序推进。因而,调查显示,80%的教师对教学设计稍有了解或一无所知的问题背后,暴露出的是课题研究方案的先天不足。在方案事先没有充分的预设的情况下,执教者所采用的教学策略、所体现的教学理念并非出自课题研究初衷,造成课题研究课要么跑题,要么违反研究初衷。如此一来,非但没有起到解决问题、提高课堂教学效率的目的,反而沦入虚假研究的囧境,这一点值得我们重视。

事实上,课题假设是开设课题研究课的前提条件,没有假设,课题研究课无法开设。因此,开设课题研究课,行动必须前移,要从完善课题方案入手,要紧紧围绕研究理念,精心推敲研究措施,确保开课不偏离航道。当然,对于执教者来说,有了充足的研究预设,还必须明了课题假设中的因果关系,对如何掌控课题中的自变量、因变量与无关变量心中有数,围绕如何掌控自变量,避免无关变量的影响,促进因变量变化,灵活运用课题假说,继而经由多轮的课堂验证、反复修改,直至最终达成研究预设的目标。

3. 研究方法欠缺:影响教师研究的科学性

在调查教师开展课题研究的最大阻碍中,数据显示,23%的教师表示不懂科研方法和具体操作。在调查教师开设课题研究课的最大困难中,27%的教师认为是制定课堂观察量表。由于对研究方法的不了解、未掌握,很多教师在从事研究的过程中,即使运用了某种方法,结果也往往不可信或肤浅。如,大部分教师不懂课题研究课的教学设计,这说明教师没有掌握实验法,没有做好对自变量、因变量等要素的实验控制;有的执教者采用了观察法,却因为不会制作观察量表,造成了观察的失误和结论失效;有些研究采用了调查研究的手段,却因调查方法的错误而导致了数据的不可信甚至自相矛盾;有些研究虽然采用了大量的统计方法,得出的结论却很肤浅……

不可否认,一线教师具有丰富的教学经验,很多教师喜欢凭经验办事,而经验从本质上讲,“无非是放大了时空尺度的某种实验”①。而且,仅凭经验难以有效地进行传播,导致了经验无法在同行间交流。在这种情况下,我们就要注重对教师进行科研方法的指导,帮助他们熟练多种科研方法的运用,学会用科学方法去认识和解释、剖析和解决教育教学中的问题,学会用事实说话,用

① 张红霞:《教育科学研究方法》,北京:教育科学出版社,2009年,第3页。

数据说话，从而提高教育研究的科学性、严谨性和有效性。

教师是课堂教学的“当局者”，他们对自己所处的教育环境和教育事实最具有发言权和判断力。因此，开展课题研究课让教师拥有了属于自己的教育研究方式和研究话语，让研究真正贴近了教师的实际需求，相信这样的研究一定能直抵教师的内心，加快他们的变革行动。

三、课题研究课的主要观点

1. 课题研究课注重实证研究

研究的本质决定了从事任何一项研究，都必须用严谨的态度和科学的研究方法，解决“是什么”和“为什么”的问题，而这也印证了实证研究的特点，即以事实为依据，以观察为手段，注重重复出现的事实，对所掌握的数据和资料进行科学的解释。课题研究课作为研究与教学整合的一种新课型，其实施也是遵循实证研究方法进行的，即为了解决教学中存在的问题，在研究方案中预设措施，并在课堂教学过程中进行反复尝试、观察、验证，从而寻找到最有效的解决方法，所以，从这个角度来看，课题研究课注重运用实证研究的方法解决问题。

2. 课题研究课适用于教学类课题

课题研究课，并不意味着适用于所有课题。由于课题研究课专注于解决课堂中发生的特定问题，因此，唯有和课堂教学有关的课题才具备开设课题研究课的条件。因为没有脱离学科教学的课题研究课，课题研究课的研究内容和目标都是在课堂教学中实施和达成的，不可能游离于学科教学过程之外。但其价值指向又是相对独立的，它的聚焦点和着力点不仅仅是教学学科知识和相关的技能，更关注教学的思想、观念、方法、手段、策略、途径及支撑教学的非智力因素等。设计和实施课题研究课，教师不仅要考虑教什么，更要思考怎么教和为什么教。

3. 围绕“课题”主线开展教学

课题研究课必须紧紧围绕“课题”这一主线进行，对课题研究假设进行证实或证伪。任何脱离或者背离了课题研究的课堂教学，都不称其为课题研究课。因为，课题研究课不是孤立地搞研究，更不是单纯地上公开课，而是把课题研究假设带入课堂的一种尝试。而且，判断一堂课题研究课好坏的标准是这节课是否验证了研究假设，掌控的自变量是否引起了因变量的变化。为此，要根据课题目标、内容来研究课例，展开教学设计，要根据课题中预设的研究策略或教学模式来开展课堂教学，如果一节课与课题研究关联度低，未能验证研究假设，即使是一节听起来“出彩”的课，也难以成为一节成功的课题研究课。

4. 把握教学与研究双重目标

课题研究课首先是一种课堂教学形式，就要有“培养人”的教学目标；同时又要体现研究目标，而研究目标是揭示课堂中教与学的行为间的某种规律。如，语文学科的课题研究课首先要有语文味道，要致力于学生语文素养的形成与发展，在此基础上再追求情境教学方法的恰当运用。如果一味追求课题研究目标的实现而忽略了教学目标的实现，那就违背了课题研究的主旨，这样的课题研究也就难以实现改进课堂教学质量的实际价值。

5. 研究内容与学科内容适切

课题研究课虽然是课题研究与课堂教学相结合的产物，但并不意味着所有教学内容都适合开设课题研究课，也不意味着所有研究策略都需要进入课堂进行实践验证。唯有适合体现课题研究思路的学科内容，才能有效践行课题研究课；也唯有需要教学实践验证的课题研究策略，才有必要开展相应的课堂教学实践。

6. 运用定性与定量观察方式

课题研究课需要通过定性与定量两种观察方式来收集数据。定性观察是观察者对观察对象进行一定的语言描述，要尽可能减少主观性，记录要尽可能详细、用叙述性语言，而不用描述性形容词，这种观察比较适用于个案研究。在序列性的课题研究课中也需要提前制定量化的、结构化的记录表来用于课堂观察，依此采集的观察数据可以为课题研究提供有力的支撑。

7. 研究目的最终指向学生发展

课题研究课不是为科研而科研，更不是单纯地上观摩课，课题研究课的重心必须指向学生发展，学生是教师反馈教学信息的镜子。因此，课题研究课必须坚持以人为本，以生为本。

8. 研究真正让教师成为研究者

开展课题研究课强调群体智慧，重视建立教师与教师、研究者与实践者之间取长补短、合作学习的研究主体和活动机制。这就打破了研究与教学之间长期以来的壁垒，为教师与教师、教师与研究人员之间建立起了话语平台，提供了实践反思、分享经验的交流平台，使教师真正成为研究者，拥有属于自己的教育研究方式，实现了为实践而研究，基于实践的研究，在实践中做研究。而且，随着现代教育的不断发展，教师即研究者，日渐成为教师专业发展的一个重要理念，在此理念下，教师应该有自己的教育研究方式。教师是课堂教学的“当局者”，对自己所处的教育环境和教育事实最具有发言权和判断力。因此，开展课题研究课让教师拥有了属于自己的教育研究方式和研究话语，让研究真正贴近了教师的实际需求。

第七章 >>>

课题研究课的典型课例

【课例1】

大班音乐活动“生气汤”教学设计及反思

执教者：潘叶青（吴中实验小学附属幼儿园）

一、故事与研究

1. 故事简介

《生气汤》是美国作家艾芙瑞的一个绘本故事，讲述的是小男孩霍斯有一天过得很不开心，带着一肚子怒气回到家，妈妈一不批评、二不教训、三不追问，而是用煮生气汤的方式帮助霍斯消除怒气，舒缓情绪。孩子在成长的过程中，难免会处在负面情绪中，作为成人如何用正确方式帮助孩子找到疏解的通道，此书很值得细细品味。

2. 研究思考

首先，充分挖掘绘本价值，将绘本巧妙变形，在与孩子互动的过程中培养其求异思维，是我园“十三五”课题“绘本变形：幼儿求异思维培养的实践研究”的总目标，思考如何将绘本变形？怎么变？求异思维如何体现并培养？其次，虽然在和幼儿共同阅读了绘本故事后，幼儿对绘本故事内容有了初步了解，也知道了一些如何消气的方法，但是总感觉绘本的整个价值没有充分挖掘和利用，幼儿对于如何解除生气的方法也只是一种表面理解，没有亲身体验、实际感知。

3. 实践操作

变形是求异的前提，求异是共性中的个性，围绕这个宗旨，我将绘本故事变形成一个音乐活动,通过说唱和游戏的形式来培养幼儿思维的流畅性、变通性和独特性。同时,让幼儿进一步感受经常生气不好,大家可以用各种方式来解除生气,使自己变得开心。

二、活动目标与研究目标

1. 熟悉绘本《生气汤》,尝试用说唱的方式“再现”绘本的主要情节。

2. 在与绘本互动的过程中诱发、培养其求异思维。

3. 能大胆进行创编,体验合作的乐趣。

三、活动过程

(一) 巧置情境,初步了解说唱活动

1. 回忆绘本内容

师:孩子们,还记得前几天我们一起看过的绘本《生气汤》吗?今天,我把《生气汤》里的主人公霍斯请到了这里,你们觉得他今天心情怎么样呀?从哪里看出来的?

【求异思维点一】引导幼儿从霍斯的表情、动作进行观察讲述,发现霍斯今天还是不开心。

2. 引入说唱活动

师:霍斯今天又生气了,我们来听听他说了什么。

【教师用说唱的方式示范:今天我呀很生气,我来煮个生气汤】

小结:像这样配上音乐有节奏的说话形式,我们叫它说唱活动。今天我们就用说唱活动的形式来和霍斯做游戏,帮助他消气。

(二) 巧设问题,尝试用说唱的方式再现绘本的主要情节

1. 梳理绘本内容,设置提问

问题1:霍斯的生气汤里到底煮了些什么呢?

问题2:大声叫会发出什么样的声音呢?

问题3:你会做鬼脸吗?怎么做?

问题4:故事中霍斯除了用大声叫、做鬼脸的方式来煮生气汤,发泄自己的不开心情绪外,还用了什么方式来煮生气汤呢?

【求异思维点二】问题1主要让幼儿回忆故事内容,由故事理解逐步转向自身体验。问题2和问题3是求异思维点,让幼儿结合自己的生活经验创编各种大声叫的声音和各种做鬼脸的动作来煮生气汤,通过切身体验深刻了解我们可以用各种方法来消除生气的情绪。问题4鼓励幼儿用说唱的方式再现绘本的主要情节,完整说唱绘本。

2. 幼儿看图谱完整进行说唱。

3. 情绪体验:霍斯用这么多的方法煮了生气汤,我们来看看他的心情是不是变得好一点了。

(三) 合作创编,游戏表现

1. 提出创编要求:请四个小朋友一组,合作来煮生气汤,用想一想、说一说、做一做、画一画的方式合作创编。

2. 幼儿合作创编,教师巡回指导。

3. 分享交流。

4. 完整表演。

【求异思维点三】在让幼儿知道了霍斯和妈妈是用这么多方法来消气后,教师组织幼儿四人一组:想一想,你会用什么办法来消气;说一说,这种方法会发出什么样的声音;做一做,用什么动作来表现;画一画,把你的方法画出来,合作进行创编。再请每一组上台合作表现,充分发挥幼儿的自主性,培养他们的合作能力。

四、研究反思

本次活动我结合幼儿园的苏州市"十三五"课题"绘本变形:幼儿求异思维培养的实践研究",将绘本进行变形,根据绘本内容和活动重点针对性地为幼儿创设具有开放性的活动环境,精心设计能够激发幼儿产生求异思维的课堂提问,并结合游戏环节的适当介入,引导和诱发幼儿求异思维萌芽。

活动中我通过巧置情境、巧设问题、巧用游戏的形式让幼儿感受到生气是我们生活中每个人都会碰到的一种情绪,我们应该正确面对这种情绪,并用积极的方法来消除。幼儿在整个活动中非常活跃,他们结合自己的生活经验,在我预设的几个问题中积极思考,大胆表现,充分体现了思维的求异性。

附:

幼儿求异思维发展——课堂观察表(流畅性)

时间: 2017.12.15　　　　观察人: 徐华芳

班级	大(3)班	活动内容	大班音乐活动《生气汤》
执教老师	潘叶青	幼儿人数	20人

二级指标	评价标准		
	优秀	良好	再努力
1. 大胆、自信,不拘谨,能清楚地表述观点。	能自信、大胆并富有表情地参与表演。	能在老师的鼓励下参与表演。	表演时拘谨,不自信。
2. 思维敏锐、反应迅速。	能在较短时间理解音乐作品的情感和内容。	能在老师和同伴的提醒下理解音乐作品的情感和内容。	需要较长时间理解音乐作品的情感和内容。

活动过程		观察与评析
环节一	支持策略:诱发求异思维	潘老师通过巧设问题,诱发幼儿的求异思维。幼儿分别从霍斯的五官变化及不同表情进行观察发现,清楚地表达出自己的观点,有2个小朋友参与回答,思维很流畅。
	相关措施:巧设问题	
	课堂设计: 你从哪里看出霍斯又在生气了?	
环节二	支持策略:诱发求异思维	在这个环节中,教师巧置情境,让幼儿对着铁锅吐槽自己的生气情绪,让他们创编大声叫和做鬼脸,拓展幼儿的思维空间,流畅性突出。尤其是在做鬼脸的时候,幼儿思维敏捷,反应速度快,20个小朋友人人都能大胆自信并且富有表情地参与表演。
	相关措施:巧置情境	
	课堂设计:创编大声叫和做鬼脸的声音和动作,并用说唱的形式进行表现。 (1)创编大声叫的各种声音。 (2)创编做鬼脸的各种动作。	
环节三	支持策略:活跃求异思维	在本环节中,教师请幼儿分组合作创编煮生气汤的方法,有4个小组的幼儿迅速完成;在交流的时候,5个小组的幼儿都能够大方、自信地进行表演。其中第3小组的幼儿在介绍的时候表现最为流畅,动作思维完全同步。有1个幼儿思维没跟上节奏,是在同伴帮助下完成的,还需努力!
	相关措施:合作互动	
	课堂设计:请4个小朋友一组,合作创编煮生气汤的动作和方法。小组先讨论,每一组想一个办法,然后把它画出来,最后请每一组上来交流。	

幼儿求异思维发展——课堂观察表(变通性)

时间:2017.12.15　　　　观察人:王艳

班级	大(3)班	活动内容	大班音乐活动《生气汤》
执教老师	潘叶青	幼儿人数	20人

二级指标	评价标准		
	优秀	良好	再努力
1. 能做到触类旁通,举一反三。	能根据问题情境进行多方面、多角度的思考。	能与问题情境在同一角度进行多次思考。	答案多重复或雷同。
2. 随机应变,具体问题具体分析,灵活运用。	对于原先使用的办法,倘若在活动中发觉并不好用时能主动做出调整、改变;比较容易接受新的要求。	在别人的提示、建议下能根据新情况修改原先的措施,比较容易接受新的要求。	思维的“惰性”较明显,不容易适应新的变化,不容易接受新的要求,甚至有个别“刻板行为”出现。

活动过程		观察与评析
环节一	支持策略:诱发求异思维 相关措施:巧设问题 课堂设计:你从哪里看出霍斯又在生气了?	老师运用巧设问题的方法,诱发幼儿积极思考,画面观察法很有效,她让幼儿去观察分析霍斯的表情和动作,启发他们寻找霍斯身上表示生气的各种特征,思维的广度得到了拓展。
环节二	支持策略:诱发求异思维 相关措施:巧置情境 课堂设计:创编大声叫和做鬼脸的声音和动作,并用说唱的形式进行表现。 (1) 创编大声叫的各种声音。 (2) 创编做鬼脸的各种动作。	(1) 创编大声叫的各种声音:幼儿从原来绘本中只有一个象声词“哇哇”联想到了“啊啊啊、啦啦啦、嘚嘚嘚、哈哈哈”等9种答案,达到了二级指标中所说的触类旁通、举一反三。 (2) 还能怎么做鬼脸?他们有的扯脸部,有的吊起眉毛,有的拉拉嘴、耳朵等,通过不同部位的经验迁移很好地达到了经验的灵活运用,而且配合的表情都是不同的,所以从动作表现层面上说,100%的幼儿都能变通。

续表

活动过程		观察与评析
环节三	支持策略：活跃求异思维	幼儿自己能够按照音乐的节奏去有意识地编匹配3个字的歌词，每次唱的事情虽然不同，但是他们能够做到词曲格式匹配，自主完成了一个节奏上的变通。所以从创编歌词的角度来说，本次活动的预期目标达成了。如果使用多字请幼儿换一种方法来匹配的话，孩子们的思维方式会更活跃。
	相关措施：合作互动	
	课堂设计：请4个小朋友一组，合作创编煮生气汤的动作和方法。小组先讨论，每组想一个办法，然后把它画出来，最后请每组上来交流。	

幼儿求异思维发展——课堂观察表(独特性)

时间：2017.12.15　　　　观察人：夏维红

班级	大(3)班	活动内容	大班音乐活动《生气汤》
执教老师	潘叶青	幼儿人数	20人

二级指标	评价标准		
	优秀	良好	再努力
1. 能对已掌握的旧知识进行合理、灵活、巧妙的迁移和组合。	对音乐作品有多种角度去观察、解释，或面对一个难题有多种方法去解决。	对音乐作品能主动观察，思考方法比较单一。	思维过程中表现出依赖性，愿意服从他人，跟随和仿照他人，愿意沿袭过去的方法。
2. 观点新颖独特，能突破常规，自由联想，有自己的独立见解。	活动中经常出现一些“与众不同”的看法、答案；不喜欢跟随和仿照他人，喜欢“别出心裁”；在自由创作活动中常创造出“自己的风格”。	能受同伴启发，提出一些新的看法，想出一些新的办法，在自由创作活动中愿意自己动脑筋。	

活动过程		观察与评析
环节一	支持策略：诱发求异思维	独特性指人们在发散思维中做出不同寻常的、异于他人的新奇反应的能力。独特性是求异思维的最高目标。幼儿通过观察霍斯来猜测他的心情，两位小朋友回答，没有发现独特性。
	相关措施：巧设问题	
	课堂设计：你从哪里看出霍斯又在生气了？	

续表

<table>
<tr><th colspan="2">活动过程</th><th>观察与评析</th></tr>
<tr><td rowspan="3">环节二</td><td>支持策略:诱发求异思维</td><td rowspan="3">通过不同的声音来表现,处于同一层面的求异,表现出来的独特性不明显。只有“嘞嘞嘞”这个声音平时不太用,相对特别。
在创编做鬼脸时,大部分幼儿只是改变了五官之一,有几个幼儿表现与众不同,他们是同时改变两种器官来做鬼脸的,比如:眼睛和嘴巴的组合,脸和嘴巴的组合。初步显现这几个幼儿思维的独特性。</td></tr>
<tr><td>相关措施:巧置情境</td></tr>
<tr><td>课堂设计:创编大声叫和做鬼脸的声音和动作,并用说唱的形式进行表现。
(1) 创编大声叫的各种声音。
(2) 创编做鬼脸的各种动作。</td></tr>
<tr><td rowspan="3">环节三</td><td>支持策略:活跃求异思维</td><td rowspan="3">幼儿创编的都是通过做一件事情来调节自己的心情,通过做自己喜欢的事情让心情好起来,从独特性的角度来看,并没有突破常规、别出心裁的办法,但是从幼儿作画的图案符号上来看,有几组幼儿表现出了独特性,他们用半圆形、音符来表示声音,表现与众不同。</td></tr>
<tr><td>相关措施:合作互动</td></tr>
<tr><td>课堂设计:请4个小朋友一组,合作创编煮生气汤的动作和方法。小组先讨论,每组想一个办法,然后把它画出来,最后请每组上来交流。</td></tr>
</table>

【课例2】

课题研究课“曼妙的芭蕾”教学设计

执教者:顾梦萍(光福中心小学附属幼儿园)

一、研究策略及目标

1. 借助观察策略,通过欣赏绘本《大脚丫跳芭蕾》中的舞姿,感受其夸张、线条流畅的表现手法。

2. 借助表达策略,将观察到的内容,用语言和动作进行表达,为之后的操作做准备。

3. 借助探索策略,尝试用扭扭棒、手揉纸摆出跳舞的动态,表现姿态优美的芭蕾舞者,体验创作的快乐。

活动准备:课件、手揉纸、扭扭棒、剪刀、展板。

二、活动过程

(一) 提问导入

师:小朋友们,你们喜欢跳舞吗?你们知道舞蹈有哪些种类吗?

(二) 回顾绘本《大脚丫跳芭蕾》(观察策略、表达策略)

1. 师:你们还记得有一个爱跳舞的女孩贝琳达吗?

2. 师:这是我们读过的绘本《大脚丫跳芭蕾》,我们再来看看这个故事吧!

3. 师:贝琳达非常喜欢跳芭蕾舞,为了参加芭蕾舞的选拔赛,她每天都在认真地练习跳舞,可是一站到舞台上,评委就不让她跳了,这是为什么?

小结:原来贝琳达和普通的芭蕾舞姑娘不一样,她有一双大脚。

4. 师:贝琳达很难过,她开始怀疑自己不适合跳芭蕾,后来贝琳达是怎么做的?

小结:尽管评委认为她不适合跳芭蕾舞,她还是利用一切机会去练习,最后终于回到了舞台上。

5. 师:你们觉得在舞台上的贝琳达美吗?美在哪里呢?

小结:(服装)你们发现了贝琳达的服装非常美,她有专门的舞蹈服,裙边是蓬蓬的、立起来的,像天鹅一样。

(动作)你们观察到了贝琳达的手和脚做出来的动作非常优美。

(表情)你们观察到了贝琳达面带笑容,这种笑容也会影响别人,给人美的享受。

总结:原来芭蕾舞有这么多美的地方,怪不得贝琳达那么喜欢芭蕾舞呢!

（三）学习芭蕾舞动作（表达策略）

1. 师：今天贝琳达又在练习舞蹈了，她把自己经常练习的几个动作带到了班级，你们想不想跟贝琳达学一学芭蕾舞？

2. 师：我们的教室里有四块黑板，上面各有四张图片，请你们挑选自己喜欢的动作学一学吧！音乐停止的时候回到座位上哦。

图1：双脚交叉，双手打开，环形向上，手心朝内。

图2：双手不变，单脚着地，另一只脚往后提起。

图3：单腿弯曲，另一条腿往前伸。腿弯曲一侧的手放在胸前，另一只手向上举，手心朝上。

图4：双腿交叉，膝盖弯曲，一只手朝上，另一只手打开伸向旁边。

（幼儿自由选择图片练习，教师观察指导）

3. 师：哇，你们都做得很认真。谁愿意把刚才学的动作展示给大家看一看？

（请幼儿展示并说一说自己做的动作）

4. 师：你们做得太好了，刚才我们是用照片展示贝琳达优美的舞姿，还能用什么办法呢？

（四）用扭扭棒制作芭蕾舞人（观察策略、表达策略、探索策略）

1. 师：今天，老师用了不同的方法，看！（出示做好的作品）原来手工材料也可以制作出来一个贝琳达。老师用了哪些材料呢？

2. 师：手揉纸是怎么制作裙子的呢？

小结：用折扇子的折法就可以做出好看的裙子哦。

3. 师：裙子折好了，我们的身体要怎么做？谁想来试试？（请一位幼儿示范）

师：这个小朋友真厉害，他是从中间开始扭的，先扭出头，再扭出脖子。然后扭出身体，最后扭出腿。

师：然后手怎么做呢？（一位幼儿操作）剪一段长长的扭扭棒做手臂，注意两只手的长度要一样，贝琳达要细细长长的才好看。

4. 师：还差了什么呢？（头发）怎么做，看好喽，我们在头顶的中间拿一点点扭扭棒，转动一下。

5. 师：我们把衣服装在上面，一个好看的贝琳达就做出来了。

（可能出现的问题：身体比例不平衡，手脚长度不一致等）

6. 接下来你们开动脑筋，动手做一做。在你们的身后，老师已经准备好材料了，快去试一试吧！

(五) 作品评价(表达策略)

1. 比一比谁做的贝琳达优美、独特。

2. 评一评同伴作品表现的不同姿态。

3. 师:我们帮贝琳达记录了那么多的舞蹈动作,你们觉得贝琳达最后能够获得成功的原因是什么?

师总结:贝琳达为了自己的梦想每天都在刻苦练习,即使被嘲笑也没有放弃,最后才获得了观众的掌声。你们马上要读一年级了,也要向贝琳达学习,为了自己的梦想而努力。孩子们,加油吧!

附:

课题研究课主体设计及评价表

<table>
<tr><td>课题名称</td><td colspan="2">基于核心素养的幼儿园绘本教学活动的实践研究</td><td>课题主持人</td><td>杨红、周园</td></tr>
<tr><td>课题研究重点问题</td><td>在绘本教学活动中培养幼儿的审美、表达、思考等能力,提升幼儿的核心素养。</td><td>教学内容</td><td colspan="2">曼妙的芭蕾</td></tr>
<tr><td>本课的教学目标</td><td colspan="4">1. 借助观察策略,通过欣赏绘本《大脚丫跳芭蕾》中的舞姿,感受其夸张、线条流畅的表现手法;2. 借助表达策略,将观察到的内容,用语言和动作进行表达,为之后的操作做准备;3. 借助探索策略,尝试用扭扭棒、手揉纸摆出跳舞的动态,表现姿态优美的芭蕾舞者,体验创作的快乐。</td></tr>
<tr><td>本课体现的研究目标</td><td colspan="4">在基于核心素养的绘本教学活动中,实现阅读审美的具体化行动,最终发展幼儿核心素养。</td></tr>
<tr><td>本课体现的研究内容</td><td colspan="4">借助绘本中的美术元素发展幼儿的审美(发现美、表现美、创造美)能力。</td></tr>
<tr><td>需要课堂验证的具体研究策略</td><td colspan="4">1. 观察策略;2. 表达策略;3. 探索策略。</td></tr>
<tr><td rowspan="4">研究策略着落于课堂的教学设计</td><td>研究策略</td><td colspan="3">对应的教学设计</td></tr>
<tr><td>1. 观察策略</td><td colspan="3">(1)观察绘本画面。①发现贝琳达作为芭蕾舞者的特征。②观察芭蕾舞的优美动作。
(2)观察芭蕾舞人的示例。感受用材料表现芭蕾美的方法。</td></tr>
<tr><td>2. 表达策略</td><td colspan="3">(1)回顾绘本《大脚丫跳芭蕾》。表达自己对绘本故事的理解和对贝琳达坚持梦想的肯定。
(2)学学跳芭蕾的贝琳达。用语言和动作表达贝琳达舞姿的优美,激发把优美舞姿留下来的欲望。
(3)讲述制作步骤观察的结果。将观察转化为语言进行表述,加深对制作方法的掌握。</td></tr>
<tr><td>3. 探索策略</td><td colspan="3">创作芭蕾舞娃娃。幼儿探索创作芭蕾舞者。</td></tr>
</table>

课题研究课“曼妙的芭蕾”教学反思

顾梦萍

“曼妙的芭蕾”这个美术活动灵感来源于绘本故事《大脚丫跳芭蕾》，我主要使用观察策略、表达策略、探索策略去完成对绘本故事的回忆，帮助幼儿发现贝琳达跳芭蕾舞的美。主人公贝琳达因为长着一双大脚被认为不适合跳芭蕾舞，但是她通过不断努力和对梦想的坚持，最后还是获得了成功。对于农村幼儿园的小朋友，甚至大部分普通人来说，很少有机会真正接触到芭蕾舞，所以我非常希望通过这样一个活动，在幼儿心中播下一颗美的种子。

在整个活动中，主要通过三个环节来实现研究目标：发现芭蕾舞的美（发现美）——用语言和动作表现芭蕾舞的美（表现美）——制作美丽的芭蕾舞娃娃（创造美）。环节之间的处理比较顺利，并且始终没有脱离绘本，这也是绘本美术教学需要注意的地方。

在幼儿模仿贝琳达的舞蹈动作这一环节中，我主要使用表达策略，让幼儿观察芭蕾舞图片，用语言和动作进行表现。幼儿的参与度非常高，男孩子也被吸引到模仿贝琳达的动作中。幼儿的语言表达能力也非常强，可以很流畅地说出自己做出的每一个动作。

在表现贝琳达人物形象这一环节中，我做了很多尝试。是画还是用超轻黏土粘？我选择的材料是扭扭棒和手揉纸。怎样用手揉纸制作芭蕾舞的裙子？最后我们的选择是用折扇子的方法制作一条蓬蓬裙。选择了用扭扭棒做人物身体之后，我自己也制作了很多人物形象，但是如何让自己制作的人物形象更符合主人公贝琳达的形象？经过思考，我决定通过观察策略，让幼儿观察到贝琳达的人物特征是纤细修长的。一开始是一根扭扭棒做头和身体，另一根平均分成四份做四肢，后来我觉得这一做法忽略了扭扭棒的特征，再加以改进，用一根扭扭棒完成头发、头、脖子、身体和脚，再用另一根选取合适的长度完成手。是不是可以让材料再多样些，让幼儿更自由地选择自己想去表现的材料？这也是我需要思考的一个问题。

另外，这节活动还有很多不足之处：

1. 在运用表达策略让幼儿用动作表现贝琳达的舞姿时，我发现幼儿过于注重手和脚的动作形态，忽略了芭蕾舞整体形象的美，教师在这一环节要给予适时的引导。

2. 在幼儿创作贝琳达的人物形象环节中，通过表达策略和探索策略来创造芭蕾舞的动态美，幼儿基本可以将自己的制作步骤表述出来。在这一部分中，我出示了范例，也请个别幼儿上来演示。但同时，我也在思考，教给孩子的是不是太多，反而让幼儿失去了尝试和探索的机会，限制了他们灵感的发挥？

3. 在幼儿展示作品时，主要使用的是表达策略，邀请幼儿把自己的作品说一说。我用的是一块KT板，这固然方便了幼儿的视觉观察，但是否可以做成既方便幼儿观察又符合作品本身呈现的立体形式，让幼儿手中的贝琳达"活"起来？我在KT板上贴了几个字——"曼妙的芭蕾"，本身是为了更符合这个美术活动，但是一想，幼儿的作品做的都是贝琳达的人形，这是贝琳达的舞台，改成和贝琳达有关的题目更合适。

4. 由于经验不足，活动中有些语言的组织和临场应变能力显得欠缺，这也是今后要努力的方向。

幼儿艺术领域学习的关键在于充分创造条件和机会，在大自然和社会文化生活中激发幼儿对美的感受和体验，丰富其想象力和创造力，引导幼儿学会用心灵去感受和发现美，用自己的方式去表现和创造美。希望小朋友们以后可以像记住白雪公主一样记住贝琳达，而且记住的不仅仅是贝琳达爱跳芭蕾舞，更记住曾经有个叫贝琳达的女孩对梦想的那份坚持。

【课例3】

课题研究课 Unit 7 Summer 教学设计

执教者：张月晨（舟山实验小学）

一、单元教材内容

（义务教育教科书）二年级英语上册 P32－35 U7 Summer

二、学生情况分析

学生已具备了正确朗读26个字母、模仿发音、认读和拼读单词、认读简单的词组和基本句型的能力，并渐渐对英语学习产生兴趣。在学习本单元之前，学生已经积累并能运用一些词汇，如方位介词、运动类动词、食物类名词等。同时，学生已经积累并能运用部分常见的句型来进行表达和交流，如 I like …/ I have …/ I can …/ Let's …等句型。

三、单元语用任务

在夏天海边度假的情境中，学生能借助图片，用2～3句话口头描述相关的夏日活动，并表达对夏天的喜爱之情，要求内容完整，语音、语调正确，表达较流利。

四、单元教学目标

（一）语言知识与技能

1. 能准确朗读并理解 beach，pool，ice cream，orange juice 等核心词汇，音、义、形基本准确。

2. 能用 In summer，I … 等核心句型口头描述夏日活动，发音基本准确，表达较为流利。

3. 能诵读夏日活动的歌谣"I like summer"。

（二）文化与情感

感受不同地域的夏日气息，学会表达对夏天的喜爱之情。

（三）学习策略

在课堂交流中，注意倾听，积极思考；能积极运用所学英语进行表达和交流。

五、单元课时、话题及教学目标

单元课时话题及教学目标

课时	话题	内容	语用任务	语言知识与技能
Period 1	Summer is fun.	Story time	在夏日海南岛度假的情境中，学生能借助图片和动画，表演出 Wang Bing 等孩子的夏日活动，语音、语调基本正确，表达基本流利。	1. 能跟读核心词汇 beach, pool, ice cream, orange juice，知道并理解其音、义、形。 2. 能听懂核心句型 In summer, I ... 表演出 Wang Bing 等人的夏日活动，语音、语调基本流利。
Period 2	I like summer.	Fun time & Rhyme time	在夏日夏威夷度假的情境中，学生能借助语言结构及图片，口头描述夏日活动，表达对夏日的喜爱之情，语音、语调较正确，表达较流利。	1. 能用核心词汇 beach, pool, ice cream, orange juice 及核心句型 In summer, I ... 口头描述自己喜爱的夏日活动，语音、语调较正确，表达较流利。 2. 能诵读夏日活动的歌谣 I like summer。内容基本准确。

六、单元具体实施：第二课时 My summer holiday

My summer holiday 第二课时具体实施

Procedure	Content	Methods	Purpose
Pre-task preparation	Sing a song Review the story In summer, I ____ ____. Watch the video about Hawaii Kimi	1 – 1 Sing a song 2 – 1 Look and say 2 – 2 Read together 3 – 1 Watch a video	通过歌曲调动学生学习兴趣。 对 story time 进行复习，运用句型说一说夏天的活动。 引出主线人物，观看夏威夷宣传片，给学生创设语言环境。
While-task procedure	*What does Kimi do in summer?* *What do you eat?* watermelons a watermelon Summer is... I like summer. What do you drink? drink coconut juice	1 – 1 Listen and choose 2 – 1 Listen and say 2 – 2 Learn watermelon 2 – 3 Think and read 2 – 4 Listen and answer 2 – 5 Learn "coconut juice"	听录音，选出与文本相符的图片，整体感知文本。 通过听录音，引出拓展词汇 watermelon，并学习表达夏天感受的句型，同时表达对夏天的喜爱。 通过听录音，引出拓展词汇并学习。 借助图片复现词汇并通过动作和 chant 来巩固。

续表

Procedure	Content	Methods	Purpose
While-task procedure	What do you do in summer? Swim in the pool. Pool, pool, swim in the pool. Cool, cool, I feel cool.	2－6 Look and answer 2－7 Say a chant 3－1 Read and act 3－2 Choose and say	通过读读及做动作的方式帮助学生巩固，结合图片和句型说说 Kimi 夏天的活动及感受。
	Summer is ____. In summer, I ____. I like summer.		通过听第二段文本，了解 Kimi 对夏天的感受和夏天的活动，并对 play 的活动进行具体学习。
	Summer is fun. In summer, I play on the beach. surf. play ball games make castles lie in the sun I like summer. I like summer.	4－1 Listen and say 4－2 Read and learn 4－3 Read and act 5－1 Say a rhyme	诵读歌谣，感受夏天，体会对夏天的喜爱之情。
Post-task activity	I like summer	1－1 Look and read	对整篇文本进行回顾。
	My summer album	2－1 My summer album	展示 Kimi 夏天活动的照片并对活动进行描述，同时为课后作业做铺垫。
	Summer is ____. In summer, I ____. I like summer!	3－1 Try to say	展示各种夏天活动的照片，让学生感受夏天丰富多彩的活动，并运用核心句型说说自己夏天的活动。
Assignment	1. Read the rhyme. 2. Make your summer album and talk about it.		

续表

Procedure	Content	Methods	Purpose
板书设计	Unit 7 Summer Summer is … hot fun I like summer In summer, I … eat watermelons drink coconut juice swim in the pool play on the beach run in the sea play ball games make castles lie in the sun I like summer!		

课题研究课主体设计及评价表

课题名称	小学英语低年级单元统整的教学设计研究			课题主持人	居静华 张月晨
课题研究重点问题	如何进行单元整体设计		教学内容	二下 Unit7 Summer	
执教老师	张月晨	执教班级	二	执教时间	2018 年 6 月
本课的教学目标	1. 语言知识与技能 （1）能用核心词汇 beach, pool, ice cream, orange juice 及核心句型 In summer, I … 口头描述自己喜爱的夏日活动，语音、语调较正确，表达较流利。 （2）能诵读夏日活动的歌谣“I like summer”。内容基本准确。 2. 语用任务 在夏日夏威夷度假的语境中，学生能借助语言结构及图片，口头描述夏日活动，并表达对夏日的喜爱之情，语音、语调较正确，表达较流利。				
本课体现的研究目标	1. 单元整体目标下的单课时目标的达成度。 2. 单元统整下文本的合理再构。 3. 单元统整下板书与教学内容的高度统一。				
本课体现的研究内容	1. 本课时的教学内容是对第一课时的内容的巩固和提升，借助核心语言不断滚动，教学知识点呈螺旋上升的趋势。 2. 在话题的引导下合理再构文本，做到在第一课时文本基础上的提升，设置大量输入语言。 3. 通过合理的板书设计，帮助学生借助语言框架，做到有效语言输出。				

续表

需要课堂验证的研究策略	1. 整体感知法;2. 核心语言滚动法;3. 板书设计框架法。	
研究策略着落于课堂的教学设计	研究策略	对应的教学设计
	整体感知法	导入时,在复习上一版块及其核心句型的基础上,用观看夏威夷旅游宣传片引入新的主线人物 Kimi,给学生创设语言环境,通过听一听、选一选图片的方式整体感知本文。
	核心语言滚动法	本课的核心语言是 Summer is ... In summer ,I ... 在教学新知 eat watermelons 时,采用听录音说一说的方式,引入核心语言,进行初步感知。使用拓展词汇 drink coconut juice, 通过听一听、猜一猜和读一读、演一演的方式在自主操练和情景演绎中熟悉核心语言;使用核心词汇 swim in the pool,通过看图回答问题,操练儿歌,以及说一说、演一演的方式巩固核心语言;使用核心词汇 play on the beach 及拓展词汇 surf, play ball games, make castles, lie in the sun 通过听一听、说一说,读一读、做一做的方式操练和使用核心语言。最后,带领学生回顾全文,描述 Kimi 的夏日活动,展示各种夏天活动的照片,鼓励学生运用核心语言对自己的夏日活动进行描述,尝试有效输出。 按照单元整体设计,为保持情境的完整性,自主操练和情景演绎都穿插在每个教学环节中,并不是孤立存在的。
	板书框架设计	本课板书也体现了整体设计,在教学过程中,板书是不断形成的。 围绕对夏天特性 Summer is ... 的感受及描述夏天丰富的活动两个主要内容进行设计。条理清晰的板书,不仅凸显了核心语言,而且构成了学生知识的框架脉络。

课题研究课 Unit 7 Summer 教学反思

张月晨

一、课题介绍

2017 年,在我校英语单元整体设计的背景下,英语组首先在低年段尝试进行了单元统整的教学设计研究。

小学英语单元整体教学,就是基于《英语课程标准》对小学英语教学的目标要求,以及在教材分析、学情分析的基础上,教师对一个单元的教学内容进行整体组织，对英语课堂教学进行整体设计。

二、课题研究课实践

本次课题研究课我们呈现的是译林版牛津英语二年级上册 Unit7 Summer 单元中的第二课时。依据单元整体设计理念，我们对本单元的教学版块进行重组，将核心版块 Story time 划为第一课时，把核心版块 Fun time 和非核心板块 Rhyme time 划为第二课时。

1. 单元目标设定

本单元的单元目标是，语言知识与技能：(1) 能准确朗读并理解 beach, pool, ice cream, orange juice 等核心词汇，音、义、形基本准确。(2) 能用 In summer, I ... 等核心句型口头描述夏日活动，发音基本准确，表达较为流利。(3) 能诵读夏日活动的歌谣 I like summer。文化与情感：感受不同地域的夏日气息，学会表达对夏天的喜爱之情。学习策略：在课堂交流中，注意倾听，积极思考；能积极运用所学英语进行表达和交流。

2. 单课时目标设定

依据单元目标，我们将本单元划分为两课时，同时把两课时话题分为 Summer is fun. 和 I like summer. 第一课时的目标是初步感知 story time，学生能简单复述文中的夏日活动。依据单元统整的理念，在第一课时的基础上，第二课时整合了 Fun time 和 Rhyme time 板块，教学目标的高度设定较第一课时有所提高：① 能用核心词汇 beach, pool, ice cream, orange juice 及核心句型 In summer, I ... 口头描述自己喜爱的夏日活动，语音、语调较正确，表达较流利。② 能诵读夏日活动的歌谣"I like summer"。内容基本准确。最终达到学生能借助语言结构及图片，口头描述夏日活动，并表达对夏日的喜爱之情，语音、语调较正确，表达较流利的目的。

3. 课堂教学实践

本节课，在原有核心语言的基础上，滚动使用核心语言，并适当增加难度，使知识呈螺旋式上升。在教学过程中，我们环环相扣，依据单元统整理念，例如：根据图片通过 Listen and look 的方式整体感知本文。采用 Listen and say 的方式，引入核心语言 Summer is ... In summer ,I ... 在教学新知 eat watermelons 时，进行初步感知，并对核心词汇 eat watermelons 用 Look and read 的方式操练巩固。随后通过 Listen and answer, Look and answer，以及儿歌操练的方式不断熟悉核心语言；再通过 Read and learn, Read and act 环节不断巩固核心语言，最后用 look, read and act 来让学生伴随音乐和动作使用核心语言将文本整体输出，再让学生结合自身实际情况使用核心语言 Summer is ... In summer ,I ... 把自己的夏日活动描述给全班同学听，一步步使知识点层层递进。并在整个教学过程中使用问题 Do you like summer? 引导学生表达自己对夏日的喜爱之情。在这些活动中，也增加了一些夏威夷当地特有的风情和文化，进行有意识的文化渗透，引发学生对知识背后的文化更多的兴趣。

除了教学设计体现了整体性，在本课的板书中也体现了整体设计。在教学过程中，板书不是一蹴而就的，而是不断形成的。板书围绕对夏天的特性及描述夏天丰富的活动两个主要内容进行设计，在核心语言框架下逐步丰富其内容。本课板书既凸显了核心语言，又帮助学生构成了知识的框架脉络。

三、课堂教学反馈

本次课堂实践下来，从目标达成的角度来说，个人觉得这是一堂成功的课。经过 40 分钟的课堂新授操练和巩固，绝大部分学生能够熟练掌握核心语言和句型，在课堂中能够结合自身运用核心语言描述自己的夏日活动，并表达出自己的喜爱之情。整堂课中，教师和学生能够很好地配合，学生都能跟着教师的引导，尝试逐步输出，若遇到难处，学生也能够在教师的帮助下逐句表达。而本节课美中不足的地方是，对于低年级来说，虽然在教学环节的设计过程中，我们尽可能丰富了其形式，但在课堂的具体表现形式上缺乏了一些趣味性，使得整体的课堂看起来不是那么的活泼生动、富有童趣。这也将作为我们在单元整体设计道路中，下一步需要努力解决的一个小难点。

单元是一个成长过程，在这个过程中需要保持话题与内容的一致性及目标和任务的一致性。在课堂上我们也力求发展学生的语言思维，渗透语言文化的内涵。

我们的单元整体教学还在不断地探索中，虽然在探索过程中会遇到很多困难，但我们会排除万难，将这条路越走越远，越走越好。

【课例4】

课题研究课《秦兵马俑》教学设计

执教者：杨景瑜（碧波实验小学）

一、教学目标及研究目标

1. 能正确、流利、有感情地朗读课文。

2. 学会本课7个生字和3个二类字。其中生字“戈”“擎”，通过“小老师微课堂”的形式进行书写指导。

3. 理清文章脉络，初步体会秦兵马俑的特点。

二、导入新课

1. 1974年，人们发现了一支沉睡千年的军队，这就是——秦兵马俑。

2. 题目释义：俑是古代坟墓中用来陪葬的偶人，多用泥烧制而成。看，照着士兵的样子做的就叫兵俑，照着马的样子做的就叫马俑，相机出示图片。他们都出自秦始皇的陵墓，所以我们把他们称为——秦兵马俑。

3. 质疑课题：你想从课文中了解秦兵马俑的哪些知识呢？（秦兵马俑在什么地方？秦兵马俑的特点是什么？秦兵马俑有哪些种类？）

三、初读课文

1. 现在请同学们带着这些问题走进课文，谁来读“自读要求”？请大家打开语文书，开始吧。

老师发现，同学们读得很投入。现在老师来检查一下你们的学习成果。

2.【生字词】

(1) 兵俑类型：军吏 驭手 弓弩手

① 这是描写兵俑类型的词语，谁来读？

② 借助偏旁知“驭手”“弓弩手”的职责。

“驭”的右边是“又”，“又”是指“手”。“马”与“又”联合起来表示“用手抓握马车的缰绳”，所以驭手就是指什么呢？驾驭马车的人。

“弩”：请同学们猜猜看，这个“弩”字和什么有关？弓箭，是啊，它的部首是弓字底。所以弓弩手就是指射弓箭的人。

③ 齐读。

(2) 兵俑装备：铠甲 铜戈 利剑

① 谁来读描写兵俑装备的词语。

② 小老师微课堂:“戈”是本文的生字,它表示什么意思呢? 现在让我们一起走进“小老师微课堂”。

③ 书写生字:感谢小老师的讲解,接下来,请同学们看黑板,写这个字时,要注意斜中求正,主笔斜钩应长而有力。好,现在请同学们打开习字册,描一个写一个。

④ 教师评价。画红圈

(3) 兵俑动词:身披铠甲 握着铜戈 擎着利剑

① 兵俑装备前都有固定的动词搭配,谁再来读好这些短语?

② 小老师微课堂:“擎”也是本课的生字,它是什么意思呢? 让我们再次走进“小老师微课堂”,听听小老师怎么说。

③ 感谢小老师通过字形,让我们明白“擎”的含义。接下来我们就来书写好这个汉字。“擎”的上半部是个“敬”字,应写得紧凑清晰,下面“手”部应写得舒展,下横稍长。看,这个“擎”字就写好了,现在请同学们继续在习字册上描一个写一个。

④ 教师评价。(画红圈)

(4)兵俑神态:目光炯炯 微微颔首 神态严峻

① 指名读

② 颔首表示点头,微微颔首就是指稍微点点头。

③ 齐读这一行词语

总结:同学们,通过刚才的学习,我们知道要想真正理解汉字,就要去观察汉字的结构,通过字形来理解字义。这是一种识记汉字的好方法。

附：

“两课对接”活动设计表

<table>
<tr><td>课题名称：“小老师微课堂”在识字教学中的实践研究</td><td rowspan="4">→</td><td>两课对接点设定</td><td rowspan="4">←</td><td>教学内容：“秦兵马俑”第一课时</td><td rowspan="2">听课记录：（针对对接点的教学过程或有关教学环节）</td><td rowspan="3">对接效果评价：（听课教师填写，打“√”）</td></tr>
<tr><td>课题主持人：杨景瑜</td><td rowspan="3">第一课时的识字教学中，采用了“小老师微课堂”的方法帮助学生识记生字。
1. 教师在教学“戈”字时，通过微视频，让学生了解了“戈”这个字从甲骨文到现代汉字的演变过程，知道除了“戈”这个兵器外，还有其他兵器，然后理解它与“弋”字的区别。
2. 在教学“擎”字时，“小老师”上台展示自己制作的多媒体课件，通过图文并茂的方式帮助学生分析字形，从而理解字义。</td><td>执教教师：杨景瑜</td></tr>
<tr><td>课题研究措施（或研究内容）简介</td><td>对接设计（简要）</td><td rowspan="2"></td></tr>
<tr><td>本课题主要是对“小老师微课堂”在识字教学中的实践开展研究，目的是让学生把对问题的思考和理解通过“不同形式”在课堂中进行展示，引导学生自主思考、自主学习、自主尝试，充分开发学生的识字潜能，提高识字教学效率。
1. 研究“小老师微课堂”的教学形式。
2. 研究“小老师微课堂”的教学内容。
3. 研究“小老师微课堂”的指导方法。
4. 研究“小老师微课堂”的评价方式。</td><td>1. 铜<u>戈</u>
（1）指名读。
（2）播放“小老师微课堂”，进行释义、补充。
（3）书写生字。
2. <u>擎</u>着利剑
（1）指名读。
（2）学生借助多媒体课件展示微课堂。
（3）书写生字。</td><td>效果很好（ ）
效果较好（ ）
效果一般（ ）
效果较差（ ）</td></tr>
</table>

微课不“微”，见“微”识字

——课题研究课《秦兵马俑》教学反思

杨景瑜

识字既是小学语文教学的一个重要组成部分，也是一项基本内容。传统的识字教学往往是教师的“一言堂”，学生只是被动地接受，而新课标倡导“要构建自主、开放、探究的学习方式”。这就要求语文教师运用灵活的教学方法，去营造充满活力的课堂氛围，以提高学生的识字兴趣。基于以上背景，我开展了对“小老师微课堂”在识字教学中的实践研究，目的是让学生把对问题的思考和理解通过不同形式在课堂中展示，引导学生自主思考、自主学习、自主尝试，充分开发学生的识字潜能，提高识字教学效率。现以语文五年级下册《秦兵马俑》第一课时教学设计为例，来谈谈对课堂的思考：

在第一课时的识字教学中，我采用了“小老师微课堂”的方法帮助学生识记生字。例如在教学“戈”字时，我先正音，然后提出：戈是什么意思？让我们一起走进“小老师微课堂”，看看她是怎么说的。通过微视频，学生了解了“戈”这个字从甲骨文到现代汉字的演变过程，知道除了“戈”这个兵器外还有其他兵器，然后理解了它与“弋”字的区别。在教学“擎”字时，“小老师”上台展示了自己制作的多媒体课件，通过图文并茂的解说帮助学生分析字形，从而来理解字义。学生在这两个“小老师”的体验中，极大地发挥了自己的主动性，从课前整合材料到制作课件，每一个过程都浓缩了学生对问题的思考。所以“小老师微课堂”是学生体验知识形成的过程，是学生自我展示的平台，让学生在趣味中识字，进而提高识字教学成果。

但此次课题研讨课也让我发现了课题研究中需要改进的地方：

一、“小老师微课堂”的教学形式

“小老师微课堂”的教学形式不应过于单一，除了微视频、多媒体课件外，也可以开展小组讨论、竞赛、默写、讲故事等多样的教学形式，不仅可以活跃课堂气氛，也可以调动学生识字的积极性。

二、“小老师微课堂”的教学内容

汉字是音、形、义的有机统一体，小学生学习汉字，要求读准字音、认清字形、了解字义。因此“小老师微课堂”的教学内容不单单可以研究字形，还可以仔细辨别同音字和多音字，正确区分字义来提高学生的识字效果。

三、“小老师微课堂”的指导方法

“小老师微课堂”就是把权力还给学生,把课堂还给学生。当然,“放手”也不是“放任自流”。因此,在“小老师微课堂”展示前,教师应进行方法上的点拨,做一名思维上的引领者;展示时,教师不是一名旁观者,而应主动参与微课堂进行指导,做一名调控者;展示后,教师应对相应知识进行“牵线搭桥”,拓展学生的思维,做一名知识的引申者。

四、“小老师微课堂”的评价方式

当“小老师微课堂”结束后,教师应及时鼓励并做简单的点评;也可以让学生对“小老师”的上课风格、上课内容等进行点评,包括优点和以后需要改进的地方。

以教带研,以研促教。此次课堂的展示,让我探明了课题研究的方向,也让自己在课题研究的同时,切实反思和转变课堂的教学行为,从而提高课堂教学的实效性。

【课例5】

课题研究课"小小餐巾纸 大大学问藏"教学设计

执教者：钱建新(郭巷实验小学)

一、导入课题

餐巾纸包装上的信息研究单

品牌	材质	规格	产地	类型	等级	层数	抽数	价格
清风	原生木浆	206mm×155mm	苏州	—	优等品	2	150	13.9元4包
心相印	原生木浆	152mm×190mm	福建	—	优等品	3	130	10.3元4包
洁云	原生木浆	200mm×190mm	上海	—	合格品	2	200	8.8元4包
明月	原生纸浆	180mm×120mm	苏州	—	合格品	3	100	6元8包
真风	—	130mm×175mm	嘉兴	压花	合格品	3	100	68元100包
无牌	—	—	—	压花	—	3	100	80元100包

师：上节课我们研究了规格差不多的不同牌子的餐巾纸，了解了餐巾纸包装上的一些基本信息，并通过闻一闻、摸一摸、看一看的方法初步感知了这些餐巾纸的柔软度，发现"明月"这个牌子的餐巾纸的手感比较粗糙，与包装上的信息不符合，可能存在质量问题，还有其他几个牌子感知下来都差不多，那该怎么办呢？做实验，为此，我们要求大家课后去收集整理相关的实验方法，大家都做好了吗？

(学生上台汇报，实物投影，教师板书)

二、学生汇报，师相机补充说明

师：用水泡一泡，如果容易烂掉、碎掉，说明它不是原生木浆做成的，很可能是废纸、其他杂物等再生产的；用手撕一撕，如果裂口太毛糙，说明它里面含的木头纤维量比较少，强度不够；用火烧一烧，如果灰的颜色是灰白的，说明这种餐巾纸添加了荧光剂或者石灰粉等杂质。荧光物质对我们身体有害，可以使细胞产生变异，一旦进入人体，就会成为潜在的致癌因素。

学习单

检测项目	气味	柔软度	说明介绍	韧性强度	原料	荧光剂
检测方法	闻一闻	摸一摸	看一看	用水浸泡、用手撕	燃烧法	光照法
具体做法	闻一闻餐巾纸，是否含有刺激性气味或者闻一下有没有不一样的、不好闻的味道。	劣质餐巾纸手感粗糙，纸质较硬；而合格的餐巾纸摸起来手感细腻、柔软，不掉毛、不掉粉，抗拉力强。	主要看包装盒上面的信息，说明介绍等。比如说等级、宣传介绍。	将纸巾扔在水里，劣质的散装纸巾一遇到水，立马就会被浸透，用手拿起时也会变碎，优质的纸巾则会慢慢被水浸透，即使用手搅拌也不会烂掉，甚至拿起来也是完整的一张纸。 撕扯纸巾，劣质纸巾抗拉度不强，轻轻一扯就被撕开，而且裂口毛糙，甚至桌面上都掉落一层“白灰”；而优质的餐巾纸抗拉度强，即使撕开了，裂口也是很整齐的，而且毛丝很少，另外，优质餐巾纸横竖撕开裂口是不一样的，这是木制纤维作用的结果，但劣质纸巾因含纤维少，横竖撕开裂口都一样。	可将纸巾点燃，优质纸巾即使烧完，纸张也会非常整齐，而且颜色发黑；但劣质纸巾烧完后就散了，甚至还有灰不时飞起，烧完之后会呈灰白色，还会有黄色的油留下。	用紫光检测手电筒检测是否含有荧光剂，如果含有荧光剂，呈现亮蓝色。

三、教师小结

师：好的，同学们通过自己的调查、收集，小组成员的合作、整理，找到了4种检验方法，接下来通过做实验来体验一下。

四、实验体验

（一）明确要求

师：实验前请看温馨小贴士。

1. 水泡法：负责人按照顺序把餐巾纸一张一张放入盆中，其他同学注意观察变化，如果变化不明显，可以将纸张拿起来或用手轻轻搅拌后再观察。

2. 手撕法：双手捏住餐巾纸的两条宽处，先向两边拉扯，体验纸张的拉力、强度，再用手撕开，观察裂口的整齐度。

3. 火烧法：负责人先将餐巾纸轻柔成小团，然后按照顺序逐一点火观察，观察时不要吹气，以防灰进入眼睛。

4. 组长分工，明确各自任务，争取出色安全地完成实验。

师：明白了吗？下面先请组长分工。

师：分好了吗？下面请同学开始实验。

（二）学生实验

实验体验记录单

品牌	检测法			
	水泡法	手撕法	燃烧法	光照法
清风				
心相印				
洁云				
明月				
真风				
无牌子				
小结				

（三）交流体验

师：下面请同学们来交流。谁先来说说清风？

（四）汇总小结

实验小结

品牌	检测法			
	水泡法	手撕法	燃烧法	光照法
清风	不烂不碎	强度大 裂口整齐	灰发黑	不含荧光剂
心相印	不烂不碎	强度大 裂口较整齐	灰发黑	不含荧光剂
洁云	不烂不碎	强度大 裂口较整齐	灰发黑	不含荧光剂
明月	易烂易碎	强度差 裂口毛糙	灰灰白	含有荧光剂
真风	搅拌易烂	强度差 裂口较整齐	灰发黑	不含荧光剂
无牌子	不容易烂	有强度 裂口较整齐	灰发黑	不含荧光剂
小结	贪图便宜 诚实守信 ……			

师：很好，那通过实验体验，你们发现了什么？

生1:挑选餐巾纸时尽量选择有品牌的,厂家比较诚信,没有虚假宣传、说明,质量相对来说有保证。

生2:有的时候我们不能光看介绍或说明,最好动动手,甚至做做实验,帮助我们正确选择。

生3:"明月"虽然有牌子,有产地,但是检测下来质量最差,说明商家存在欺骗行为,不讲信用,不诚实。

生4:其他几个牌子比较便宜,但我们不要贪图便宜,特别是不能用"三无"产品。

生5:做一个诚实守信的人。

生6:买东西到大商场,多看说明,货比三家。

生7:"明月"这个牌子的餐巾纸质量有问题。

生8:商家可能有欺骗行为,存在虚假宣传、不诚实现象。

五、品德教育

(一)教师引导

师:同学们说得非常好,大家从一张小小的餐巾纸里,学到了很多知识、学问,甚至懂得了做人的道理(出示:待人之礼):待人要诚实,做事要守信,要做一个诚实守信之人,(出示:诚实守信)。这就是我们今天要研究的主题。

师:说到诚信,我记得你们四年级时学过一篇课文叫《诚实与信任》,谁还记得吗?能简单说说吗?

师:(出示图片)这篇课文主要讲作者骑车回家,不小心把一辆小红车的反光镜给撞碎了,在无人知晓的情况下,作者主动留下一张字条,字条上写着他的姓名、联系电话。希望对方与自己联系,事隔三天,小红车的主人打来电话,他不是来要钱的,而是向作者表示感谢,并告诉他"诚实和信任比金钱更重要"。

其实,古代非常注重诚实守信,孔老夫子说:言必诚信,行必忠正。《资治通鉴》记载:丈夫一言许人,千金不易。(这叫一诺千金,正所谓:大丈夫一言既出,驷马难追)古罗马哲学家也说过:没有诚实,何来尊严。

(二)学生举例

师:同学们,通过学习我们知道诚实守信是多么重要,但有些人就是一切以"利"为目的,为谋取一己私利而放弃诚实的做人根本,唯利是图,见利忘义。我们来看几个例子,有的人用地沟油牟取私利,有的人做生意不讲诚信,缺斤短两,到最后都受到了法律的制裁,真是害人害己。

那同学们也来说说,身边有没有这种现象呢?

(三) 教师小结

师:同学们说得非常好,用身边的例子说明了做人一定要诚信为本,立德修身;要诚信做人,诚信做事! 行诚信之举,但也不能忘记保护自己。

板书:

小小餐巾纸 大大学问藏

感官感知 实验体验

闻 摸 看 泡 撕 烧 照

裂口 灰

异味 手感 说明 烂 碎 强度 颜色 荧光剂

明月? 不讲诚信

待人之礼 诚实守信

附:

“两课对接”活动记载表

课题研究成员:课题组	从“八礼四仪”教育着手培养学生品德行为的实践研究	教学内容:小小餐巾纸 大大学问藏	执教教师:钱建新
课题研究内容及研究措施简介	对接点设定及意图	对接策略设计	对接效果评析(综合课堂教学效益给予建议)
1. 重视合作讨论,培养人际交往能力。 2. 培养学生的待人之礼——诚实守信。	1. 分工合作,完成实验,培养人际交往能力。	师:实验前请看温馨小贴士: 1. 水泡法:负责人按照顺序把餐巾纸一张一张放入盆中,其他同学注意观察变化,如果变化不明显,可以将纸张拿起来或用手轻轻搅拌后再观察。 2. 手撕法:双手捏住餐巾纸的两条宽处,先向两边拉扯,体验纸张的拉力、强度。再用手撕开,观察裂口的整齐度。 3. 火烧法:负责人先将餐巾纸轻柔成小团,然后按照顺序逐一点火观察,观察时不要吹气,以防灰进入眼睛。 4. 组长分工,明确各自任务,争取出色安全地完成实验。 师:明白了吗? 下面先请组长分工。	效果: 好( ) 一般( ) 较差( ) 评析:
	2. 让学生通过实验对比,发现“明月”这种餐巾纸的介绍说明与实际餐巾纸的质量大大不符,说明厂家不诚信,从而培养学生待人之礼。	(一)教师引导(8分钟) 师:同学们说得非常好,从一张小小的餐巾纸,学到了很多知识、学问,甚至懂得了做人的道理(出示待人之礼):待人要诚实,做事要守信,要做一个诚实守信之人,(出示:诚实守信)。这就是我们今天要研究的主题。 师:说到诚信,你们四年级时学过一篇课文叫《诚实与信任》,谁还记得吗? 能简单说说吗? (谁来试试) 师:(出示图片)这篇课文主要讲作者骑车回家,不小心把一辆小红车的反光镜给撞碎了,在无人知晓的情况下,作者主动留下一张字条,字条上写着他的姓名、联系电话。希望对方与自己联系,事隔三天,小红车的主人打来电话,他不是来要钱的,而是向作者表示感谢,(出示)并告诉他“诚实和信任比金钱更重要”。 其实,古代非常注重诚实守信,孔老夫子说:言必诚信,行必忠正。《资治通鉴》记载:丈夫一言许人,千金不易。(这叫一诺千金,正所谓:大丈夫一言既出,驷马难追)古罗马哲学家也说过:没有诚实,何来尊严。	效果: 好( ) 一般( ) 较差( ) 评析:

课题研究课“小小餐巾纸 大大学问藏”教学反思

钱建新

如果说教学研讨是教师发展的必由之路，那么课题引领就是加速教师专业发展的“催化剂”，是引领教师走出职业倦怠期，走向自主发展的一把“金钥匙”。这里，我以一次课题研究课活动“小小餐巾纸 大大学问藏”说开去。

为了推进学校的“十三五”市级课题“从‘八礼四仪’教育着手培养学生品德行为的实践研究”研究，在一次教科联盟活动中，我上了一节研究性学习课——“小小餐巾纸 大大学问藏”，这是本学期所教年级综研活动课程系列——“餐巾纸的学问”中的一节课，这次综研活动共有五个课时。第一课时是了解“餐巾纸包装上的信息”，第二课时是探究“小小餐巾纸 大大学问藏”，第三课时是制作普及挑选餐巾纸知识的手抄报，第四课时是小组成果展评，第五课时是走上社会，宣传、普及“选择餐巾纸的基本方法”。我所上的第二课时原本的课题是“性价比的认识”，研究目标主要是让学生明白怎样选择餐巾纸，掌握几种常用的识别方法，并通过研究使学生明白选择物品要进行对比，重点考虑物品的性价比。但为了将活动内容与学校的主课题对接起来，仅仅让学生掌握几种选择餐巾纸的方法，认识性价比是不能够真正实现课题目标与教学目标的对接的。

课堂教学与课题研究到底该如何对接呢？我进行了深入思考。记得在上第二课时“性价比的认识”时，学生说到“明月”这牌子的餐巾纸包装上的信息与我们平时认识到的信息及实验体验的结果不符，甚至可以说是恰恰相反的，有的学生就说到这是商家不诚信，有欺骗消费者的行为。想到这里，我突然茅塞顿开，这不正好是我校主课题中“八礼四仪”中的“待人之礼”所要研究的内容吗？于是，我抓住这一突破口重新设计教学。为此，课的后半段主要围绕品德教育进行教学。前半段的实验部分进行了压缩、改动，将实验结果指向商家不诚信，以此为切入口，教育学生要做诚实守信之人；并用四年级学到的一篇课文“诚实与守信”引出做诚信之人，然后举出古今中外的先例，用古语强调诚信的重要性，然后列举反例说明不诚信的现象；最后让学生通过列举身边不诚信的现象，完成本课的教学活动。一节课上下来，感觉非常流畅，一气呵成。但是细细品味，其中不乏有待商榷的地方。

一、“宜将剩勇追穷寇”

在教学过程中，学生通过感官感知，已经初步知道了餐巾纸包装上的信息与实际感知的情况大相径庭，发现了“明月”餐巾纸商家不诚信，那么教师应顺势利导，让学生举一举不诚信的例子，说一说没有诚信的危害，会受到怎样的法律制裁等；然后教师可以补充说明，甚至还可以讲解一些法律小常识，让学生充分体悟不诚实守信带来的严重后果，最后再从正面引导，突出强调诚实守信的重要性。这样才能体现教学的循序渐进原则，而这节课的教学设计思路却有些混乱，先从学生体会“明月”商家的不诚信，再讲到诚信，最后又回到了不诚信，这个教学设计有点绕弯不说，也违背教学规律。教学也要讲究战术，遵循教学规律，正所谓“宜将剩勇追穷寇”，就是这个道理。那我们怎样来调整呢？于是我做了尝试，在学生通过感官——闻、摸、看的方法感知到了“明月”商家不诚信的基础上，让学生带着这个问题“直捣黄龙”，以此为切入点，充分说一说商家哪里不诚信，哪些地方存在欺诈行为。例如，“明月”包装上的信息是这样的：纸质细腻柔韧，擦拭更舒适；擦拭不留纸屑，使用无尴尬。但是实际触摸后的感觉是比较粗糙，而且有纸屑掉落，通过宣传与实验对比，就可以断定商家的宣传是不符合实际的，甚至有欺骗消费者的行为。

二、“咬定青山不放松”

学生通过对比看出了商家的不诚信，接下来就要乘胜追击，让学生通过实验自己探究、挖掘，再次验证这种宣传与实际不符的现实。这样的教学环环相扣，学生学得兴趣盎然，教学气氛也推向了一个高潮。例如，学生通过用水浸泡、用火燃烧、用荧光手电筒照等多种方法，发现宣传上的信息与实际实验的结果自相矛盾。包装上说：吸水性好，沾水不易破裂、不添加香精，纯净、健康，避免对肌肤构成敏感或伤害。而实验的结果是遇水不容易浸透，从水中捞出来容易破裂，甚至化掉；用荧光手电筒照一照发现其中含有荧光剂，对我们的肌肤造成伤害事小，关键是这种荧光剂一旦进入人体，会成为潜在的致癌因素；还有水泡法得出“明月”餐巾纸容易化掉，说明它不是由原生木浆制作而成的，但是包装上说“精选原生木浆精制而成”，通过实验学生再次体悟到“明月”餐巾纸包装上的信息与实际情况完全不符。然后，我让学生举一举没有诚信的例子，说一说没有诚信的危害等。继而再观察其他餐巾纸的实验情况，发现有些餐巾纸的宣传说明与实验结果比较符合，从正面引领学生作为诚实守信的商家应该怎样宣传，怎样来设计宣传的信息，也可以让学生自己试着设计宣传信息。最后再以四年级学到的一篇课文《诚实与守信》引出做诚信之人，从正面进行宣传、教育，让学生真正感悟到诚实守信的重要性，从而培养学生良好的品德行为。

三、“柳暗花明又一村”

原本这节课的课题是“性价比的认识”，研究目标主要是让学生掌握几种常用的挑选餐巾纸的方法，认识性价比这个知识点。但是这节课为了验证我校“十三五”主课题的阶段性研究成果，其教学设计、教学目标、教学内容都要发生变化，围绕课题重新进行设计，那么它的重点就不在性价比了，而是在品德教育上。在上“性价比的认识”时，学生说到“明月”这牌子的餐巾纸包装上的信息与我们感官感知到的信息、实验体验的结果不符合，说到商家不诚信、有欺骗消费者的行为，教师以此为切入口，把课的后半段的实验进行缩减，切入品德教育，真是“柳暗花明又一村”。就这样，通过对小小的一张餐巾纸的探究活动，设计出两堂截然不同、风格迥异的研究课，这就是课题的魅力所在。而课题引领促使教师把一节课上出不一样的味道，为教师的专业发展展示出一个新的舞台。

【课例6】

课题研究课“文明用餐，从我做起”教学设计

执教者：沈　菲（郭巷实验小学）

［教学目标］

1. 通过多种活动，引导孩子了解在集体就餐方面的礼仪。

2. 通过活动，引导孩子明白粮食来之不易，培养学生节约粮食的习惯。

3. 通过制作文明之花，引导孩子用朴素的语言形成用餐班级公约，并愿意遵守公约。

［教学过程］

一、故事导入

1. 同学们，上个星期老师让大家做了一张关于食堂用餐的调查表，通过比较，我们班被评为了“文明用餐示范班”，真是让人高兴呀。看，大家多文明。（播放图片）

2. 大家知道吗？中国自古就是“礼仪之邦”，作为餐桌礼仪，吃相可以体现出一个人的修养和素质。小餐桌，大文明。用餐文明不仅是中华民族几千年来尊重劳动、厉行节约、勤俭持家的传统美德，更是中华民族传统礼仪的凸显方式。你们从踏进校园开始，便融入一个大集体中，集体就餐就更讲究文明礼仪了。为了这个荣誉称号，我们今天要用一节课的时间来聊聊关于文明用餐这方面的事，大家愿意吗？

活动一：老师这里有一些大家平时用餐的照片，你能结合自己平时的用餐习惯，给它们排排序吗？

（出示照片，请学生排序。照片主题为餐前洗手、排队上楼、用餐过程、有序添饭盛汤、餐后收拾碗筷餐盘）学生排序。

你能说说理由吗？从你的回答中，老师看出来你是按餐前准备，用餐过程和餐后收拾来排列的，真不错。那我们就这三方面入手，一起来看看我们的用餐礼仪吧。

二、用餐礼仪我知道

（一）餐前礼仪

1. 碰碰车：播放铃声。同学们，上午第三节课的铃声响了，明明同学为了快速地进餐厅吃饭，想了不少点子。你们看看这些点子可以用吗？

(1) 为了快一点,不洗手了,就在身上擦擦吧。

(2) 前面的人走得太慢了,我走到前面去吧。

(3) 桌面上的东西还没放好呢,我来帮忙。

每一段视频出现时都让学生进行判断,发出提示音(正确的掌声,错误的停止音),并请学生说说原因。

2. 你能为迅速拿到餐盘想出什么方法呢?学生回答,老师贴板书。(餐前洗手,排队有序,互相帮助)

3. 看,你们能为快速拿到餐盘想出这么多的办法,真不错!

小结:同学们,讲究卫生是礼仪,遵守秩序是礼仪,友爱伙伴也是礼仪。简简单单地用餐准备,我们就发现了这么多餐桌上的文明礼仪,真是不简单呀。

(二) 用餐过程

* 节约粮食

1. 同学们,你们知道我们学校餐厅楼叫什么名字吗?惜食楼。(出示图片)这又怎么解释呢?(同学解释)

2. 农民伯伯种粮特别辛苦。虽然现在科技发达了,种植粮食运用了很多机械化的工具,但是农民伯伯还是十辛苦,要做很多的工作。请同学来为大家介绍一下粮食的生产过程。(一位学生上来介绍,老师播放图片)

3. 你的介绍让我想起了一首诗,你们想到了哪首诗?我们一起来读一读。出示古诗《锄禾》。

4. 很多小朋友都把这首古诗牢牢地记在了自己的心中,并且用实际行动体现了出来。看,他们来了。播放光盘照片。请这些同学上前领奖。

5. 可是,时不时地,老师也会发现一些不太和谐的画面。看。再播放照片。

6. 我们的数学老师看到小朋友们这么浪费粮食,非常心痛。他为我们做了一些数学题,得到了一个惊人的结果。想知道吗?ppt 播放。

全班 43 名同学,每人每天节约一粒米,一年节约多少粒?15 695 粒。

全国近 14 亿人口,每人每天节约一粒米,一年节约多少粒?4 745 亿粒。

100 万粒大米大概是 50 斤(出示一袋大米,让学生搬一搬),刚刚节省下来的大米大概多少袋?474 500 袋。

7. 看,每人只要每天节约一粒米,日积月累,积少成多(ppt 动画演示)会变成一个我们都无法相信的庞大数字。

8. 孩子们,其实在我们的生活中,也存在很多浪费的现象。看看这个视频,你们想跟这些人说些什么呢?播放视频,学生说感想。

9. 老师这里有一句话要送给大家：要勤俭，讲节约，粒粒辛苦不可忘。我们一起来读一读。

* 食相文明

同学们，现在我们是低年级，食堂的阿姨会帮我们把饭菜放在餐桌上。等我们到了高年级，就要自己去窗口拿餐盘了。你们会注意用餐礼仪吗？老师这里有个智力竞赛，我们一起来看看。（竞赛题只要选择和判断，以描述学生的行动和餐桌礼仪方面为主。大部分都是正面的例子，穿插几个反面例子。）

小结：看来大家对用餐过程中的节约粮食、食相文雅这两项餐桌礼仪都有了一定了解。老师希望以后能在用餐过程中看到一个个文明的小学生。

（三）餐后收拾

1. 用餐结束了，你知道我们要做什么了吗？学生回答：收拾碗筷，排队回教室。

2. 在收拾过程中，我们每组都有小组长负责，然后将碗筷放在指定的地方。大家都做得不错。排队回教室的时候还要记得整齐有序。

三、实践操作

1. 同学们，通过一节课的学习，我们初步了解了集体用餐的基本礼仪。现在，请你们想想之前自己的做法，哪些地方可以做得更好？每个人桌上都有一张文明之花，请你们将自己今后要在用餐礼仪方面的努力之处写下来，让文明之花开遍我们的教室。

2. 学生书写，交流，贴画。

3. 通过大家的讨论发言，我们已经初步总结出了一些关于集体用餐的公约，下节课，我们会结合这些金点子，形成班级文明用餐公约。

4. 总结：同学们，一粒米见天下，一餐桌观文明。相信本节班会后，同学们已经能够认识到餐桌文明的重要性，学会如何文明用餐了，让我们行动起来，从现在开始，做一个讲文明的人，让文明与我同行！

课题研究课“文明用餐，从我做起”教学反思

沈　菲

一、课题研究主要内容

“质胜文则野，文胜质则史，文质彬彬，然后君子。”中国作为有着数千年优良传统的礼仪之邦，自西周以来，周礼的形成为中华民族树立了礼乐文化的典范，再通过孔孟“克己复礼”的努力，礼仪逐渐融为中华文化不可或缺的一部

分。然而，近年来，孩子成长失范的现象屡见不鲜，让人不禁为之担忧。早在2013年5月，江苏就成立了专项课题组，深入调查、摸底、听取各方意见。调查显示，60%的小学生并没真正掌握该年龄段应该掌握的文明礼仪要求。因此，我们学校决定从“八礼四仪”的普及教育着手，培养小学生良好的品德行为，促使学生在学校里学习文明礼仪，学会与同学友好相处，学会与师长平等相处，学会微笑待人，主动与人打招呼；在社会生活中学会用微笑对待竞争与困难，当冲突发生的时候，学会用微笑来解决纷争，用文明来化解矛盾；在家庭里懂得注重文明礼仪，尊老爱幼，做一个关心、体贴、孝顺父母、长辈的好孩子，成为学校“正行”“善交”的理想学子。

“八礼”即仪表之礼、餐饮之礼、言谈之礼、待人之礼、行走之礼、观赏之礼、游览之礼、仪式之礼；“四仪”即学生在7岁、10岁、14岁、18岁时，学校要为其组织入学仪式、成长仪式、青春仪式、成人仪式，以此教育引导未成年人强化文明礼仪素养，在本课题研究中重点以“仪表之礼、餐饮之礼、言谈之礼、待人之礼、行走之礼”和“入学仪式、成长仪式”为主。

品德即道德品质，是指个体依据一定的社会道德准则和规范行动，对社会、对他人、对周围事物所表现出来的稳定的心理特征或倾向。

品德行为也叫思想道德行为，是指人们在一定的品德认识、情感、意志的支配和调节下，在行动上对他人、对社会、对自然做出的反应。而小学生所要具备的良好品德行为主要指与同学友好交往，言行一致，学会倾听，不随便插话，碰到师长、同学及时打招呼，上下楼梯靠右行，爱护公物，遵纪守法，爱护环境卫生，分担家务，与家长谈心，学会告知……

二、教学设计及实施

本次的课题研究也是围绕这个主题展开的。我选择的是二年级的一节班会课作为研究的载体，课题是“小餐桌、大文明”，在餐饮之礼指导下培养学生良好的道德品质。这个课题围绕餐饮之礼展开，要形成一个系列：校园用餐、家庭用餐和社会用餐三大板块。校园用餐这一大块中，我们重点引导学生在用餐过程中爱惜粮食这一方面，辅以卫生、食相两方面；家庭用餐重点引导学生讲究礼仪，在用餐过程中要注意尊老爱幼、孝敬长辈，次之引导学生讲究卫生，辅以节俭用餐；社会用餐教育重点是食相文雅，仪态大方，辅以节俭用餐，相互友爱。三大板块内容相互交叉，螺旋提升。我上的这一课时是整个系列的第一课时，即校园用餐的节约粮食。

在这节班队课中，我先利用学校的“文明用餐示范班”流动红旗来激发学生的兴趣，然后出示了很多孩子们平时用餐的照片。在观察照片的时候，孩子的积极性得到了很大提高，特别是看到自己的、熟悉的同学的样子，显得特别开心，从而揭示了今天班队的主题。

接着我将孩子们每天都要进行的午饭活动分餐前、餐中和餐后出示了照片，让孩子进行排序，然后结合每一时段的内容展开活动。

1. 餐前礼仪

这部分内容比较简单，以某同学为例，让孩子们来判断他的做法是否正确。孩子们除了要判断，还需要讲清理由。这一活动的设计意图是让孩子将自己的行为和他人的行为进行对比，通过判断的方式来反思自己平时在餐前有什么地方没做好，从而养成讲究卫生、有序礼让和互相帮助的好习惯。

2. 餐中礼仪

这部分是本节班队课的重点，也是难点。我需要在这里让孩子了解到节约粮食的重要性，初步了解用餐过程中要注意食相文明。在引导学生节约粮食这一部分，我先请一位小老师上前介绍，让孩子们了解粮食的生产过程。粮食的生产过程工序繁杂，通过小老师的介绍，孩子们有了一定的了解，很顺利地引导到之前学习过的古诗《锄禾》上，通过诵读回忆，感受到种粮的艰辛。接下来出示学生光盘照片，进行颁奖，正面引导学生将自己的午餐吃干净。随机出示了浪费粮食的照片，很多都是学生没吃完的饭菜，满满的一盆，一大桶，引入数据"每人每天节约一粒米"，庞大的数据让孩子们无法相信自己浪费的粮食竟然会这么多。最后我通过浪费粮食的小视频，引发学生思考，进而加深节约粮食的想法。

3. 餐后礼仪

这部分我主要针对就餐后的餐盘整理进行指导，引导学生注意如何有序摆放餐盘、有序离开餐厅等礼仪。

在班队活动主题部分结束后，我引导学生将今天的所得和所思进行比较，想想自己还有什么地方可以做得更好，并将自己的改进之处写下来，每一组奖励一朵文明之花。

第二课时，我根据孩子们所学所得，结合学校对文明用餐的一些要求，形成班级用餐公约。用餐公约分餐前公约、节约公约、食相公约等几个部分。

三、教后反思

课后，课题组老师对这节课的教学过程、教学方法、教学手段等提出了很多宝贵建议，我也对本次活动进行了反思。

1. 重体验，少实践

在整个活动过程中，我虽然采用了多种教学形式让学生体验，却忽略了学习后的实践。如果能在课堂后半部分让孩子们来一次真实的情景再现，如比比谁的午餐坐姿最端正，谁拿餐盘方法最安全等，我想孩子们的积极性可能会更高。

2. 重奖励，少形式

在活动中一种体验方式用了好几次，如颁奖这一环节。一开始的活动就是表扬班级午餐纪律优秀的学生，后面的光盘行动又进行了表彰，两个活动采用了同一种方式，不免有些重复。如果两次活动方式稍加区别，效果会更好。

3. 重感性，少理性

有些活动对低年级的小学生而言太深奥了。以节约粮食中的数据为例，虽然我尽可能地将难度降低，甚至为了让孩子们直观感受25kg的大米有多少，还特地放了一袋大米在课堂上，但是感觉学生并没有真正感受到这么多大米可以做多少事情。如果我能用数据说话，大致换算一下，474 500袋大米可供全班小朋友食用多少年的话，直观性可能会更强，学生所受到的冲击力也会更大，自然会认识到粮食的宝贵。

【课例7】

课题研究课《老王》教学设计

执教者：颜红燕（木渎实验中学）

［学习目标］

课题	教学目标双向细目表	目标层次
老王	尝试、学习多种现代文阅读方式，提高学生的现代文阅读水平。	A
	通过自主学习和合作探究学习的方式，感悟文章所表现的主题。	B
	引导学生通过阅读关注生活，感受文学作品中的人文关怀。	C

［资料助学］

1. 作者链接

杨绛，生于1911年，本名杨季康，著名作家、评论家、翻译家、学者，著名学者、作家钱锺书夫人。祖籍江苏无锡，生于北京。1932年毕业于苏州东吴大学。1935—1938年留学英法，回国后曾在上海震旦女子文理学院、清华大学任教。1949年后，在中国社会科学院文学研究所、外国文学研究所工作。主要作品有剧本《称心如意》《弄假成真》，长篇小说《洗澡》，散文《干校六记》，随笔集《将饮茶》，译作《堂吉诃德》《吉尔·布拉斯》《小癞子》《斐多》等。

2. 背景链接

文章作于1984年。这是一篇回忆性的散文，作者记叙了自己从前同老王交往时的几个片段，当时正是“文化大革命”时期，杨绛夫妇被认为“反动学术权威”，被打成牛鬼蛇神，下放五七干校劳动改造，作者本人被剃阴阳头，女婿被逼自杀，女儿也在后来死于癌症……但是，这些对老王都没有丝毫影响，他照样尊重作者夫妇。由此，与老王的交往深深地印刻在了作者的脑海之中。

［基础导学］

1. 阅读方式1：略读课文

（1）快速阅读课文，给全文的朗读定一个感情基调，你找到文章的“文眼”了吗？

(2) 初步说说你读到了一个怎样的老王？

____

2. 阅读方式2:圈点批注

(1) 用自己喜欢的方式,带着思考圈画文章中你认为写得好的词、句、段落……并能够运用所学阅读知识与技法进行简单批注。

组长评价阅读情况: ① 优秀 □　② 良好 □　③ 较差 □

(2) 在圈画阅读的过程中,是否有不理解的语句或段落？提出你的疑问,试着小组探究来解答。

____

____

3. 阅读方式3:阅读卡片

(1) 老王是不幸者。他的不幸体现在哪些方面？研读课文完成下表信息。

老王的个人信息

姓名		
职业		
财产情况		
亲属情况		
住房情况		
身体情况		

(2) 课文第3自然段写老王的生理残疾,还介绍了人们对老王的态度。别人如何对待老王？你是如何理解作者安排这一情节的写作意图的？

____

____

____

(3) 本来如此不幸的老王应该是接受别人同情和帮助的人,但是他却竭力去关心别人,让我们再次深入文本,感受他的“善良”。哪一件事是详写的,读来最感人？完成下表。

老王的善的事迹

(4) 老王是这样善良地对待作者一家，那么作者一家的善良表现在哪里？完成下表。

作者一家善的事迹

(5) 作者与老王如此真心相待，为什么在老王死后多年仍会“心下不安”，还最终说道：“这是一个幸运的人对一个不幸者的愧怍？”

______

______

______

[**拓展提升**]

4. 阅读方式4：语言欣赏

杨绛女士的文学语言朴素本色，却灵气飞扬，别有韵味，体会下列句子的表达效果。

(1) 他送的冰比他前任送的大一倍，冰价相同。

______

______

(2) 我强笑说：“老王，这么新鲜的大鸡蛋，都给我们吃？”

______

______

(3) 我在家听到打门，开门看见老王直僵僵地镶嵌在门框里。

______

______

(4) 再找1~2句你认为写得精彩的语句，与大家分享。

______

______

______

[**巩固反馈**]

1. 阅读方式5：感悟体会

(1) 在社会生活中，应愧怍的仅是作者吗？这反映了作者什么样的呼声？

(2) 你关注过身边那些默默为我们付出的平凡人吗？如：食堂里为你打饭的阿姨，校园默默打扫卫生的工人、路口疏导交通的义工……你认为现代人缺失的是什么？

2. 阅读方式6：阅读延伸

本单元主题：关于"小人物"的故事，他们虽然平凡，且有弱点，但在他们身上又常常闪现优秀品格的光辉，引导人们向善、务实、求美。

(1) 尝试用所学的阅读方法，对本单元课文进行深入阅读，发现平凡人身上的美。

(2) 拓展阅读：

老　妪

那个老妪是一个卖茶蛋的老妪。在12月的一个冷天。在北京龙庆峡附近。儿子须做篇"游记"，我带他到那儿"体验生活"。

卖茶蛋的皆乡村女孩儿和年轻妇女。就那么一个老妪，跻身她们中间，并不起劲儿地招徕。偶尔发一声叫卖，嗓音是沙哑的。所以她的生意就冷清。老妪锅里的蛋未见得比别人锅里的小。我不太能明白男人们为什么连买茶蛋都要物色女主人。

老妪似乎自甘冷清，低着头，拨弄煮锅里的蛋。时时抬头，目光睃向眼前行人，仿佛也只不过因为不能总低着头。目光里绝无半点儿乞意。

我出于一时的不平，一时的体恤，一时的怜悯，向她买了几个茶蛋。活在好人边上的人，大抵内心会发生这种一时的小善良，并且总克制不了这一种自我表现的冲动。表现了，自信自己仍立足在好人边上，便获得一种自慰。

老妪应找我两毛钱。我则扯着儿子转身便走，佯装没有算清小账。

儿子边走边说："爸，她少找咱们两毛钱。"

我说："知道。但是咱们不要了。大冷的天她卖一只茶蛋挣不了几个钱，怪不易的……"

于是我向儿子讲，什么叫同情心，人为什么应有同情心，以及同情心是怎样一种美德……

两个多小时后，我和儿子从公园出来，被人叫住——竟是那老妪。袖着手,缩着瘦颈,身子冷得佝偻着。

“这个人。”她说,“你刚才买我的茶蛋,我还没找你钱,一转眼,你就不见了……”

老妪一只手从袖筒里抽出,干枯的一只老手,递给我两毛钱,皱巴巴的两毛钱……

儿子仰脸看我。

我不得不接了钱。我不知自己当时对她说了句什么……

而公园守门人对我说:“人家老太太,为了你这两毛钱,站我旁边等了那么半天!”我和儿子又经过卖茶蛋的摊前时,见一老叟,守着她那煮锅。如老妪一样,低着头,摆弄煮锅里的蛋。偶尔发一声叫卖,嗓音同样是沙哑的。目光偶向眼前行人一睃,也不过是任意的一睃,绝无半点乞意。比别人,生意依旧冷清……

人心的尊贵,一旦近乎本能的,我们也就只有为之肃然了。我觉得我的类同施舍的行径,于那老妪,实在是很猥琐的……

我的阅读体验:

附:

课题研究课主体设计及评价表

<table>
<tr><td>课题名称</td><td colspan="3">农村初中学生个性化阅读教学的研究</td><td>课题主持人</td><td>颜红燕</td></tr>
<tr><td>课题研究重点问题</td><td colspan="2">阅读方法引导</td><td>教学内容</td><td colspan="2">现代文阅读《老王》</td></tr>
<tr><td>执教者</td><td>颜红燕</td><td>执教班级</td><td>初一(15)班</td><td>执教时间</td><td>2018年4月11日第一节</td></tr>
<tr><td>本课的教学目标</td><td colspan="5">1. 尝试、学习多种现代文阅读方式(法),提高学生的现代文阅读水平。
2. 通过自主学习和合作探究学习的方式,感悟文章所表现的主题。
3. 引导学生通过阅读关注生活,感受文学作品中的人文关怀。</td></tr>
</table>

续表

<table>
<tr><td>本课体现的研究目标</td><td colspan="2">通过调动学生生活体验，分享阅读感受等方式引导学生多角度阅读，通过对学生阅读预习的评价，来检查学生预习情况，激励学生课堂发言，从而达到提高学生现代文阅读水平的目的。</td></tr>
<tr><td>本课体现的研究内容</td><td colspan="2">推荐新颖的阅读方式与角度给学生，引导学生在体验感悟中寻找适合自己阅读的文本和方法，通过小组合作展示与六步三查评价体系，对学生课堂进行全面评价，从而提高学生的阅读兴趣和阅读水平。</td></tr>
<tr><td>需要课堂验证的具体研究策略</td><td colspan="2">1. 运用导学案的预习，对学生进行阅读指导。
2. 通过对导学案的批改和课堂合作的观察，了解学生自主阅读情况。
3. 通过学生自主学习课堂展示与分享，指导学生阅读体验的角度与方向。
4. 对阅读方法进行分类归纳，运用多种方法、途径引导学生有效开展课外阅读。</td></tr>
<tr><td rowspan="5">研究策略着落于课堂的教学设计</td><td>研究策略</td><td>对应的教学设计</td></tr>
<tr><td>运用导学案预习，对学生进行阅读指导。</td><td>1. 运用泛读法快速阅读课文，了解文章大意，找出文章相关要素。
2. 二次阅读时，用圈点批注法引导学生带着思考圈画文章中写得好的词、句、段落……并能够运用所学阅读知识与技法进行简单批注。
3. 引导学生提出疑问，了解学生阅读的基本情况。</td></tr>
<tr><td>通过对导学案的批改和课堂合作的观察，了解学生自主阅读情况。</td><td>1. 通过对导学案的批改，了解学生阅读理解的水平及对阅读手段的运用情况，并对此做出分值量化的评价。
2. 课堂讨论环节观察学生合作探究过程，了解学生阅读时整体情况。</td></tr>
<tr><td>通过学生自主学习课堂展示与分享，指导学生阅读体验的角度与方向。</td><td>1. 课堂研讨展示部分，学生的阅读体验进行小组与班级的分享，学会组织语言表述自己对文本的探究过程及认识。
2. 展示过程中，加强学生对朗读时语气、语调的指导，引导学生认识到朗读对文本理解的重要作用。</td></tr>
<tr><td>运用多种方法与途径，对阅读方法进行整理归纳，并引导学生有效展开课外阅读。</td><td>1. 制作阅读小卡片：理清文章思路，学会从“多角度”对文本进行认识，利用简单的阅读卡片，总结对文本的理解，指导阅读方法的整理。
2. 引导学生进行横向比较阅读，利用课堂所学阅读方法，开展有效的课外阅读。</td></tr>
</table>

课题研究课《老王》教学反思

颜红燕

一、课题简介

本课研究课题为《老王》，这篇文章是七年级下册第三单元人物专题。课堂教学侧重于阅读方法的指导，通过多种阅读方式，提高学生阅读鉴赏现代文的水平。同时充分发挥我校同伴教学的优势，通过自主预习，合作互助，提高学生课堂参与的积极性。

新课标要求初中学生广泛地阅读各种类型的读物，课外阅读量“不少于260万字”，并要求学生“每学年阅读两三部名著”。由于教学评价体系改革的滞后，用应试教育的考核模式来考素质教育培养的学生，课外阅读开展起来，明显的“成本大、周期长、效益不高”，不如抓抓教材，搞“短线投资”效果明显易见。其结果是导致了学生学习语文的两大硬伤：对语文课程不感兴趣，语言表达材料贫乏。

2013年，我校全面启动了“自主学习 同伴教育”的课堂教学模式，创设了“六步三查”上课流程，并建立了相应的课堂评价体系。结合本校课改理念，本课题旨在对小组课堂阅读在合作教学与评价中的运用进行研究。

为了衔接课题课和常规课，本课在小组合作的基础上，更注重多种阅读方法的指导，对学生阅读方式与角度进行推荐，引导学生在体验感悟中寻找适合的文本及适合自己的阅读方法，从而提高学生的阅读兴趣和阅读水平。引导学生运用圈点批注法、制作阅读小卡片法、赏析法、体悟法等进行阅读，进而让学生能够举一反三，熟练运用到课外阅读中。

为了推进研究的进程以揭示研究的成果和结论，在授课前后，需要采取多种研究方法。(1) 文献研究法：搜集与课内外阅读方法指导、合作教学、课堂评价等相关的文献资料和研究成果，进行比较分析；(2) 案例研究法：将教育教学中出现的典型案例进行深刻的分析和反思，在课堂上展开不同的教学方法，本次课题研究课就是一次典型的案例，课堂中出现的许多情况都值得借鉴和反思；(3) 经验总结法：在课题实施的过程中，对出现的诸多问题进行总结、提炼，为最终成果的揭示积累经验。

二、课题假设

随着课题研究的深入开展，学校启动的“小组合作 同伴教育”课堂教学改革模式，有效地提升了学生的自主学习能力和语文学习的热情。本课是部编版七年级下册课文《老王》,围绕七年级下册语文教材体系"小人物"专题展开,旨在引导学生多角度阅读,调动生活体验,分享阅读感受,从而提高学生的现代文阅读水平,解决课堂教学中存在的实际问题。

教学目标如下:

1. 学习多种现代文阅读方式,提高学生的现代文阅读水平。
2. 通过自主、合作、探究的学习方式,感悟文章所表现的主题。
3. 引导学生通过阅读关注生活,感受文学作品中的人文关怀。

把握本课题中对人的研究,研究学生的接受能力,研究适合学生的阅读方式方法,研究课内到课外的延伸,以及教学评价在合作课堂中的效用。

三、课堂实施情况及效果

本课选择了七年级下册人物阅读的典型单元,更好地体现了常规课与课题课的有效衔接。本单元课文都是叙事性作品,写的都是小人物,都以"爱"为主题,几篇课文都在诉说对普通人,尤其是对弱者的关爱。本单元的阅读教学,要求感受课文所表现出来的"爱",从而陶冶学生情操,让学生能够关注身边的人。杨绛的《老王》,写的是"我"与车夫的交往,写车夫艰难困苦的生活和善良厚道的品格,进而含蓄地提出了关怀不幸者的社会问题。

本节课围绕课题中阅读方法指导的指向,由课内向课外延伸。由学生自主阅读,结合导学案相关内容合作完成,全班学生以学习小组为单位进行自主学习,课堂流程按照"六步三查"步骤进行,环环相扣、逐步推进,整节课中学生小组内、小组间的互动学习、质疑点评效果良好,得到了听课教师的一致好评。研究措施运用恰当,有效地解决了课题研究目标,验证了课题预设的策略措施。

(一) 资料助学

学生预习的效果将直接决定课堂上学生自主学习的展开与落实。由于本文回顾的是"文革"时期的一段特殊经历,而学生对于这段历史并不是十分了解,因此我在预习的第一环节,加入了作者的相关介绍和本文的写作背景两块内容,帮助学生结合相关内容加深对文本的理解。

(二) 基础导学

本节课中,学生是学习的主体,因此在导学案的设计上,紧紧围绕方法引导,抓住阅读的关键:文眼、人物的特点、情节的梳理。以表格的形式,循序渐进地引导学生深入文本阅读,积累阅读的方法。

设计上紧紧扣住小组合作与课堂评价体系,来提升学生的阅读审美能力,

引导学生通过多种方式进行阅读,在阅读过程中独立思考、质疑,从而激发学生的阅读兴趣。如:

阅读方式:圈点批注

(1) 用自己喜欢的方式,带着思考圈画文章中你认为写得好的词、句、段落……并能够运用所学阅读知识与技法进行简单批注。

组长评价阅读情况:① 优秀 □　② 良好 □　③ 较差 □

(2) 圈画阅读过程中,是否有不理解的语句或段落?提出你的疑问,试着小组探究来解答。

____

____

本节课还尝试制作读书卡片来辅助学生进行阅读,理清文章思路,学会从不同角度对文本进行认识,利用简单的阅读卡片,总结对文本的理解,指导阅读方法的整理,从而提高学生阅读的有效性。

(三) 拓展提升

该部分主要通过典型例句,引导学生对语言进行品味赏析,优秀的文学语言,是学生理解文章内容,感悟文章主旨的关键。紧紧抓住"我""老王"两个人物形象,引导学生在自主学习和交流的过程中,找出精彩的语句进行欣赏,感受语言之美。

(四) 巩固反馈

此环节,由课内逐步向课外延伸,真正让学生意识到学以致用的目的。引导学生横向比较阅读,利用所学阅读方法,进行有效课外阅读。

由本课对老王这一任务的体验,延伸到对食堂里为学生打饭的阿姨,校园默默打扫卫生的工人,路口疏导交通的义工……身边普通人的关注。再通过课外《老妪》的阅读体验,来巩固课堂所学的方法。

(五) 课堂评价

课堂评价是贯穿课堂始末的一项工作。本节课上,教师对每个小组的展示、点评和合作情况进行打分,通过赋予分值的高低,对学生的课前预习、课堂学习、小组课堂参与度做出评价,同时也对纪律、反馈等进行打分,从而来规范和促进学生的课堂自主学习。

四、问题反思

我认为,"语文课本只是个凭借,凭借它历练学生读书的本领",而"读书重在结果,读法重在过程"。教师的任务决不只限于教学生去读一篇篇文章,理解一个个主题，而在于指导学生掌握各种适用于不同目的、不同内容的读书方法。

本节课，实施了自主学习、合作探究、展示交流、检测反馈等活动环节，并能有效反映研究内容或研究方法。我通过运用导学案的预习，对学生进行阅读指导。通过导学案的批改和课堂合作的观察了解学生自主阅读情况。通过学生自主学习课堂展示与分享，指导学生阅读体验的角度与方向。运用多种方法与途径，对阅读方法进行整理归纳，并引导学生有效展开课外阅读。

实践证明，这种多元化的阅读模式能让学生充分动起来，在有效阅读中进行自主、合作、探究，在潜移默化中受到文学艺术的熏陶，充实精神底蕴，陶冶性情，提高思想修养，培养“腹有诗书气自华”的气度。

当然，课堂的目的在于呈现学生的学习状态，发现需要完善的不足之处。比如，本节课导学案设计的量对于七年级的学生来说，有些偏大，可以就典型的问题进行精选。教师在课堂的引导中，对方法的归纳可以更加系统化，在引导学生自主学习和展示时，尽可能让板书呈现更规范化。“教学有法，但无定法，施教之功，贵在得法。”在课题实践研究中应勇于探索，不断发展，不断完善，不断采用新的教学模式，以求达到阅读教学效果的最优化。

【课例8】

课题研究课《一双手》教学设计

执教者:胡晓蕾(东山莫厘中学)

[**教学目标**]

1. 了解手的特征。

2. 体会林业工人对造林事业无比热爱的思想感情。

3. 了解并掌握课文“抓住人物某一特征表现人物精神风貌”的方法。

[**教学重点**]

1. 体会主人公崇高的精神品质。

2. 学习抓住特征表现人物的写法。

[**教学方法**]

启发式　多媒体辅助

[**教学设计**]

一、激趣导入

你知道自己的手有多大吗?请同学们拿出直尺,量一量它的长、宽和厚度,并把数据告诉周围的同学。请班中身高最高的同学把量得的数据告诉大家。我们的手多是18厘米左右,但是有一个人,他的手长24厘米,24厘米的手有多长?请同学们在自己的指尖处叠加出24厘米的长度,感觉手的大。这么一双巨手的主人是谁?作者着重描写这双巨手想表现什么呢?

二、整体感知,认识“一双手”

1. 自由读课文,并按照提示要求填充。(ppt出示问题及答案)

本文写了＿＿＿＿＿＿＿＿＿＿的一双手。

(提示:姓名、年龄、职业、地区)

明确:32岁的伊春林区林业工人张迎善的一双手。

拓展处:引用中国地图,帮助学生认识读书读文章记忆地名的重要性,加强学生学习课文时的清晰形象感。

步骤:

1. 明确地名重要。

2. 口头举例让学生感觉表述时有无地名的不同,突出有地名给人鲜明实在感。

3. 多媒体展示中国地图，标记出伊春林区所在位置，感受地区明确后，学习课文时的清晰形象感。

4. 中考名著阅读关注地名的识记，中考时名著的情节、人名、地名就是得分点。

三、细读课文，解读“一双手”

作者采访一位林业工人，为什么单单要写他的一双手呢？这双手有怎样的与众不同之处呢？再读课文：

找出具体描写张迎善手外形的语句用笔标记出来，并思考，手的外形除了大还有哪些特征？

（一）从手的整体印象“老松木”的描写了解手的特征

拓展处：引用一张“老松木”的图片，帮助学生了解手的特征：老、粗、黑。

步骤：

1. 图片展示的导入：明确作者是用一句比喻句来表现手给自己的总印象——“那简直是半截老松木”，“老松木”是什么样子的呢？

2. 留时间让学生想象，后给出老松木的图片。

3. 由老松木的图片，引导学生找出文中另一句描写正是印证了“老松木”这个说法。

4. 由图片，看句子，得出手的特征：老、粗、黑。

（二）从手的局部——手指像“老甘蔗”——了解手的特征

拓展处：引用一张“老甘蔗”的图片，帮助学生了解手的特征：硬、手指粗大。

步骤：

1. 图片导入：明确写局部手指的比喻句——“手指特别粗大肥圆，一只手指就像一根三节老甘蔗”。“老甘蔗”是什么样子的？

2. 留时间让学生想象，后给出老甘蔗的图片。

3. 由图片及句子（加上前一句“掌面鼓皮样硬，老茧布满每个角落”），得出手的特征：硬、粗大肥圆。

（三）从手的细部（指甲和手指关节）的描写了解手的特征

拓展处：引用一张多裂口的手的图片，帮助学生了解手的特征：多裂口

步骤：

1. 图片导入：学生说出句子后，直接给出图片及句子。

2. 由图片及句子，提示学生说出指甲及手指关节处的共同点：多裂口。

(四) 总结

作者描写手的外形,从整体的像“老松木”,到局部(手指)像“老甘蔗”,再到细部(指甲和手指的关节)多裂口,把一双又老又粗又黑又硬又多裂口的手展现在我们面前!

四、探究课文,赏析“一双手”

手给人的审美印象是“丑”的,探究手丑的原因。

1. 快速浏览课文,明确答案暗含在哪些段落:13、16、19 段。

2. 由三段文字,引导学生说原因:栽树——多栽树——多到何种程度。

“一天栽一千棵”“这双手已经栽树 26 万多棵”“仅 1981 年至 1985 年就造林 33 垧(495 亩)”特别是“手一天得向土里插三四千次”,让学生感知手的辛劳,不易,常年如此劳作,手当然会变成老松木、老甘蔗、多裂口,也会畸形变大。他如此劳作,是自发地对树苗的爱惜!

3. 知道了原因,引导学生生发对手的进一步认识:一双创造绿色宝库的手。

4. 配乐并展示“美丽的小兴安岭”多张图片。

拓展处:运用图片和音乐,加深学生对手的贡献的认识,为下一环节引导学生认知人的精神品质蓄势。

步骤:

1. 图片及音乐导入:这是一双创造绿色宝库的手,我们来欣赏小兴安岭的一些图片。

2. 播放图片及音乐。

3. 播完后激发:这一幅幅图画,这满山的绿色,凝聚着张迎善的几多辛劳,几多汗水,就是这么一双大手,让多少荒山秃岭变成一山山翠绿的森林。

4. 此刻,透过这双手,你能看到张迎善的什么情感,他又是一个具有什么精神品质的人呢?

热爱林业事业、不畏艰辛、无私奉献。

五、探究课文,赏析《一双手》

衔接语:为什么透过这双手,我们就能看到张迎善的这些精神?

(1) 启发学生知课文的写法:抓人物的特征表现人物的精神风貌。

(2) 以之前学过的课文《背影》《一面》来进一步认识此写法。

拓展处:运用之前学过的课文来帮助学生认识此写法。

步骤:

1. 文本资料导入：先明确课文写作方法，选材独具慧眼——抓人物的某一个方面，表现人物的精神风貌，后启发学生思考，曾经学过的具有类似写法的课文。

2. 在有学生说出课文标题时给出《背影》语段。

3. 启发学生思考，此语段是如何描写父亲的背影，来表现父亲什么可贵的品质？

4. 学生在分析的同时，给出文段中关键的动词的标记，来明晰作者通过写父亲爬月台买橘子动作的艰难不易，表现父亲对儿子深切的爱。

5. 直接给出《一面》中三处肖像描写，问描写的人物是谁。

6. 明确为鲁迅后，启发学生思考，这三处肖像描写抓住人物外貌的什么特征，表现了人物的什么精神风貌。

7. 学生在分析的同时，给出标记好的关键词句，明晰抓住“瘦”和“隶体一字的胡须”“直竖的头发”来表现鲁迅为革命忘我工作的牺牲精神和顽强的斗志。

附：

课题研究课主体设计表

<table>
<tr><td>课题名称</td><td colspan="3">多媒体技术与语文课堂优化整合的策略研究</td><td>课题主持人</td><td>胡晓蕾</td></tr>
<tr><td>课题研究重点问题</td><td colspan="2">多媒体技术辅助语文课堂教学的有效性研究</td><td>教学内容</td><td colspan="2">一双手</td></tr>
<tr><td>执教者</td><td>胡晓蕾</td><td>执教班级</td><td>初一(7)班</td><td>执教时间</td><td>2017年12月11日第2节</td></tr>
<tr><td>本课的教学目标</td><td colspan="5">1. 了解手的特征。
2. 体会林业工人对造林事业无比热爱的思想感情。
3. 了解并掌握课文“抓住人物某一特征表现人物精神风貌”的方法。</td></tr>
<tr><td>本课体现的研究目标</td><td colspan="5">通过运用图片资料、音像资料、文本资料的方式来拓展学生的思维，从而提高学生的体验感悟能力。</td></tr>
<tr><td>本课体现的研究内容</td><td colspan="5">优化整合的策略之一：语文课堂中拓展延伸处，适时运用相关知识，帮助学生理解生成。</td></tr>
<tr><td>需要课堂验证的具体研究策略</td><td colspan="5">1. 确立拓展的必要性(拓展后是否便于学生理解)。
2. 找准拓展内容的适时性(拓展内容引入是否自然切合)。
3. 掌握拓展内容的适度性(拓展内容是否符合学生认知)。</td></tr>
</table>

续表

	研究策略	对应的教学设计
研究策略着落于课堂的教学设计	确立拓展的必要性(拓展后是否便于学生理解)	环节二:引用中国地图,进行图片资料拓展,帮助学生认识读书读文章记忆地名的重要性,加强学生学习课文时的清晰形象感。 环节五:运用曾学过的文本资料进一步理解课文写法的独特之处。
	找准拓展内容的适时性(拓展内容引入是否自然切合)	环节三:运用三张图片帮助学生感知手的特征。
	掌握拓展内容的适度性(拓展内容是否符合学生认知)	环节四:运用配乐及图片加深学生对手的价值的感知,并引发学生对人物精神的认知。

让课题研究实施在平时的课堂中

——课题研究课《一双手》教学反思

胡晓蕾

“多媒体技术与语文课堂优化整合的策略研究”是我校语文组承担的一项市级“十二五”课题。研究过程中,课题组对运用多媒体辅助语文课堂教学进行了许多探索。我们发现,多媒体技术在以下四个关键处运用时效果最佳,能使语文教材“活”起来,更便于学生的理解:第一,在导入处,巧用图片等激趣引领;第二,在教学难点处,引用拓展,化抽象为具体点拨释难;第三,在情感熏陶处,情境激发,悟情悟理;第四,在拓展延伸处,借用相关知识帮助理解生成。在尝试探究的过程中,每一处我们都寻找到一些具体运用的方法,将这些方法运用到课堂中去反复验证、调整,进而优化、细化。

我所上的课题课《一双手》就是展示其中的一个策略:在拓展延伸处,借助多媒体,运用相关知识帮助学生理解生成。

什么是“课堂教学拓展”? 语文教学根据教材要求、文本特点、教学目标、学生基础、教师个性,在课堂教学中适时、适度、适量、适情地引入文本背景和相关内容,其中包括文字、音乐、图片、影像等媒介,整合成读写思的教学策略,促进感悟,促成建构。

拓展的方式可以既有文本的拓展,也有音像资料的拓展、图片资料的拓展,通过这些方式来拓展学生的思维,从而提高其体验感悟能力。

关于语文课堂中“在拓展延伸处,运用相关知识帮助学生理解生成”的策略,我们先探究出实施此策略的方法: 1. 确立拓展的必要性(拓展后是否便于学生理解)；2. 找准拓展内容的适时性(拓展内容引入是否自然切合)；3. 掌握拓展内容的适度性(拓展内容是否符合学生认知)。然后通过不断地课堂实践,逐步确立实施此策略的最佳方法。

课题课“一双手”就是展示此拓展策略在课堂中的具体运用。本节课,我在多处环节运用了拓展：1. 引用中国地图,进行图片资料拓展,帮助学生认识读书读文章记忆地名的重要性,加强学生学习课文时的画面感意识；2. 运用三张图片帮助学生感知手的特征；3. 运用配乐及图片加深学生对手的价值的感知,并引发学生对人物精神的思索；4. 运用曾学过的文本资料进一步理解课文写法的独特之处。拓展时扣牢拓展内容的必要性、适时性、适度性进行操作。授课时,我是把教案印发给听课者,在教案里特别是四个拓展处每一处的具体操作步骤都做了详细表述,以便听课者(课题组成员)对照上课时的实际效果进行评价,为此我们还制作了课堂观察量表,来进一步验证课堂实际操作的可行性。以下我就这四个拓展处的具体操作进行详细的阐述。

拓展一

此拓展引用中国地图,帮助学生认识读书读文章记忆地名的重要性,加强学生学习课文时的画面感意识。

之所以要确立这个拓展,是因为我在平时的语文教学中,一贯主张学生要带着画面感阅读课文,以此来增加学生学语文时的乐趣。《一双手》这篇课文表现的人物张迎善所在的伊春林区是南方学生陌生的地方,学生对张迎善这个人物活动的环境的画面感只是在森林中,还不实在,因此引用一张中国地图,把张迎善定位在“鸡形图”的眼睛处,让人物的活动背景在学生们的意识中具体明晰。

此拓展,我设计了明确的步骤：1. 明确地名重要；2. 口头举例让生感觉表述时有无地名的不同,突出有地名给人具体实在感；3. 教师以一句“我们刚刚所明确的张迎善所在的伊春林区,在哪里呢？老师给大家看一下中国地图”自然展示中国地图,标记出伊春林区所在位置,强化学课文时识记地区,对课文人物的活动会有清晰形象感,即画面感。此三个步骤在具体的教学实践中,由学生的反应可看出,学生的关注度一直很高。

拓展二

此拓展抓住文中对手的描写：整体像“老松木”,局部——手指像“老甘蔗”,细部——左手大拇指指甲和手指关节处“多裂口”,以三幅图“老松木”“老甘蔗”“多裂口”的手的先后展示,帮助学生认识手的特征。三幅图都是在让学生明确了具体描写的语句后给出,然后让学生由直观形象的图片及图片给出的文中语句,说出手的特征。学生在图片展示后,快速明晰地说出这手“老、粗、黑、硬、多裂口”等特征,图片的拓展既加深了学生的认知,又加快了教学进程。

拓展三

此拓展是在学生明确了张迎善的手是一双“创造绿色宝库”的手后,运用图片和音乐,加深学生对手的认识,为下一环节引导学生认知人的精神品质蓄势。

此处拓展,我先是承上一环节,用一句导语“我们来欣赏一下张迎善所创造的绿色宝库:美丽的小兴安岭”,然后以一组小兴安岭美丽的青山绿树图片,伴着优美舒缓的音乐一张张展示于学生眼前,让学生在美景的欣赏中自然感叹公主人公的贡献之大,并配上教师的深情说白:“这一幅幅图画,这满山的绿色,凝聚着张迎善的几多辛劳,几多汗水,就是这么一双大手,让多少荒山秃岭变成一山山翠绿的森林。”即时启发学生思考主人公的崇高品质,学生的认知因图片及音乐的渲染而加深,能较清晰地说出人物“热爱林业事业,不畏艰辛,无私奉献的精神品质”。

拓展四

此拓展是在明确了课文的写法“抓人物最具特征处表现人物的精神风貌”后,展示两张文字资料——《背影》《一面》,以具体的语段,让学生对“抓人物特征表现人物风貌”写法进一步强化了认知。

此处拓展的导语是承上一环节课文写法明确后,用“想想我们曾学过有类似写法的课文吗?”后,展示两张文字资料。两张文字资料的展示方式也不同,在学生思考出类似的课文,并提到课文《背影》后展示具体描写“背影”的语句,引导学生就给出的文字资料,分析作者描写背影是抓动作描写,在艰难不易的动作中体会背影的感人,进而认识父亲对儿子深切的爱。由此让学生看到抓特征对于表现人物的突显作用。《一面》的资料展示是由教师直接给出人物的三处肖像描写语句,先引导学生明确描写对象是鲁迅,方法是肖像描写,进而问“作者是抓住鲁迅肖像的什么特征来表现他的什么精神品质?”启发学生认识课文作者抓鲁迅的“瘦”“直竖的头发”“隶体‘一’字的胡须”来表现鲁迅为革命忘我工作的牺牲精神和顽强的意志,进一步加深学生对“抓人物特征表现人物风貌”使人印象深刻的认知。

以上的四个拓展,具体实施都是从拓展内容的导入(要适时清晰),到拓展内容的运用（要适度得法指向拓展目标），到拓展结束时教师要自然地强调拓展目标，最终是由学生的反应看整个步骤的实施效果。那么，如何验证此实施是否有效？听课者利用课堂观察量表进行观察：

课堂教学观察表（学生活动等级量表）

时间	地点	课题			
授课教师姓名		观察者姓名		单位	
观察中心	优化整合的策略之一：拓展延伸处，借用相关知识助生理解生成（拓展一）				
观察记录	学生表现				得分
	1. 对所拓展的内容是否及时关注				
	2. 是否能马上对拓展的内容进行思考				
	3. 学生经此过程后对知识的理解度如何				
	4. 学生是否由拓展而有生成				
	5. 学生在此过程中情绪如何				

课堂教学观察表（教师行为等级量表）

时间	地点	课题			
授课教师姓名		观察者姓名		单位	
观察中心	优化整合的策略之一：拓展延伸处，借用相关知识助生理解生成（拓展一）				
观察记录	视角				得分
	1. 教学态度是否沉稳、愉快				
	2. 拓展时机是否适时				
	3. 拓展时引入用语是否明白易懂				
	4. 拓展内容是否符合学生认知				
	5. 拓展的目的是否最终有强调突出				

备注：5 分制。优：5 分；良：4 分；一般：3 分；稍有体现：2 分；基本未体现：1 分。

课后，收集下发的量表，依量表中的分值，分析每处拓展的步骤，及时修正、完善。

综上所述，课题研究课在课堂教学中实施的基本思路如下：将研究预设转化成教学设计，进而根据教学设计在课堂上开展操作，由听课人员利用事先设计好的量表进行当堂检测,最后根据检测结果调整教学设计,提出改进方法,再次进入课堂实践,依此顺序反复进行,直到最终确立策略、方法。诚然,上课题课对我们来说是一种全新的尝试,但是,在尝试中,我们已体会到了研究在课堂中的乐趣。

附：

“两课对接”活动记载表

课题名称：“中学语文‘主导—主体’教学对接策略的实践研究”	两课对接点设定	听课记录：（择要：针对对接点的教学过程或有关教学环节）	对接效果评价：（听课教师填写，打“√”）
通过研究和反复验证，提炼出一套实现主导性和主体性有效对接的教学策略，解决课堂教学过程中，如何发挥教师的主导性和学生主体性的作用问题，从而提高中学语文课堂教学的针对性和有效性。	教师示范策略	分析皇帝形象时，老师先示范，从写作手法等方面分析人物，再指导学生通过对关键字词句的圈点勾画来分析人物。	效果： 好（　） 一般（　） 较差（　） 评析：
	小组展示策略	各小组选择人物进行深入分析：展示前学生预习准备各自的分析，小组长进行统计、汇总，最后进行课堂集中展示：1组展示大臣（虚伪）；2组展示老大臣（用对比、夸张的手法），表演、分角色朗读；3组展示皇帝（每个学生选择一个片段来分析手法，然后整体总结皇帝爱慕虚荣，表演课本剧）；4组展示老百姓（从相关字词句分析人物）；5组展示骗子（从写作手法、人物对话来分析）；6组展示皇帝（从动作、心理、语言来分析）；7组展示小孩（从语言来分析）。	效果： 好（　） 一般（　） 较差（　） 评析：
	评价策略	教师进行适度点评，对小组回答进行及时加分。	效果： 好（　） 一般（　） 较差（　） 评析：

“渔”为舟楫“生”为本

——课题研究课《皇帝的新装》教学反思

沈　岚

“教师为主导，学生为主体”，是全面实施素质教育的基本要求。在课堂教学中确立学生的主体地位，就是呼唤有思想、有能力、有创造、有追求，主动发展的主体；就是让越来越多的学生感受到自己是学习的主体，是实践的主体，是事业的主体。学生只有有了这样的感受，才能迸发出生命的潜力。

正如台湾学者饶见维所说，“教育改革的主体与动力在于教师，教育品质的关键也在于教师”。一堂语文课是否成功，标准不是教师讲得如何多，而是看教师如何引导学生真正动起来。学生在动，说明学生积极主动地参与到老师的教学中来了。怎么动、如何动，就是我们现今应该探讨的问题。鉴于此，教师就要积极创设民主、和谐，充满爱的情境，采取多种方法，充分调动学生主动参与的积极性，唤起学生的情感，使其在学习中，更加集中精力，更好地感知、记忆、思考，进而“外化”为课堂活动。与此同时，要积极引导学生从事语文实践活动，让他们多读、会读、善读；使他们善于发现问题，乐于钻研问题。这样，学生才能充分地表达自己的思想，勇敢地阐述自己的情感，语文课堂教学才能成为学生思考的乐园，才会有利于促进学生的全面发展。因此，语文课堂的精彩推进必须注重方法引导，注重学生的情感体验，在小组合作中实现生本课堂的有效建构。

一、立足文本，创新解读

《皇帝的新装》极富魅力，学生爱读，也能读懂，从表层来看是一篇浅文。而浅文趣教是教师惯用的教法，认为让学生读出兴趣、体会谐趣即可。很多教师往往将“趣”单纯地认为是活跃课堂气氛。当我看到这篇文章时，虽然只是看到一个皇帝、几个大臣、两个骗子之间上演了一场骗与被骗的滑稽喜剧，但是大师安徒生却借助极度的夸张和想象营造了一个异乎寻常的世界，通过荒诞的情节和幽默的语言讽刺时弊。童话巧于用“骗”，用“骗”推动故事情节的发展，以“骗”开始，以“骗”结束。作者运用丰满的人物形象，组织童话结构，引出荒唐可笑的语言、动作。由皇帝受骗、骗子行骗、大臣助骗、百姓传骗构筑的社会怪圈，扭曲、怪异、不可思议。细读课文，我们能一次又一次地挖掘出更多的新意和深意。

所以,在教授这篇课文时,我思考了很久,决定把阅读的主动权交给学生。在编写导学案时,我把学习目标确定如下:1. 有感情地朗读课文,理清故事情节,培养学生概括能力;2. 学习本文个性化的语言特色和通过细节描写表现人物性格的写法;3. 领会童话深刻的内涵,培养学生真诚的品质。我将文章分为两课时,第一课时重点放在文章情节的把握上,第二课时重点放在人物分析上。为了调动学生的主动性,我安排了两个活动——"争做小老师""争当分析员"。

二、问题导向,注重体验

第一课时在预习部分,我安排了活动一"争做小老师"。子曰:"欲知则问,欲能则学,欲给则豫,欲善则肆。"预习是学生运用已掌握的知识解决新问题的前提和基础。本身很简单,可是如何体现学生的主体地位呢?因此,在基础扫描部分我运用了"争做小老师"的方法。导学案上,"理解疑难词句、复习文学常识"这两部分内容,课前让学生预习完成,并让小老师批改、归纳、总结。课堂教学过程中前五分钟留给了小老师,让她独立自主地帮助同学们解决问题,归纳总结等。对于她的优秀表现我也在课上及时给予了表扬,并鼓励其他同学向她学习。

为了培养学生的概括理解能力,我又设计了问题"用一句话概括故事的主要内容"。同时提醒学生注意记叙文六要素:时间、地点、人物和事件的起因、经过、结果。告诉他们一般模式为"谁干什么"或者"谁怎么样",其他要素如有则自觉加入。学生在正确运用方法的情况下非常迅速地解决了这个问题,并表示在以后解决这类问题时也能很好地处理。将方法教给学生,学生也能学以致用,这就是我们语文老师都梦寐以求的吧。

第二课时我将重点放在人物分析上,可是怎样做到让学生常读常新呢?我设计了如下题目:

[**要点探究**](争当分析员)

活动一:人物形象分析

1. 在这场骗局中,都涉及了哪些主要人物?

2. 分组讨论,确定本小组最关注的人物,读出精彩镜头,讨论赏析。(如果能改编成舞台剧表演,则多加10分;如果是分角色朗读,则多加5分。)

方法点拨:老师提醒一下,我们一直强调阅读文章要注意几个层次:透过语言的表层——还原生活的场景——走进人物的灵魂世界——分析它的表达形式。尤其是,面对人物,我们有众多的描写方法(心理、语言、行动等)和角度,但最终是为了凸显人物的性格。

文中涉及的人物及特征

人物	关键字、词、句	写作手法	人物形象

活动三:分析讨论主题

1. 骗子的骗术并不高明,可是却引得一群人上当受骗。试讨论分析:皇帝等人上当受骗的原因是什么?

2. 为何孩子不上当受骗呢?这又具有怎样的社会意义?(组内讨论→全班交流)

3. 说真话需要勇气,有时还要付出代价。如果你当时也在场,你会怎么做?试结合生活经验,讨论有关说真话的问题。

特别是在分组讨论时,我另外又给了组长一张“小组汇总表”,方便学生们在讨论时做好记录,在展示的时候也能将本组的精华全部展现。

小组汇总表

选定角色	发言人	关键字、词、句	写作手法	人物分析

问题的设计很简单,但是环环相扣,以“骗”开始,以“骗”结束,让学生在这场骗局中,讨论出人性的丑态,感悟为数不多的童心未泯、纯真善良。在小组展示环节,学生的表现也是让我惊喜连连。首先是组长非常称职,详细记录了组员的回答,并做了点评;其次是有两个组为了多拿分,提前制作好了道具,在他们表演皇帝出游的时候,其他组的成员也被感染进入了角色,充当起了现场民众,课堂气氛一下子就活跃了起来。当然,他们并没有仅仅局限于此,而是在表演之后,细致地分析了皇帝的人物形象,周围同学们也纷纷表示赞同。当学生的主体性得到充分发挥时,我这个老师都只能“靠边站”了。

文章的学习应尊重学生认识和理解的过程,只有打开学生的思维通道,才能准确把握教学的动态过程,捕捉学生思维的闪光点,伺机引导,帮助学生理解,交给他们自己解决问题的钥匙,升华学生的认知和情感,使他们体会到经典名著可以常读常新,也了解到在是非颠倒的社会时代,一个人说真话是需要勇气的。

三、反思跟进，有破有立

反思这节课，我们要重视学生在阅读过程中的主体地位，不要将自己的解读强加在学生身上，而要让学生在阅读中有自己的独特认识和体验。在这堂课中，问题的设置是贴近学生的，让他们每个人有话可说，注重题目的开放性，答案的多元化，还提倡学生多角度阅读，有创意地阅读。怎么读？“授之以鱼，不如授之以渔”，老师只有在课堂上将方法教予学生，学生才能在课外学以致用。理论联系实际必然是出真知的不二法门。当然，研究学生学习语文的需要，了解学生身心发展不同阶段的特点，同样也是教师引导学生学习语文的出发点。如：

1. 为何孩子不上当受骗呢？这具有怎样的社会意义？（组内讨论→全班交流）

2. 说真话需要勇气，有时还要付出代价。如果你当时也在场，你会怎么做？试结合生活经验，讨论有关说真话的问题。

在讨论以上两个问题时，学生因为自身原因，对于很多类似的社会现象了解不多，讨论得不够热烈。所以我及时地做了信息补充，在导学案上，借用了季羡林先生的一句话“假话全不说，真话不全说”。现在想来，这些内容完全可以让学生自己课前去搜集，这样既能调动学生的积极性，又能在课上让他们更好地畅所欲言。

从学生的掌握情况看，本课基本达到了我的设计目的。不足之处在于，在时间的掌控上，由于在讨论人物形象时用的时间较多，因而学生无法在课堂上续写结尾，只能口头表述，影响了续写的效果。在以后的教学过程中也是应该注意的。

【课例10】

课题研究课“最大利润问题”教学设计

执教者：杨淑琴(东山莫厘中学)

［研究目标］

学生通过多读题目，理解题意，整理数量关系，建立函数模型。主要以“启发探究式”为主线开展教学活动，加以小组讨论，小组代表分析理解读透题意；教大家如何读题，充分调动学生的积极性和主动性，突出学生主体地位；并辅以多媒体教学，提高效率，展示学习效果。

［教学过程］

一、基础扫描：采用个别学生读题回答问题模式(练习题，略)

归纳以上题目的重点：最大最小值及顶点坐标。

二、引入情景(课前回顾复习完成，让学生读题，分析主要条件，划出主要条件，构造数量关系式，上课给予点评)

展示集市图片，引出利润问题(复习已往问题，带回解题模式)

某超市服装柜在销售中发现，某童装每天可售出20件，每件盈利40元，经市场调查发现，如果每件童装降价4元，那么每天就可多销售8件。——学生情景朗读，找主要条件读，并分析题中意思。对于这个条件，罗列分析表格。

求：

(1) 要想平均每天销售利润为1200元，那么每件童装应降价多少？(强调问句条件，根据公式解决)

(2) 当每件童装降价多少时，超市可获得最大利润，最大利润是多少？(回忆所教公式)

归纳公式：售价，利润，成本（套用公式）

总利润=单利*数量

单利=售价-进价

(解题过程，略)

今天这节课我们主要对最大利润问题进行系统复习。

板书：最大利润问题。

先请同学们看第一类例题。

三、例题讲解

例1　(2017 滨海县二模)　某公司销售某一种新型通信产品,已知每件产品的进价为 4 万元,每月销售该种产品的总开支(不含进价)总计 11 万元。在销售过程中发现,月销售量 y (件)与销售单价 x (万元)之间存在着如图所示的一次函数关系。

(1) 求 y 关于 x 的函数关系式(直接写出结果)。

(2) 试写出该公司销售该种产品的月获利 z(万元)关于销售单价 x(万元)的函数关系式、当销售单价 x 为何值时,月获利最大?并求这个最大值(月获利=月销售额−月销售产品总进价−月总开支)。

(3) 若公司希望该产品一个月的销售获利不低于 5 万元,借助(2)中函数的图像,请你帮助该公司确定销售单价的范围。在此情况下,要使产品销售量最大,你认为销售单价应定为多少万元?

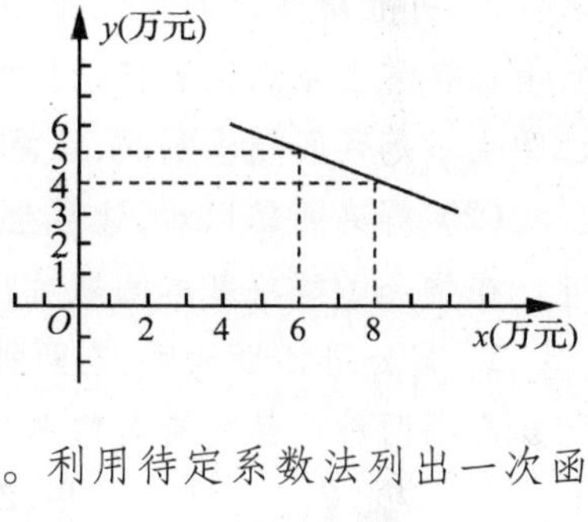

呈现步骤:(1) 出示例题,先让教师示范读,给学生起引领作用。分析主要条件并用红笔把主要条件划出来(圈读),并请个别同学回答。重读主要条件"月销售量 y (件)与销售单价 x (万元)之间存在着如图所示的一次函数关系"这句话,并理出函数模型解决第一问。读题的同时也要读图,仔细观察题中条件。利用待定系数法列出一次函数关系式。(解题过程,略)

(2) 再次默读问题,提示学生题中还有未用的条件。由学生的示范读,老师的讲述,学生的再读,让学生找到数量关系式的突破口:总利润 = 单利 * (数量 - 总开支),这样相对比题中的提示好,分析主要的数量关系模型,代入后解决顶点坐标。(解题过程,略)

(3) 教师播音读(3),读到"销售获利不低于 5 万元",让学生解释其义,如若不会,讨论解决。根据问题(2)画出草图,此时的纵坐标所对应的横坐标的值所处的区间范围 8 ~ 12,从而取得 $x=8$ 万元。

(4) 教师归纳题型,小结。解决这类题型,一定要好好读题,利用多种读题模式,吸引学生注意力,理出主要条件,列出数量关系式,并且求解相对应的自变量或因变量的值。

下面请同学们完成一个对应练习。

针对演练:

1. (2017 安徽)某超市销售某种商品，每千克40元，规定：超市销售该商品，每千克不低于成本，且不高于80元。经市场调查，每天的销售量y(千克)与每千克售价x(元)满足一次函数关系，部分数据如下表：

售价x(元/千克)	50	60	70
销售量y(千克)	100	80	60

(1) 求y与x之间的函数表达式。

(2) 设商品每天的总利润为W(元)，求W与x之间的函数表达式(利润=收入-成本)

(3) 试说明(2)中总利润W随售价x的变化而变化的情况，并指出售价为多少元时获得最大利润，最大利润是多少？

呈现步骤：

(1) 先让学生自己做，放手让学生自己圈读，主要突出他是如何读题分析条件的，并利用圈读的重点求范围。建立数学函数模型，套用利润公式解决。其中包含学生重点读表格，得到函数关系，再利用重读找到主要的函数关系，让学生示范读问题求利润，注意隐含条件的精读。

(2) 解决问题以后，让学生归纳注意点。提醒学生如何解决问题。

在学会了解决基本问题后，再增加一些难度。

2. 某公司计划从甲、乙两种产品中选择一种生产并销售，每年产销x件。已知产销两种产品的有关信息如下表：

甲、乙两种产品的有关信息

产品	每件售价(万元)	每件成本(万元)	每年其他费用(万元)	每年最大产销量(件)
甲	6	a	20	200
乙	20	10	$40+0.05x2$	80

其中a为常数，且$3\leqslant a\leqslant 5$.

(1) 若产销甲、乙两种产品的年利润分别为y_1万元、y_2万元，直接写出y_1、y_2与x的函数关系式；(2) 分别求出产销两种产品的最大年利润；(3) 为获得最大年利润，该公司应该选择产销哪种产品？请说明理由。

呈现步骤：

(1) 请同学们重读题目，然后圈读主要条件，提出疑问。

(2) 再让学生自己仔细精读题目，解决题中利润，圈读主要条件及抓住题中范围和表达要素。

(3) 第三题学生小组自由读题，并带着问题去圈读题中条件，讨论分析，突出自变量取值范围，并解决大家的问题。若回答不出，小组讨论，再解决问题。

（解题过程，略）

（4）进行小结，采用多种读题方式，便于突出重点，理出更好的解决问题的方式。

小试牛刀：（2017 内江）某商场要经销一种新上市的文具，进价为 20 元/件。试营销阶段发现：当销售单价是 25 元时，每天的销售量为 250 件；销售单价每上涨 1 元，每天的销售量就减少 10 件。（1）写出商场销售这种文具，每天所得的销售利润 w（元）与销售单价 x（元）之间的函数关系式；（2）求销售单价为多少元时，该文具每天的销售利润最大；（3）商场的营销部结合上述情况，提出了 A、B 两种营销方案：

方案 A：该文具的销售单价高于进价且不超过 30 元；

方案 B：每天销售量不少于 10 件，且每件文具的利润至少为 25 元。

请比较哪种方案的利润更高，并说明理由。

呈现步骤：（1）由于学生的接受能力不同，该题采用学生自己读题的方式解决，一般都会用到圈读，这是最为实用的一种读题方式。怎样抓住要素读题，让个别学生教会大家如何找到关系式可以利用类比读完成，会对照例 2 的方式解决，但突出了非共性之处，同样，此题前半题还类似于开篇情景引入。

（2）演示此学生的读题方式，以及解题步骤，并给予点评。

（3）让学生提示大家第三问的意义是什么，如何解决。

附：

课题研究课主体设计及评价表

<table>
<tr><td>课题名称</td><td colspan="3">培养学生数学读题能力的实践研究</td><td>课题主持人</td><td>杨淑琴</td></tr>
<tr><td>课题研究重点问题</td><td colspan="2">培养学生的数学读题能力</td><td>教学内容</td><td colspan="2">最大利润问题</td></tr>
<tr><td>执教者</td><td>杨淑琴</td><td>执教班级</td><td>初三（2）班</td><td>执教时间</td><td>2018 年 5 月 18 日第 5 节</td></tr>
<tr><td>本课的教学目标</td><td colspan="5">1. 知识与能力
（1）能顺利从简单的实际问题中抽象出数量关系，进而建立函数关系式。
（2）理解透彻实际问题中的最大利润问题应为函数图像上有意义的最高点坐标；会根据具体题意、熟练用二次函数的顶点坐标及非顶点坐标求出实际问题中的最大利润。
2. 过程与方法
经历从实际问题中建立函数模型并应用于二次函数的性质解决实际问题的过程，体会数学来源于生活，又服务于生活，探索并解决最大值问题，进而提高学生分析问题、解决问题的能力。
3. 情感态度与价值观
培养学生积极主动参与交流的主体意识，乐于探索创新的科学精神，体验数学活动中充满着探索和创造，增强学好数学的信心。</td></tr>
</table>

<table>
<tr><td>本课体现的研究目标</td><td colspan="2">合理利用课堂上出现的题型,采用适当的变化多样的读题方式,既培养了学生的读题分析能力,也提高了学生的解题能力,同时也培养了学生的兴趣和锻炼了集中注意力。</td></tr>
<tr><td>本课体现的研究内容</td><td colspan="2">读题能力训练在课堂教学中的运用方式。利用例题,根据学生的实际情况和题目的难易程度,采用相应的读题方式。</td></tr>
<tr><td>需要课堂验证的具体研究策略</td><td colspan="2">针对不同难易程度的题目,对学生采用不同的读题方法的训练,强化解题模型,提高解题能力。</td></tr>
<tr><td rowspan="10">研究策略着落于课堂的教学设计</td><td>研究策略</td><td>对应的教学设计</td></tr>
<tr><td>个别读题</td><td>对于“基础扫描”这一环节的评讲,个别学生读题,讲解。引入情景环节中的一道应用题的评讲,全体学生已经预习细读过,所以课上粗读,评讲,个别学生回答。</td></tr>
<tr><td>情景朗读</td><td>对于引入情景的练习题,能够抓住学生眼球,吸引学生兴趣。</td></tr>
<tr><td>示范读</td><td>通过教师的示范读题,初步了解题中意图,解读出函数图像中的已知条件(重点读),列出函数关系式。主要让学生进行模仿。通过学生的示范读题,找出重点,找到隐含条件。</td></tr>
<tr><td>自由读</td><td>让学生自己带着问题去读,反复思考,自己找出题中要素。</td></tr>
<tr><td>圈读</td><td>主要圈出重点,对于理清题中思路非常方便,能够抓住要素来解决问题,使问题简单化,明了化。</td></tr>
<tr><td>默读</td><td>运用默读,让学生静下心来,自己读题归纳,理清思路。</td></tr>
<tr><td>播音读</td><td>引起学生的注意,回归题目。</td></tr>
<tr><td>重读</td><td>主要是对于重点和要点能够明确突出,并且能够让学生被重音效果所调动。</td></tr>
<tr><td>类比读</td><td>运用类比读,让学生学会类比法解决问题。</td></tr>
</table>

小课题大见解

——课题研究课“最大利润问题”教学反思

杨淑琴

课题，对我来说，是一个熟悉又陌生的词语。熟悉是因为我 7 年前曾经无意中接触过课题，并且探索研究了一个微型课题，这是我初步接触课题研究。抱着试试看的态度，我通过自己的努力，使“培养初中学生‘说’数学的能力——秀出口才，说出精彩”的课题成功结题。而今，我再次接触课题，也想在这方面有所提升。因此，通过外出学习培训，也通过几位专家的指导，我对课题有了新的认识。近阶段，我又着手研究如何培养初中学生的数学读题能力，可以看作之前课题的延伸研究。

为什么选这个课题呢？因为近年来，我发现学生在做数学试卷，特别是中考试卷时，对于阅读理解题的解答能力呈逐年下降趋势。比如在中考卷中发现很多问题，即使简单，学生也空着，说明学生不是不会做，而是根本不愿读题动脑，特别是一些成绩一般或者相对较差的学生，更是如此。那么，改变这一现状，关键就是要培养学生的读题能力。我教的班级学生成绩基本上属中等水平，所以，培养学生的读题能力尤为迫切，因此，我为他们量身订制了研究方案。从研究立项开始，至今也有 3 个月了，其间我设计了调查问卷，并且查阅了文献，“最大利润问题”就是针对这一课题开设的一节公开课，主要针对复习环节。

这一节公开课的题材，选择了一些应用题类型的题目，实质上就是阅读理解题。主要针对学生怕阅读一些阅读量大，条件复杂，需要通过理解，并分析后重组数量关系才能解决的题目。而学生易忽略一些隐含条件和顶点、非顶点坐标来求解最大利润问题，这是一个难点。因此，开设这节课的意图就是让学生接触读题方法，掌握这些方法，敢于挑战自我，提升解决实际问题的能力。

为培养学生的读题能力，我在课堂上预设了相关读题方式，慢慢渗透运用，让学生逐渐接受，融入其中。

基础扫描部分，采用个别学生读题回答模式，在复习的过程中找到学习的重点。然后步入情景模式，利用集市买卖图片，假设你当老板，如何计算你的最大利润。引出题目，并且归纳公式。主要采用粗略读题的方式，找到关键条件解决问题。接下来步入例 1，从学生精读开始，到老师讲解，再恢复到老师的精读(即示范读)，最后学生理解解决问题。特别是最后一题，以老师的重读来提示学生找突破口。以此类推,其他几题的讲解也如此。整堂课学生比较配合,上得也比较顺利,比较圆满地完成了研究任务。

对于这堂课,几位专家给了我很多宝贵意见。有一位专家建议我在注重学科特色的同时,也要注意课题研究课的研究味,比如读题方式,可以精讲一个,让学生更好地掌握读题方法。这一建议也使我更加意识到,课题研究课的教法要反复探索,直至寻找到适切的问题解决方式,并且在课题研究课中,更应体现学生与老师的互动,以及学生的主体地位。

区教科室梁老师提出,课题切口可以再小一些,比如培养学生的读题能力,可以开展典型个案研究,跟踪调查,前后测对比分析。这也让我懂得了课题研究的范围要小,研究才会更精确,研究效益也会更大。而且,在很大程度上让我了解了,课题的方法不是在于精读、细读、粗读,这只是代表读题的程度,要更加明确读题方法的预设。这一提醒,让我恍然大悟,也让课题研究的目标指向更为明确。

区教科室李老师推荐了几种读题方式,比如:默读、示范读、找碴读、情境中读、播音读、重读、圈读、自由读、个别读、类比读等,一下子让我觉得方法多起来了,也明朗了。而且李老师还精心讲解了每种方式可以在什么时候运用,效果如何,就像一个编排节目的导演,示范着每种方式的效果。方式多样化,才能吸引学生的注意力。比如找碴读,可以通过两题比较,找出其中的"碴",来解决题中的警示问题。久而久之,学生就愿意学数学,研究数学,也就愿意培养自身的读题能力,提高逻辑思维能力。

一堂课虽然只有短短的45分钟,却让我对课题有了更深入的认识,希望我的研究能够在专家的引领和探索下,取得扎实的研究成效,推动课堂教学向更深处漫溯。

【课例11】

课题研究课“用一元一次方程解决问题”教学设计

执教者：何淑琴（迎春中学）

一、教学流程

1. 教学目标

（1）知识与技能：能利用表格或圆形示意图作为建模策略，分析工程问题中的数量关系：各部分工作量之和 = 全部工作量，列方程解决问题。

（2）过程与方法：进一步体会运用方程解决问题的关键是寻找相等关系，借助示意图提高分析问题、解决问题的能力，发展几何直观；进一步体会数学的应用价值。

（3）情感态度价值观：培养自主的学习能力，良好的学习习惯，不断提升学好数学的信心。

2. 研究目标

通过任务单，引导学生进行课堂预习，在自主学习中贯穿“学中讲”，助推学生自主学习能力的提升，形成自主学习方式。教学重点是利用表格或圆形示意图分析问题中的数量关系，找出问题中的等量关系；难点是利用表格或圆形示意图分析问题。

3. 教学准备

课件，含有任务单的学案。

4. 教学过程

（1）复习引入，出示课题。

（2）研究问题5：将一批资料录入电脑，甲单独做需18h完成，乙单独做需12h完成。现在先由甲单独做8h，剩下的部分由甲、乙合做完成，甲、乙两人合做了多少时间？

（一）温故

1. 一件工作，甲单独做20h完成，乙单独做12h完成。

（1）甲每小时完成全部工作的______；乙每小时完成全部工作的______；

（2）两人合做时，1小时完成全部工作量的________；

（3）甲在 m 小时内完成全部工作量的________；

（4）乙在 m 小时内完成全部工作量的________；

(5) 甲、乙合作 m 小时完成的工作量为________。

2. 三个量的基本关系：工作量　工作时间　工作效率

(二) 知新

1. 任务单一：请根据任务单要求，独立完成课堂预习，并上台交流讲解。

(1) 自学研读教材第110页至第111页“问题5”内容。(重要内容请用铅笔划线)

(2) 你发现解决“问题5”有新的策略吗？是什么？

(3) 请合上书，写出“问题5”完整的解答过程。

2. 任务单二：小组任务学习，请在独立完成后，与组员交流，并上台交流讲解。

要求画出示意图，设未知数及列出方程。

(1) 一根铁丝，第一次用去它的一半少1m，第二次用去剩下的一半多1m，结果还剩下3m。这根铁丝原来有多长？

(2) 丢番图被认为是代数学的鼻祖，但历史上没有一本正式的著作里留下他完整的生平，甚至连他的国籍都没有明确记载。然而有趣的是，他竟然有一个墓志铭，上面镌刻着他的一些情况：“他生平的六分之一是幸福的童年。再活十二分之一，颊上长出了细细须。又过了生命的七分之一才结婚。再过5年他感到很幸福，得了一个儿子。可是这孩子光辉灿烂的生命只有他父亲的一半。儿子死后，老人在悲痛中活了4年，结束了尘世的生涯。”

你知道丢番图去世时的年龄是多少吗？

(3) 真题训练：【中考链接】(2013年江苏泰州第21题)某地为了打造风光带，将一段长为360m的河道整治任务由甲、乙两个工程队先后接力完成，共用时20天，已知甲工程队每天整治24m，乙工程队每天整治16m。求甲、乙两个工程队分别整治了多长的河道。

任务单：限时训练，请写出完整的解答过程。

(4) 课堂小结：要求总结已学的几个解决问题的策略。

(5) 课后学习任务。

① 整理、完成课上未完成的推荐任务；

②【拓展延伸】甲、乙两人承包一项工程，共得报酬6100元。已知甲做10天，乙做13天，但因甲的技术比乙的技术好，预先就约定甲做4天的工资比乙做5天的工资还要多400元。求甲、乙两人各得多少报酬？

任务单：设未知数，列出方程。

附：

课题研究课主体设计及评价表

<table>
<tr><td>课题名称</td><td colspan="3">任务驱动助推学生自主学习能力的培养</td><td>课题主持人</td><td>庄梅</td></tr>
<tr><td>课题研究重点问题</td><td colspan="2">研究学生的心智发展，构建适合不同年龄、心智水平的任务学习单，助推学生自主学习能力的培养，真正落实因材施教。</td><td>教学内容</td><td colspan="2">用一元一次方程解决问题</td></tr>
<tr><td>执教老师</td><td>何淑琴</td><td>执教班级</td><td>初一(1)班</td><td>执教时间</td><td>2017年11月9日第6节</td></tr>
<tr><td>本课的教学目标</td><td colspan="5">(1) 知识与技能：能利用表格或圆形示意图作为建模策略，分析工程问题中的数量关系：各部分工作量之和 = 全部工作量，列方程解决问题。
(2) 过程与方法：进一步体会运用方程解决问题的关键是寻找相等关系，借助示意图提高分析问题、解决问题的能力，发展几何直观；进一步体会数学的应用价值。
(3) 情感态度价值观：培养自主的学习能力，良好的学习习惯，不断提升学好数学的信心。</td></tr>
<tr><td>本课体现的研究目标</td><td colspan="5">通过递进任务单，引导学生进行课堂预习，自主学习中贯穿“学中讲”，助推学生自主学习能力的提升，形成自主学习方式。</td></tr>
<tr><td>本课体现的研究内容</td><td colspan="5">构建适合实验学生自主学习的数学相关配套任务设置。</td></tr>
<tr><td>需要课堂验证的具体研究策略</td><td colspan="5">设计合适的任务单。</td></tr>
<tr><td rowspan="2">研究策略着落于课堂的教学设计</td><td colspan="2">研究策略</td><td colspan="3">对应的教学设计</td></tr>
<tr><td colspan="2">了解学情，合理指导。</td><td colspan="3">1. 一件工作，甲单独做 20h 完成，乙单独做 12h 完成。
(1) 甲每小时完成全部工作的______；乙每小时完成全部工作的______；
(2) 两人合做时，1 小时完成全部工作量的______；
(3) 甲在 m 小时内完成全部工作量的______；
(4) 乙在 m 小时内完成全部工作量的______；
(5) 甲、乙合作 m 小时完成的工作量为______。
2. 三个量基本关系：工作量　工作时间　工作效率</td></tr>
</table>

续表

	设计递进任务单,渗透"学中讲",引导自主学习,理解并运用"新策略"解决问题。	【问题5】 任务单一:请根据任务单要求,独立完成课堂预习,并上台交流讲解。 (1) 自学研读书第110页至第111页"问题5"内容(重要内容请用铅笔划线); (2) 你发现解决"问题5"有新的策略吗?是什么? (3) 请合上书,写出"问题5"完整的解答过程。 任务单二:小组任务学习,请在独立完成后,与组员交流,并上台交流讲解。要求画出示意图,设未知数及列出方程。
	学为所用,用中考真题检测学生自主学习能力。	【中考链接】 任务单:请写出完整的解答过程。
	提升思维,关注优秀学生,真正落实因材施教。	【拓展延伸】 任务单:设未知数,列出方程。 (本环节因时间而变,若有时间,则完成任务单;若无时间,则作为课外思考题。)

课题研究课"用一元一次方程解决问题"教学反思

何淑琴

一、课题简介

本课题"任务驱动助推学生自主学习能力的培养",属于"教是为了不教"教育教学改革试验范畴。我校多年来践行"教是为了不教"的教育思想,是苏州市"教是为了不教"教育教学改革实验学校。

本课题研究目标:探索并形成以语文、数学、英语、物理为主体的任务驱动,助推学生自主学习能力的培养框架,不断深入丰富叶圣陶"教是为了不教"的教育思想;切实依托已形成的语文、数学、英语、物理为主体的学生培养框架,培养学生自主学习能力,提高教学质量,并逐步向其他学科渗透,最终使学生养成终身受用的学习方法和学习习惯;形成相配套的以语文、数学、英语、物理为主体的任务体系、任务驱动方式、课堂教学模式、个性化评价机制等。

本课题研究内容:研究自主学习的各种思想和模式的共性,初步构建学生自主学习的一个总体框架;研究学生的心智发展,构建适合不同年龄、心智水平的任务学习单,助推学生自主学习能力的培养,真正落实因材施教;构建以发展学生学习能力为目标的任务驱动教学框架；构建适合学生自主学习的相关配套（语文、数学、英语、物理为主体）任务设置；总结课题经验，创新和丰富叶圣陶“教是为了不教”的教育思想。

二、“两课”对接

本节课是初一年级的一节用数学模型一元一次方程来解决问题的新授课，以表格或圆形示意图作为建模策略，借助示意图提高学生分析问题、解决问题的能力，提高几何直观能力，进一步体会数学的应用价值；培养学生的自主学习能力和良好的学习习惯，不断提升学好数学的信心。

两课的“对接点”是设计逐步递进的任务单。通过“了解学情，合理指导；设计递进任务单，贯穿‘讲中学’，引导自主学习，理解并运用‘新策略’解决问题；学为所用，用中考真题检测学生自主学习能力；提升思维，关注优秀学生，真正落实因材施教”四个环节达成研究策略的验证。

三、教学反思

本课教学目的是进一步体会运用方程解决问题，关键是寻找相等关系，借助示意图策略提高分析问题、解决问题的能力，提高几何直观能力。基于多数学生对实际背景数学问题及文字叙述较长的应用题具有惧怕心理，所以，以设计任务学习单、利用任务推进的方式进行课堂教学驱动方式的研究，注重教学模式的转变，变教为学，主要采用学生独立完成、小组合作学习、“讲中学”，教师全程点拨，帮助学生拓展提升，助推学生自主学习能力的培养与提升。

【课例12】

课题研究课“澳大利亚”教学设计

执教者：宋海萍（东山莫厘中学）

［教学目标］

1. 了解澳大利亚的位置、地形、气候等自然地理要素在地理环境形成中的作用；知道澳大利亚自然环境的独特性。

2. 理解澳大利亚拥有“世界活化石博物馆”美称的原因。

3. 理解澳大利亚养羊业与自然环境的关系。

［教学重点］

1. 澳大利亚自然环境的基本特征。

2. 理解澳大利亚发达的养羊业与自然环境的关系。

研究措施：读图分析法、归纳总结法、合作探究法

［教学过程］

一、“世界活化石博物馆”

活动1：新课视频引入，初步了解澳大利亚基本概况

活动2：探寻国家地理位置、组成

1. 地理位置——分别从半球、海陆、经纬度位置

半球位置：南半球、东半球；海陆位置：东临太平洋、西临印度洋，独占一个大陆（澳大利亚大陆）；经纬度位置：115°E ~ 150°E；10°S ~ 40°S。

根据这样的地理位置，我们想象一下澳大利亚居民是怎样过圣诞节的呢？会穿什么样的衣服？

2. 组成

澳大利亚由澳大利亚大陆、塔斯马尼亚岛，东北部的大堡礁（世界最大的珊瑚礁）等岛屿组成。

设计意图：① 通过读图，学生关注在描述地理位置时用词的准确性，同时掌握描述地理位置的一般方法；② 通过过圣诞节的穿着，对比所处不同半球国家产生的差异及描述用词的不同；③ 观察澳大利亚大陆与澳大利亚国家的区别，培养学生用文字来描述地理事物的区别与联系。

活动3：澳大利亚动植物的介绍

袋鼠——以跳代跑，鸸鹋，鸭嘴兽——卵生哺乳动物，树袋熊（考拉），琴鸟

（国鸟 鸣声悦耳），针鼹，笑翠鸟

澳大利亚的动物多，植物也不少。给出资料 ppt，学生阅读资料——桉树、金合欢（国花）

活动 4：合作探究“世界活化石博物馆”的称号

1. 澳大利亚的动植物具有什么样的特点呢？——原始古老的、特有的。

2. 为什么澳大利亚有如此多古老的、特有的生物呢？动画展示。

长期孤独地存在于南半球海洋上；天敌少。

［教师］小结：因为澳大利亚有原始古老的、特有的动植物，所以澳大利亚有了一个美称是“世界活化石博物馆”。

设计意图：① 给出图片请学生说说动植物的特点，培养学生对地理事物的描述；② 分析动植物形成特点的原因，先观察动画，再描述，抓内在联系。

二、“骑在羊背上的国家”

活动 5：澳大利亚养羊业的介绍

1. 澳大利亚最多的动物是什么呢？

2. 你见过哪些羊制品及羊毛产品？能介绍下吗？

［学生］羊毛衫、羊绒衫、羊毛靴、羊奶油、奶粉……

3. 澳大利亚有哪些适合绵羊生长和繁殖的自然条件？

［学生］气候、地形、河流（学生回答不出时，适当引导一下）

（1）地形

方法：展示 PPT 澳大利亚地形图，图中找出东部、中部、西部的地形区，并说出名称。

东部是大分水岭构成的山地、中部是平原、西部是高原，并在书本圈出来。

谈一谈每个地形区的海拔特征，说出澳大利亚的地形分布的特征。

东西部高，中部低。

［教师］PPT 展示，介绍大自流盆地——世界最大的地下水分布区：大分水岭降水较多，丰富的雨水渗入地下由高处向低处流，地下水位高于地面，加上水受到隔水层的压力，使得地下水能够自动喷涌而出。地面挖井，多数形成自流井。

（2）水源——河流与湖泊

找出并说出全国最大的河流 A 及流向；全国最大的湖泊 B。

河流流向：由东向西注入印度洋。

（3）气候——描述气候，一般从气候的两大要素说起“气温与降水”

读图(降水量图)，说出澳大利亚主要所处的温度带及降水分布的特征。

热带和南温带，降水从北部、东部、南部呈半环状向内陆逐渐减少。

它的气候类型有哪些？是单一的还是多样的？

[教师]在多样的气候环境下，不同的羊喜欢不同的气候条件。

[学生]学生阅读思考

设计意图：① 谈谈描述地理环境有哪些要素，总结方法；② 展示澳大利亚每个地理环境要素图片，训练描述地理特征用词的准确性。

活动6：分组合作探究，角色扮演——农场主

① 我们已经了解了澳大利亚的自然环境条件，现在假如你是该国的一位农场主，你会选择什么地方牧羊？为什么？ppt展示可能需要用到的资料（把学生分成三大组：地形组、气候组、水源组，就所在组的自然条件做出判断，给他们事先准备的贴纸——羊的图形，请小组代表2名同学上黑板在澳大利亚轮廓图上贴出牧羊区域，地形组——黄色羊贴纸，气候组——粉色羊贴纸，水源组——蓝色羊贴纸）。

分组探究，讨论并得出结论，上黑板贴出展示。

从每个小组贴羊的区域看出，三个小组都贴有羊的区域应该是最适宜养羊的，分别请小组来谈谈为什么选择贴在这些区域。

[学生]地形组——地形相对平坦；气候组——气温、降水、羊的品种；水源组——丰富

澳大利亚的三大牧羊带的名称与区别？

② 社会经济条件也支持了养羊业的发展，你知道有哪些吗？

[学生]交通运输、养羊业的产业化和机械化，冷冻保鲜技术……

[师生]归纳：因此，澳大利亚羊毛产量第一，羊毛、牛肉、小麦、棉花等多供出口。澳大利亚被称为“骑在羊背上的国家”。

设计意图：① 小组讨论，提高与他人沟通的能力及团队合作的能力，并展示成果，描述养羊位置，抓住时机，留给学生描述的机会；② 除自然原因外，还有社会经济条件的原因，由此，培养学生在描述地理事物分布规律时，多角度全面描述。

附：

课题研究课主体设计表

<table>
<tr><td>课题名称</td><td colspan="3">初中生地理描述能力培养策略的研究</td><td>课题主持人</td><td>宋海萍</td></tr>
<tr><td>课题研究重点问题</td><td colspan="2">描述能力培养策略在教学中的运用</td><td>教学内容</td><td colspan="2">澳大利亚</td></tr>
<tr><td>执教者</td><td>宋海萍</td><td>执教班级</td><td>初一(7)班</td><td>执教时间</td><td>2018年5月18日第6节</td></tr>
<tr><td>本课的教学目标</td><td colspan="5">1. 了解澳大利亚拥有“世界活化石博物馆”美称的原因。
2. 了解澳大利亚的位置、地形、气候等自然地理要素。
3. 理解澳大利亚自然环境与养羊业之间的密切关系。</td></tr>
<tr><td>本课体现的研究目标</td><td colspan="5">学生能运用文字图像等资料表述地理信息。</td></tr>
<tr><td>本课体现的研究内容</td><td colspan="5">运用规范的语言来描述对象(地理事物、地理特征、地理事物分布等)。</td></tr>
<tr><td>需要课堂验证的具体研究策略</td><td colspan="5">1. 利用图片文字资料等让学生阅读析图,用规范准确的语言描述地理事物。
2. 通过小组合作讨论探究方法,培养学生的语言表达能力,提升沟通能力、团队合作能力等。</td></tr>
<tr><td rowspan="5">研究策略着落于课堂的教学设计</td><td colspan="2">研究策略</td><td colspan="3">对应的教学设计</td></tr>
<tr><td colspan="2">抓联系,强化对地理事物特点的理解。</td><td colspan="3">对“世界活化石博物馆”美称的理解,动植物古老、原始特点的原因分析。</td></tr>
<tr><td colspan="2">抓规范,训练学生语言的严谨性。</td><td colspan="3">对澳大利亚自然环境(地形、气候、河流)的描述。</td></tr>
<tr><td colspan="2">抓时机,留给学生描述的机会。</td><td colspan="3">通过小组合作探究,选择布局养羊业的地理位置,并分析其原因。</td></tr>
<tr><td colspan="2">练习巩固。</td><td colspan="3">随堂练习。</td></tr>
</table>

课题研究课“澳大利亚”教学反思

宋海萍

提到“课题”二字,常有种莫名的高大上的崇敬感。从教至今,每每听到学校教科室鼓励我们报课题,我都一直没有勇气和底气。今年鼓足勇气抱着试试的态度,参加了这次微型课题研究活动,并初定微型课题名称“初中生地理口头描述能力培养策略的研究”,因为从来没接触过这类型的主题研究,所以一切都在摸索状态，幸好得到了专家和同事的帮助，我不仅对课题研究课有了一些认识，而且研究能力得到了提高。

之所以定这个微型课题名称，是因为我在这些年的教学过程中，经常遇到这类情况，当学生描述地理图像、地理概念、现象等知识时，往往口语化严重、条理不清、逻辑混乱、以读代描……总之，难以用准确的言语来表达自己的见解与认识。针对这一情况，我决定从培养学生的地理口头描述能力做起，或许会对提高其他学科的描述能力也有帮助，毕竟学科之间是相通的。带着这种试试看的心态，我设计了一份调查问卷，了解学生的现有水平，查找相关资料……开始了我的课题研究之旅。

在一次教科研活动中，我针对课题中的某一项研究措施，上了一节课题研究课的公开课"澳大利亚"。我是取其中一项研究策略——用规范的语言来描述地理对象（地理事物、地理特征、地理事物的分布等）进入教学活动的。上课前，在专家和同行的帮助下，我对教学环节与教学方法进行精心设计与反复修改，较好地完成了课题中的研究任务。

一、课前准备与预设

1. 观察量表

首先，我通过微型课题设计出了一张课堂观察量表，供听课老师在课中观察记录，主要分两方面：教师活动与学生活动。通过观察量表，查看学生的掌握情况，进一步调整教学，以期达到预期效果。

2. 设计教案

在教案设计中，展示一些图片，让学生读图析图，进而通过思考，组织自己的语言，再进行口头描述。教师通过学生的描述情况，了解学生的知识要点掌握情况。

3. 反馈练习

在课上安排5分钟时间，设计相关的练习题，检测学生对知识的掌握情况，同时，看学生能否用正确的语言描述出来，达到预期效果。

二、课后反思

这节课我通过大量的图片与文字信息，让学生从给出的材料中动嘴说一说、动手贴一贴、动脑想一想，来达成本课教学目标：了解澳大利亚拥有"世界活化石博物馆"及"骑在羊背上国家"的美称。通过与听课老师的交流与评课，有几点得到了听课老师的认可：教学重难点突出，框架清楚明晰，视频图片材料丰富，结构科学合理，学生的参与度较高。如果是单纯的一节公开课，正如老师们所说，效果较好，但是今天的课不只是一节新授型的知识课，更是一节课题研究课。所以下面我对本节课中所采取的研究策略落实于相应的课堂教学设计，谈一谈在这节课中达成的效果。

1. 抓联系，强化对地理事物特点的理解

关于澳大利亚各类动植物的特点，我是通过大量图片展示，并与之对比，让学生说出总体动植物的特征——古老的、特有的。至于为什么会有这样的特点，则是抓住事物之间的联系性，联系上册魏格纳的大陆漂移学说的基本内容，学生在描述中，更加关注其描述是否准确，是否完整清晰。这部分，学生看了图，能联系新旧知识，也能较好地描述出来。

2. 抓规范，训练学生语言的严谨性

对澳大利亚自然环境（地形、气候、河流）的描述，我强调学生在描述用词上要准确、规范，而不是口语化，例如关于地形的描述：教科书上多采用等高线地形图（分层设色地形图）来得出地形的类型及分布特征，绿色代表海拔200米以下，我们通常说——地势低平的平原；海拔500米以上，地势崎岖不平的山地……每种地形都有它相对应的描述词，不能随意描述。上课时，学生说出了地形“很平，很高，陡”这类词，但都不规范，我及时进行了纠正。我认为经过多次训练，学生应该会改正过来。又如在描述气候特点时，学生的描述也是五花八门，之前经常会碰到“气温很热，降水多”“气温不高不低，降水少”等表述，甚至有的学生根本不会说，因为学生首先要学会读懂气温曲线和降水量变化图，在初上“气温”时，“低温、寒冷、温暖、高温”，这些用词的区分度数很模糊，如平均气温0～5℃一般用“低温”，0 ℃以下一般用“寒冷”，这些用词学生不是很懂，所以总是随心随欲地描述，只有在学生描述时及时纠正，这种情况才会慢慢得到改善。在今后教学过程中仍然需要不断加强，为他们升入高中学习打下基础。

3. 抓时机，留给学生描述的机会

结合教学目标“自然环境与养羊业关系”，合理地选择地理位置发展养羊业。我是通过在学习澳大利亚自然环境的基础上，让学生扮演牧场主，贴一贴，自己来布局位置的。由于时间的限制，这个环节我留给学生的时间并不是很多，部分学生阐述了他们的想法，还有许多学生没能描述他们的想法。针对这一情况，教科室专家对我进行了指导，建议研究对象要分层考虑，对不同层次的学生采取针对性的措施，这是我要思考的地方。因为每个人的描述能力存在差异，而分层即可以明确学生的差异所在，对症下药，也可以看到学生不同程度的提高，获得清晰的研究效益检测。

同时,在教学环节和研究措施上,有位老师建议,在教学环节上互换一下,即在学习自然环境时,老师先不要介绍,让学生当牧场主,并说出选择区域的理由,以此锻炼他们的地理描述能力。这一点也是值得考虑的。

4. 教学不足

本节课的不足之处在于学生练习的时间较少。由于前半部分用的时间较多,因此后面设计的一些练习题没来得及检测,减少了我对学生知识掌握程度的了解,只能利用课后或下一节课继续加以了解。另外,课堂观察量表对学生地理表述能力的指标设计不够科学,这些都将在下节课中予以完善。

【课例 13】

课题研究课“物质在水中的分散”教学设计

执教者：周才萍（木渎实验中学）

本节课的学习目标与自我评估如下表所示。

学习目标与自我评估

	学习目标双向细目表	A	B	C	自我评估
§6.1.1 物质在水中的分散	1. 能从微观上认识溶液的概念和主要特征		√		
	2. 认识乳化现象，了解乳化在生产生活中的应用	√			
	3. 了解能较快地溶解某些固体物质的方法	√			
	4. 了解悬浊液、乳浊液和溶液的区别，了解溶液在生产、生活中的重要应用价值	√			

［**预习导引**］

1. 本课我们学习一种物质分散到另一种物质中的特征。重点了解物质分散到水中，会有哪些相同或不同的现象及分散后得到的混合物有何特征。

2. 先预习课本第六章第 1 节《物质在水中的分散》中第 1 页至第 5 页的内容，在书上留下阅读痕迹。

3. 看微课 6－1 物质在水中的分散（1），完成导学案“预习测评”部分（见下图）。

［**预习测评**］

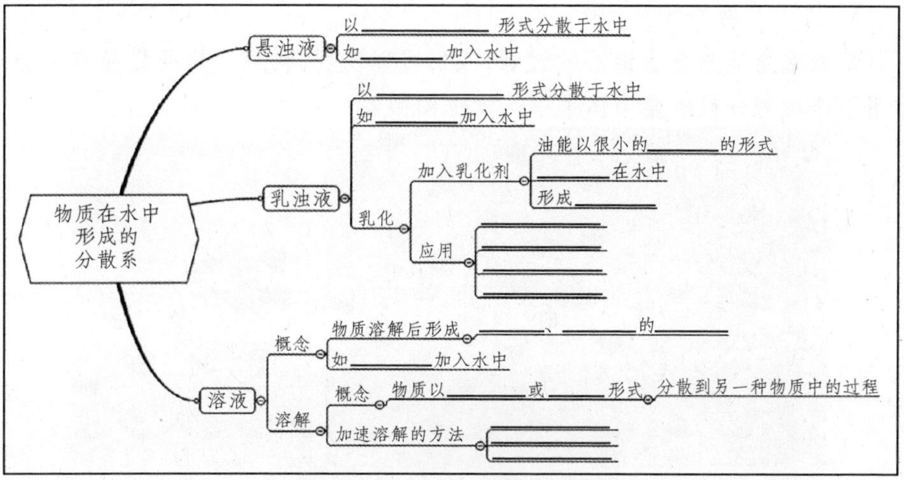

物质在水中形成的分散系（一）

[课堂互动]

要点一:溶液和浊液

1. 实验一:取少量下列 5 种物质:① 高锰酸钾;② 食盐;③ 蔗糖;④ 泥土;⑤ 食用油,分别放在小烧杯中,加入适量水,搅拌,静置,观察现象。放置一段时间,再次观察实验现象(见下表)。

五种物质加入水中的反应

实验内容	现象记录		是否均一、稳定、不分层?	所属分散系类别
	搅拌后	静置片刻后		
高锰酸钾加入水中				
食盐加入水中				
蔗糖加入水中				
泥土加入水中				
食用油加入水中				

2. 关于溶液的下列说法,错误的是________(不定项选择)。

A. 溶液一定是无色透明的液体

B. 有的溶液是有气味的

C. 凡是均一的、稳定的液体一定是溶液

D. 稀盐酸、稀硫酸、蒸馏水等都属于溶液

E. 溶液肯定是均一、稳定的混合物

F. 溶液中各处的性质一致

3. 关于溶解的微观分析

从微观角度来分析溶解的过程,我们可以发现,构成物质的微粒在水分子作用下能均匀分散到整个体系中。请据图回答:

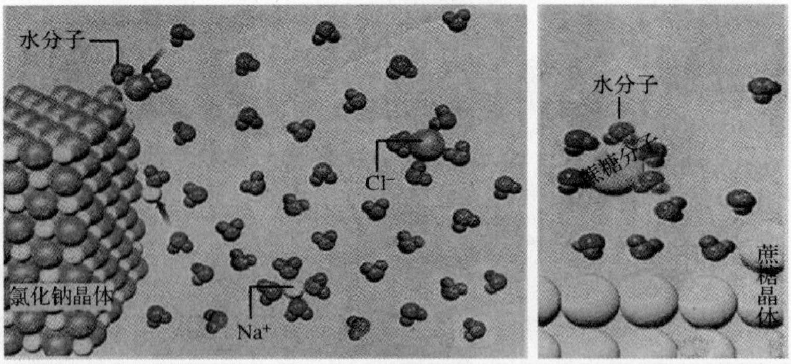

物质的溶解过程

（1）水由________（填微粒名称，下同）构成，氯化钠晶体由________和________构成；当氯化钠溶解在水中时，________离子与水分子中的________原子相互吸引，________离子则与水分子中的________原子相互吸引，形成的氯化钠溶液中，溶液中存在的微粒有____________________。图中所示溶液中氯化钠的质量分数是____________________。

（2）在蔗糖溶液中，存在的微粒则有____________________。

（3）上述两种溶液中，相同的微粒是____________________，不同的微粒是____________________。

要点二：怎样能较快地在水中溶解某些固体物质？

4. 我们有三种常见的方法可以加速固体物质在水中的溶解，如果以蔗糖为例选择其中一种方法进行验证，可以设计怎样的实验方案？

要点三：什么是乳化？

5. 实验二：在试管中加入5ml水，用滴管向试管中加入1～2滴食用油和数滴洗洁精，用橡皮塞塞紧试管，振荡片刻，静置，观察现象，并与实验一中的⑤号烧杯做对比（见下表）。

（1）现象记录

试管内加入不同物质后的反应

试管内加入的物质	是否均一、透明	静置后是否分层	倒掉液体后仪器内壁是否干净
水、食用油			
水、食用油和洗涤剂			

（2）下列关于乳化的说法中，正确的是________（可多选）。

① 油与水形成的混合物属于乳浊液

② 在油水混合物里加点乳化剂后，乳浊液就会变成溶液

③ 用洗涤剂刷碗、洗头膏洗头、金属表面去污、石油开采等都利用了乳化原理

④ 用酒精、汽油可以洗去衣服上的油污，这也是利用乳化现象

[**课堂检测**]

1. 名称中有“水”字的物质可能是溶液。下列有“水”字的物质不属于溶液的是（　　）。

A. 汽水　　B. 矿泉水　　C. 澄清石灰水　　D. 纯水

2. 下列各组物质中前一种是溶液，后一种是化合物的是（　　）。

A. 酒精、二氧化碳　　　　　　　　B. 稀硫酸、液氧

C. 汽水、干冰　　　　　　　　　　D. 冰水混合物、氧化铜

3. 把少量下列物质分别放到水中，充分搅拌，可以得到溶液的是(　　)。

A. 面粉　　B. 食盐　　C. 花生油　　D. 奶粉

4. 下列液体放置较长时间，不发生明显变化的是(　　)。

A. 石灰乳　　B. 生理盐水　　C. 泥水　　D. 墙体涂料

5. 糖水是溶液，原因是(　　)。

A. 由两种物质组成的　　　　　　B. 糖水是透明的液体

C. 糖水的密度大于1g/mL　　　　D. 蔗糖分子均匀分散在水分子中

6. 一杯食盐溶液，测得其上部密度为 a g/cm^3，下部密度为 b g/cm^3，则 a、b 的关系是(　　)。

A. $a<b$　　B. $a=b$　　C. $a>b$　　D. 无法确定

7. 日常生活中除去油污的方法很多，下列现象不属于乳化的是(　　)。

A. 修车工用汽油洗去手上的油污

B. 洗发精洗去头发上的油脂

C. 洗面奶洗去皮肤上的油脂

D. 洗洁精洗去餐具上的油污

8. 下列关于溶液的说法：① 无色；② 混合物；③ 化合物；④ 均一；⑤ 稳定；⑥ 各部分性质相同，其中正确的是__________。

9. 把下列物质：① 面粉；② 面碱；③ 植物油；④ 蔗糖；⑤ 高锰酸钾；⑥ 酒精；⑦ 细沙；⑧ 汽油，分别放入水中，充分搅拌，可得到溶液的有__________，乳浊液的有__________。

10. 从微观角度看，蔗糖溶于水就是__________向水里扩散的过程；食盐溶于水就是________和________向水里扩散的过程，因这些微粒能够均匀地分散到水里，所以溶液是__________的；只要溶液的温度不变、水分不减少，不管溶液放置多久，里面的分散质(溶质)都不会析出，故溶液是________的。

11. 水是重要的分散剂，许多物质都能在水中分散，形成溶液、悬浊液或乳浊液等，少量氢氧化钙放入水中，得到的石灰水是均一、稳定的混合物，属于溶液；再通入少量二氧化碳气体，则得到__________液，原因是____。

附：

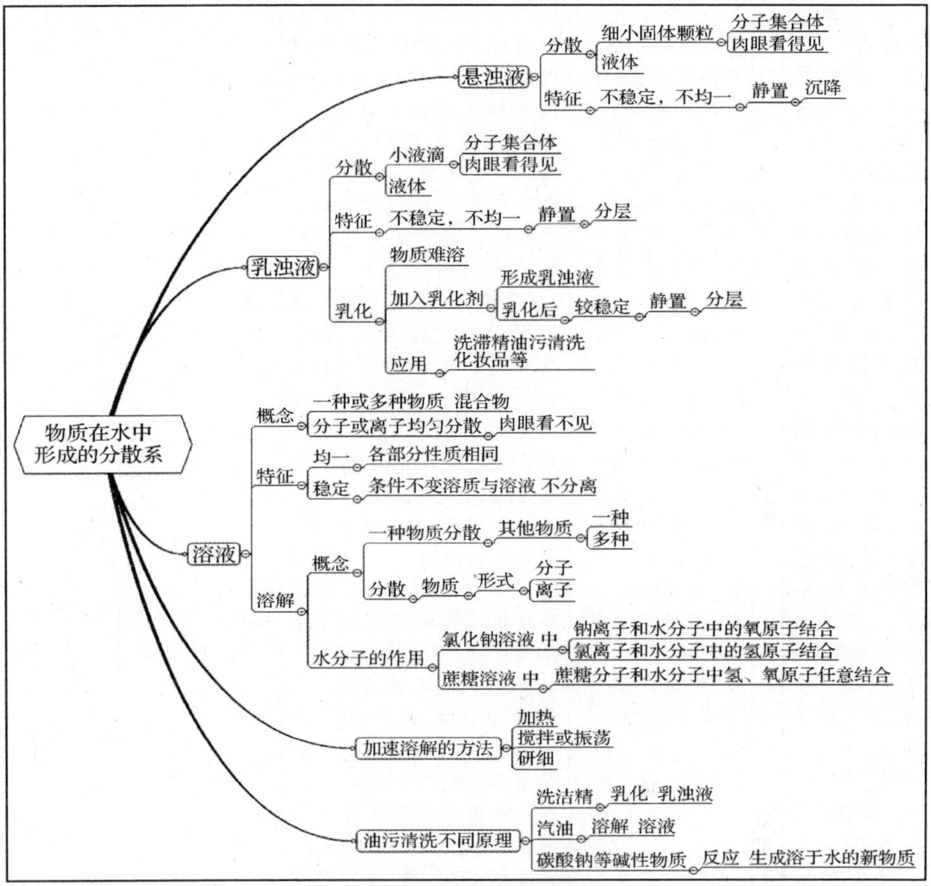

物质在水中形成的分散系(二)

“两课”对接活动记载表

课题名称：农村初中推进“双分制”素质教育的实践研究		两课对接点设定		教学内容：物质在水中的分散	听课记录：（择要：针对对接点的教学过程或有关教学环节）	对接效果评价：（听课教师填写，打“√”）
课题主持人：周先荣		1. 课前预习是六步三查。第一步，要求学生独立学习，本模块旨在培养学生的自主学习能力之预习能力。		执教教师：周才萍		
课题研究措施（或研究内容）简介	→		←	对接设计（简要）：		

续表

我校从2013年起推行“小组合作 同伴教育”课堂教学模式,本课题依托“六步三查”课堂流程,致力于培养和提高学生的自主学习、合作、沟通交流等能力。六步是指:课前预习、组内小展示、班内大展示、总结反馈、达标检测、点评引导;三查指三次学情调查:查预习、交流、课堂情况等。另外,化学组利用学案、微课、思维导图等有效降低预习难度、帮助学生预习。		2. 组内小展示是六步三查第二步,通过小组讨论,培养学生的交流沟通能力、倾听能力、质疑能力、合作学习能力等。 3. 班内大展示是六步三查第三步,通过有针对性的大展示及相互点评进一步提升学生能力。 4. 引导、总结、点评环节等穿插进行,反馈测评自习课上进行。		1. 通过微课的观看及学案的设计,引导学生课前预习,知道有三种分散系、加快溶解速率的方法等,培养和提高学生的预习能力。通过课前作业批改及课堂中的小组讨论(小展示环节),检查学生的预习效果。(含第一查) 2. 组内小展示是小组内讨论预习作业的情况,重要内容是预习测评部分、课堂互动部分,可群学(6人)、也可对学(3人小组或2人小组),简单题目直接通过,若遇疑难点(如微观解释溶液、乳化等)则为大展示做准备。一般依据导学案的设计进行,内容包括预习测评部分及课堂互动部分。(含第二查) 3. 班内大展示重点解决小展示中出现的疑难问题(如微观解释溶液、乳化微观解释、三种分散系对比等),先由一个小组交流汇报本组的解决方案,再通过小组内、小组间及老师的点评共同解决问题,提升能力、学会学习。该过程需要实验探究。 4. 引导有课前教学目标的引导和解决疑难点引导,由小老师和老师共同负责;总结也有大展示后的总结和整堂课的总结;反馈根据情况而定,当堂测试或者辅导课上集体测试。 总结包括本课目标要点、重难点。		效果很好( ) 效果较好( ) 效果一般( ) 效果较差( )

课题研究课“物质在水中的分散”教学反思

周才萍

一、课题简介

自2013年起，我校全面启动了促进学生自主学习的“自主学习 同伴教育”课堂教学模式变革，在结合相关学校成功经验的基础上，创设了“六步三查”上课流程，并建立了相应的课堂评价体系。“小组合作 同伴教育”课堂教学模式，依托“六步三查”课堂流程，致力于培养和提高学生的自主学习、合作、沟通交流等能力，旨在解决“双分制”素质教育下的自主学习模块。其中，六步是指课前预习、组内小展示、班内大展示、总结反馈、达标检测、点评引导；三查指三次学情调查，分别查预习、交流、课堂情况等。

在实际教学探索中，化学教研组结合化学学科特点，在全组教师的共同努力下，精心制作了102节化学微课，并与化学组自主编写的导学案相辅相成，构建了动、静两套校本教学资源。这一国家课程的校本化研究有效降低了化学学科的预习难度，提高了学生的预习能力，从而大大提升了“自主学习 同伴教育”的教学效果。

二、课堂实施情况及效果

本节课由学生独立完成，两位学生代表担任小老师，全班学生按学习小组进行自主学习，课堂流程按照“六步三查”步骤进行，环环相扣、逐步推进，整节课中学生小组内、小组间的互动学习效果良好，得到了听课教师的一致好评。

（一）导学案：自主学习的基石

学生的自主学习离不开教师的引导，导学案的编写则为学生的自主学习提供了有力的支撑。化学学科的导学案在设计时与课前自主预习、课堂要点学习、课堂检测及课后拓展练习均一一对应。

学生的自主学习从预习就开始了，预习的效果将直接决定课堂上学生自主学习的展开与落实。化学导学案中设计的三个模块，均指向学生的预习。

模块一“学习目标与自我评估”：通过学习目标的设计，一则指导教师规范教学，不超纲、不遗漏知识点；二则指导学生明确学习要点，有目的地学习，学生会在课前预习后和课堂学习后至少进行两次自我评估。学习目标同样也在课堂学习过程中得到呈现，如，课的开场及总结阶段。模块二“预习导引”：通过简单的导入帮助学生感知学习要点、明确预习步骤及方法。模块三“预习测评”：通过预习进行“六步三查”的第一次检查——预习情况的检查。同时通过思维导图的设计，引导学生整体感知知识框架。模块四“课堂互动”：通过将知识点细化，帮助学生掌握本课要点。模块五“课堂检测”对应“六步三查”第四步——总结反馈、“六步三查”第五步——整理导学案 达标检测及“六步三查”中的“三查”。

在这里，模块一、模块二和模块三共同为“六步三查”中的第一步——“课前预习”服务，同时也完成了“三查”中的第一次检查，从课前的预习作业批改情况和后续的学生实验、组内小展示、组间大展示环节来看，学生的预习效果良好，完成了预设目标。

另外，模块三部分既可用于预习检查（即“一查”），又和模块四共同为“六步三查”第二步——组内小展示（对学、群学）和“六步三查”第三步——“班内大展示”服务。其中，小展示过程还包括了“六步三查”中的“二查”。

在导学案的导引下，由学生把控的自主学习的课堂就有了顺利展开的保障。

（二）小组合作：自主学习的保障

学习的主体是学生，小组里的相互学习（小展示）、小组间的互动提升（大展示）为学生疑难点的突破和自主学习能力的提升搭建了平台，在整节课中进行活动引导的也是学生（两位小老师）。学生的学习能力不同，在课前预习中必然会有知识掌握的差异，小展示的第一阶段重点解决同学们预习时出现的个别疑难点。如在预习测评中，有的学生在回答“乳浊液加入乳化剂后形成的是什么”时不清楚，通过小组讨论，问题就能得到解决，从而免去了课堂上的重复教授。再如，物质分散到水中到底有哪些常见的分散系？我们利用预习测评部分的思维导图（见“教学设计”中的“物质在水中形成的分散系（一）”）做了引导，并且在前面的学习中早已教会学生如何阅读思维导图，思维导图的运用为学生整体思路的架构做了铺垫。由此，学生通过组内讨论和相互帮助，即能掌握本课要点中的基础部分——了解三种分散系及其各自特点，了解加速溶解速率的方法，了解乳化作用。

知识的掌握有层次性，在本课中，从微观上认识溶液的概念和主要特征既是学习重点也是学习难点，学习能力较强的学生在导学案的指引下，通过阅读书本和观看微课就能掌握要点，通常大展示环节用来解决教学中的重难点部分，这些先行一步的同学就会成为大展示环节中很好的小老师。如在课中，学生A在讲解微观认识溶液的概念和主要特征时，引导其他同学查阅书本上“氯化钠溶解和蔗糖溶解的微观示意图”，讲解时声音洪亮、思路清晰，什么时候要停顿什么时候提问，都拿捏得很到位。要做到这些，不仅需要学生充分而有效的预习，更离不开小组内的合作学习，因为在小展示的第二阶段，大家会在组内先进行探讨，大展示阶段展示的实际上是一个小组共同努力后的成果。回顾整个大展示环节，历经了如下环节：小组代表为全班同学讲解——本小组同学补充——其他小组同学质疑和点评——教师总结点评。大展示环节后，学生不仅对氯化钠溶液和蔗糖溶液中存在微粒的差异有了充分的认识，还为下一节课中为什么有的溶液能导电、有的溶液不能导电做好了知识铺垫。

（三）多重检测：自主学习的“试金石”

课堂的有效性除了观察学生的课堂参与状态以外，还需要落实到检测上，学生必须过纸笔测试这一关。在“六步三查”课堂流程中，“三查”即指三次检测，分别针对预习环节、交流情况、课堂掌握程度等。在这节课中，针对预习的检查有预习测评部分的批改和观察学生在分组实验中的参与程度；在展示环节，我们对每个小组的展示、点评和合作情况均会赋分，通过分值的高低，对学生的课前预习、课堂学习、小组学习参与度做出评价，同时也反过来规范和促进学生的课堂自主学习。

三、问题反思

任何课题的研究最终都必须落实到人的发展上，包括学生的发展和教师的发展，本节课主要体现的是学生的发展状态。

在平时的教学中，我就注重培养学生的自主学习能力，并把培养具有自主学习能力的学生作为整个教研组关注的重点。化学教研组采用“学案＋微课”的形式，有效降低了预习的门槛，提高了预习的效率，为学生的自主学习提供了保障。

在本节课题研究课上，也充分展示了这一点。整节课由小组合作完成大部分学习，并由学生老师来完成整堂课的把控，教师则成为配角，在学生的自主学习遇到困难时才“友情赞助”一把。课中没有教师的刻意设计，学生是主体，呈现给大家的是学生的状态，大家关注的也是学生的学习状态。

所以说，这堂课呈现的是学生的学习状态和学习热情，很好地诠释了课题所要达到的培养全面发展的、具备自主学习能力、对学习充满热情的学生的研究目标。

当然，每节课都不可能是完美的。比如，在本课中，导学案的预设和化学微课的铺垫虽极大提高了学生的预习效率，但学生是在教师的主导下进行的课前预习和课堂学习，包括课堂教学流程也在按照全校规定的步骤一步步展开，这在一定程度上限制了学生创新思维、发散思维的培养。再如，本节课中有大量的学生实验，各小组的实验速度有快慢，实验操作的规范性也有差异，在教师放手让学生充分探究的同时，也影响了课堂教学的整体性。

【课例14】

课题研究课"经济体制改革"教学设计

执教者:杨凤銮(木渎实验中学)

一、课程标准

1. 了解农村改革的发展,认识邓小平对改革开放所起的作用。

2. 了解社会主义市场经济体制的建立与完善,认识改革对于中国发展的重大意义。

二、教学目标(含研究目标)

1. 知识与能力:通过阅读教材,了解家庭联产承包责任制的发展和国有企业改革的内容,培养学生归纳、整理历史知识的能力。(研究目标)

2. 过程与方法:在研读诗词的过程中,激发学生学习历史的兴趣,培养学生的家国情怀;通过阅读史料,提高学生从史料中提取有效信息并解决问题的能力。

3. 情感态度与价值观:从历史的角度认识改革前辈"敢为天下先"的气魄,培养积极进取的人生态度。通过比较改革开放前后中国农村、城市的变化,认识到改革开放是我国社会主义事业繁荣昌盛的强国之路,并逐步确立为祖国社会主义现代化建设做贡献的人生理想。

三、教学过程

(一) 导入新课

多媒体展示诗词:

大国崛起

潮起神州唱大风,苍龙出海半球东。
掀开闭户图新略,高举朱旗改旧宗。
荡涤思维经市道,谋求发展惠民衷。
卌[①]年风雨峥嵘路,大国挺立傲世雄。

注:①卌(xì):指四十年。

中国的富强,大国的崛起,离不开1978年的中共十一届三中全会做出的改革开放的伟大决策。改革开放包括对内改革和对外开放两个部分,让我们踏着探究的步伐,揭开对内改革的历史面纱,学习第8课:经济体制的改革。

(二) 学生自主学习与反馈

根据教师展出的导学案阅读教材内容,梳理本课知识点。遇到障碍做好标记。学生展示自主预习情况,提供反馈。

(三) 小组合作学习

1. 家庭联产承包责任制

材料一:

头遍哨子不买账,二遍哨子伸头望。
三遍哨子慢慢晃,干多干少一个样。

——人民公社时期的农村顺口溜

① 依据材料分析,人民公社化体制有何弊端?

材料二:

凤阳地多不打粮,碾子一住就逃荒。
只见凤阳女出嫁,不见新娘进凤阳。

——"文化大革命"期间流行的凤阳花鼓词

说凤阳,道凤阳,改革鼓点先响,
三年跨了三大步,如今飞出金凤凰。

——中共十一届三中全会后流行的凤阳花鼓词

② 导致凤阳花鼓词中安徽凤阳发生变化的原因是什么?

材料三:

联产承包

兴波小岗问桑农,潮起神州唱大风。
万顷耕田平地起,千家农户尽抛穷。
惊雷响处阴云散,包产行时旷地丰。
华夏多年强国路,村乡改革数头功。

③ 从诗句中可以获得哪些信息?

材料四:

1978—2016 年农业总产值及农村居民人均可支配收入表

时间	1978	1990	2000	2016
农业总产值(亿元)	1397	7662.1	24915.8	112091.3
农村居民人均可支配收入(元)	133.6	686.3	2253.4	12363.4

④ 依据上表,结合所学知识,说明家庭联产承包责任制实行的意义。

2. 城市经济体制改革

材料一：

（1984 年刚上任青岛电冰箱厂厂长时）“欢迎我的是 53 份情调报告。上班八点钟来，九点钟走人，十点钟时，随便往厂区大院里扔一个手榴弹也炸不死人。”

——张瑞敏·海尔集团首席执行官

材料二：

1984 年，福建省 55 位国有厂长、经理联名向省委、省政府写了一封“松绑”公开信：“我们都想干一番事业……然而现行体制的条条框框捆住了我们的手脚，企业现在只有压力，没有动力，更谈不上活力，真是心有余而力不足，这是我们最大的烦恼……为此，我们怀揣冒昧，大胆地向你们伸手要权……”

福建日報

FUJIAN RIBAO

五十五名厂长、经理呼吁

请给我们“松绑”

① 材料一张瑞敏的话和材料二福建省 55 位国有厂长、经理的信和说明了当时全国的国有企业面临怎样的一种生产经营局面？

② 材料二中“福建省 55 位国有厂长、经理……怀揣冒昧，大胆地向你们（省委、省政府）伸手要权”，要的是什么“权”？这一“权”是如何实现的？

3. 社会主义市场经济体制

市场经济

丰饶物产富流通，商道昌隆价市公。
破除乌云资与社，解开束缚异和同。
韬融世贸趟沧海，潮起神州唱大风。
试看发展兴百业，市场经济正繁荣。

诗词赞颂了哪次会议上的哪一决策？结合生活实际，说明这一决策的历史意义。

（四）教师导学

（1）家庭联产承包责任制

① 讲授安徽省小岗村实行家庭联产承包责任制时的情况：

A. 展示原安徽省凤阳县小岗村村民委员会主任严宏昌的图片，并配文字：小岗村的土地并不是不长粮，关键是体制限制了人们的积极性。

B. 展示安徽省凤阳县小岗村的包干保证书，讲授当时的故事。

C. 展示实行家庭联产承包责任制后安徽省凤阳县的粮食产量；展示1978—2016年农业总产值及农村居民人均可支配收入表，直观体现家庭联产承包责任制的意义。

D. 结合图片讲授乡镇企业的发展，并请学生讲授身边的乡镇企业。

E. 展示诗词，从诗词中感受小岗村村民"敢为天下先"的精神，培养学生积极进取的精神。

（2）城市经济体制改革

A. 以表格、图片、漫画的方式将经济体制改革的内容通俗易懂地展现出来。

B. 讲授小故事，加深学生对"增强企业活力"的理解。

C. 展示1978—2017年国内的生产总值，直观体现经济体制改革的意义。

D. 请学生结合实践，说一说自己知道的经济体制改革的故事。

（3）社会主义市场经济体制

A. 举出事例将抽象的理论具体化。

B. 结合身边衣食住行的实例，直观感受社会主义市场经济体制建立的意义。

（五）课堂小结

回眸改革

邦富民丰岁不同，城乡变革见奇功。
山河锦绣春雷动，家国兴隆紫气通。
养晦藏龙图奋志，韬光卧虎欲称雄。
天惊地动乾坤转，潮起神州唱大风。

诗中体现了：家庭联产承包责任制、城市经济体制改革、改革开放。

改革开放后的农村和城市经历了翻天覆地的变化，由此，我们也认识到，改革开放是我国社会主义事业繁荣昌盛的强国之路，而"山河锦绣春雷动""天惊地动乾坤转"的延续都寄托在你们的身上，"少年智则国智，少年强则国强"，你们是祖国的未来，你们是祖国的希望！2018，改革不停顿，整装再出发！

五、板书设计

经济体制改革
- 农村：家庭联产承包责任制
- 城市：城市经济体制改革
  - 所有制
  - 经营责任制
  - 分配方式
- 社会主义市场经济体制

六、当堂巩固

导学案习题讲练

七、作业设计

搜集反映改革开放主题的诗词并解读其中的家国情怀。

附：

课题研究课主体设计及评价表

<table>
<tr><td>课题名称</td><td colspan="3">借助诗词激发八年级学生历史课堂中家国情怀的实践研究</td><td>课题主持人</td><td colspan="2">杨凤銮</td></tr>
<tr><td>课题研究重点问题</td><td colspan="2">历史课堂中的家国情怀</td><td>教学内容</td><td colspan="3">八下第8课 经济体制改革</td></tr>
<tr><td>执教者</td><td>杨凤銮</td><td>执教班级</td><td>八(13)班</td><td>执教时间</td><td colspan="2">2018年4月11日</td></tr>
<tr><td>本课的教学目标</td><td colspan="6">知识与能力：通过阅读教材，了解家庭联产承包责任制的发展和国有企业改革的内容，培养学生归纳、整理历史知识的能力。
过程与方法：在研读诗词的过程中，激发学生学习历史的兴趣，培养学生的家国情怀；通过阅读史料，提高学生从史料中提取有效信息并解决问题的能力。
情感态度与价值观：从历史的角度认识改革前辈“敢为天下先”的气魄，培养积极进取的人生态度。通过比较改革开放前后中国农村、城市的变化，认识到改革开放是我国社会主义事业繁荣昌盛的强国之路，并逐步确立为祖国社会主义现代化建设做贡献的人生理想。</td></tr>
<tr><td>本课体现的研究目标</td><td colspan="6">以诗词为切入点，提高学生历史学习的兴趣；指导学生解读诗词，提取有效历史信息，理解诗词中体现的历史使命感、国家认同感、社会责任感、民族自豪感等复杂情感，体会诗词中的家国情怀。</td></tr>
<tr><td>本课体现的研究内容</td><td colspan="6">八年级学生历史课堂学习中，诗词解读是培养家国情怀的有效方法之一。</td></tr>
<tr><td>需要课堂验证的具体研究策略</td><td colspan="6">(1) 诗词解读，感受诗词中的家国情怀；(2) 联系生活，体会现实社会中的家国情怀；(3) 作业设计，继续搜集反映改革开放主题的诗词并解读其中的家国情怀。</td></tr>
</table>

续表

	研究策略	对应的教学设计
研究策略着落于课堂的教学设计	诗词激趣	以诗词导入新课,激发学生学习和探索的兴趣。
	诗词导学	教师提供诗词、顺口溜、史料等材料,进行小组讨论,从材料中获取有效信息,并结合教材内容,概括农村与城市经济体制改革的背景、措施、意义等内容。当学生在学习过程中遇到无法解决的问题时,教师会及时进行答疑和引导。在这一过程中,师生互动,以解读诗词的方法培养学生的历史思维能力,并感受蕴含其中的家国情怀。
	诗词育情	设计作业:搜集与本节课及下节课内容相关的诗词,或自写诗词,感受其中或表达自己的家国情怀。

课题研究课"经济体制改革"教学反思

杨凤銮

一、课题简介

研究课题为"借助诗词激发八年级历史课堂中学生家国情怀的实践研究",其中"诗词"主要指八年级教材中出现的历史名人的诗词,或后人对历史名人评价而作的诗词;在新课标中,家国情怀是指学习和探究历史应具有的社会责任与人文追求。

家国情怀作为历史学科素养的核心价值观,在中学历史教育中占据重要的地位。八年级的学生正处于核心价值观形成的重要时期,学生在课堂上偶尔会表现出不恰当的价值观。这种现象说明,八年级学生正确的价值观念没有正式形成,处于摇摆困惑之中,因而要在教学中加强家国情怀的教育。

我在历史课堂教学的实践中发现,学生对历史名人的兴趣比较浓厚,乐于主动搜集历史名人的小故事或作品,并对此加以品评。借助学生对历史名人的兴趣,可以历史名人所作诗词,或后人评价历史名人的诗词为切入点,培养学生的家国情怀。八年级《历史》上下册内容讲述了中国近现代以来屈辱、抗争、崛起、辉煌的历程,对这段历史的解读,能够更好地培养学生的家国情怀。

在课堂教学中,为了借助诗词培养学生的爱国情怀,我采取了如下措施:(1) 作业设计,搜集历史名人的诗词;(2) 诗词解读,感受诗词中的家国情怀;(3) 联系生活,体会现代社会中的家国情怀;(4) 付诸实践,以实际行动展现家国情怀。在研究过程中,其步骤的实施不仅需要教师精心设计教学过程,还需要学生主动学习与思考。所以，教学的过程和研究的过程都是师生互动共进的过程。

为了衔接课题课与常规课，体现诗词在激发爱国情怀中的作用，本次新授课的教学设计中，预设在导入、过渡、小结等环节引入诗词。新课开始时，以《大国崛起》诗歌导入，激起学生对改革内容的兴趣。第一子目以诗词、凤阳花鼓词、小岗村故事等内容导入，在小组讨论和教师指导的过程中突破重点，使学生理解家庭联产承包责任制。随后以诗词为小结，培养爱国情怀。第二子目减轻难度，以图片和表格等形式直观展示城市经济体制改革，随后以史料解读锻炼解题能力。第三子目引入诗词理解文本。最后以《回眸改革》的诗词总结本课的基本脉络，师生诵读《少年中国说》的部分内容，升华学生的爱国热情和为祖国奉献的精神，提升家国情怀。

为了推进研究的进程，以揭示研究的成果和结论，在授课前后，需要采取多种研究方法。(1) 文献研究法：搜集与家国情怀、核心素养、八年级历史教材、诗词等相关的文献资料和研究成果，进行比较分析。(2) 案例研究法：将教育教学中出现的典型案例进行深刻的分析和反思，重点抓住深刻理解诗词的学生，以及对诗词完全不理解的学生，在课堂上开展不同的教育方法。本次新课研究课就是一次典型的案例，课堂中出现的许多情况都值得借鉴和反思。(3) 叙事研究法：在教育教学的过程中，记录相关的教育故事，并养成长期记录的习惯。本次新授课的反思就需要及时记录，后面也将继续保持。(4) 经验总结法：在课题实施的过程中，对出现的诸多问题进行总结、提炼，为最终成果的揭示积累经验。

二、课题假设

课题的范围界定为“八年级的历史课堂”，即围绕八年级的历史教材，在课堂中进行教育教学。课题研究的问题是诗词与学生在课堂中家国情怀提升之间的关系。据此，课题可以提出三个假设：(1) 运用诗词能提高学生的家国情怀；(2) 运用诗词会降低学生的家国情怀；(3) 运用诗词不影响学生的家国情怀。

这三个假设直接指向了课题研究的成果。预期的课题研究成果是得出“在课堂中引入诗词能够激发和培养学生的家国情怀”。为了检验课题假设，以得出预期的结论，还应该在以下几个方面设计合理的研究方案，选择合适的研究方法：

1. 诗词的选择

诗词选择不应该局限于唐诗宋词，古人的时事评论和今人的追忆怀古都可作为选择的内容，诗词的衍生形式，如散曲、诗歌等，若有一定的意义，也可在教育教学时起辅助作用。但无论何种形式的诗词，内容都应与家国情怀相关，且以正相关为要。

2. 诗词的运用

诗词在课堂教学中如何应用，直接关系到学生能否吸收并消化，由此关系到家国情怀的培养。在课堂教学中，诗词可以在导入、衔接、穿插、小结等各个环节按需引入。在运用诗词的同时，还应该考察一课时中诗词的容量，根据不同的课型，诗词容量也有所区分，但总体而言，在初中历史课堂中，一课时的诗词引入不宜过多。诗词只是教育教学中的辅助手段，较多则喧宾夺主。

3. 家国情怀的表现

家国情怀是精神方面的诉求和追求，很难有具体的量化标准。为研究诗词对家国情怀的激发和培养作用，需要重视课堂中学生的表现。如在课堂上可以观察学生对诗词的解读，对诗词与历史联系的理解，理解后做出的言论评价等。课题研究是一个长时段的过程，因而对学生家国情怀表现的研究也需要一个长时期的观察，并在课题研究实施的过程中，关注前后期的对比，以得出研究成果。

在研究方案中，教师在诗词的选择、教学的设计、对学生的观察等活动中占重要地位，并灵活运用案例研究法、经验总结法等研究方法，促成课题研究的完成。

三、课堂实施情况及效果

课堂教学分为自主预习、合作探究和达标检测三步。结合研究课，在导入、过渡、突破重点、理解文本、小结等环节插入了诗词，并综合体现在导学案和多媒体课件中。新课导入时多媒体展示《大国崛起》诗词，承接了第七课小结中的辘轳体诗歌，学生立刻感受到本诗中“卅年风雨”指的是十一届三中全会及提出的改革开放政策，由此进入本课学习。

“自主预习”环节，学生自主阅读课文，完成导学案的填空部分。从随后的组长检查和组员展示过程的反馈中得知，大部分学生高质量地完成了自主预习，基本掌握了本课的基础内容，但对“家庭联产承包责任制”和“社会主义市场经济体制”等专业概念的理解不透彻，表现在展示时不能准确流利地朗读出名称。这一情况与预期的情况一致，在合作探究中开展重点研习。

“合作探究”环节,诗词被引用在过渡、突破重点、理解文本和小结等教学进程中,作为历史文献资料的补充和辅助,起到了重要的作用。学生在合作探究环节进行小组讨论,教师进行指导,促进学生对文本内容的理解和对历史知识的衔接。但这一教学环节中,诗词的容量有点多,学生在进行讨论时,首先需要对诗词进行解读,然后再理解历史知识,这对学生从史料中提取有效信息并解决问题的能力要求较高,因而第一次讨论的时间较长。小组讨论后,各小组组员课堂展示和组员点评的时间也较长,由此占用了后面讨论的时间,使得教学时间稍显紧张。由讨论中可以看出,对于有难度的诗词和史料,有些学生存在畏难情绪,为提高学生的文本解读能力,必须适当减少材料的容量,增加讨论的时间,并进行恰当的指导,逐步提升学生的解读能力。相对来说,本课以诗词为小结的环节效果较好,能明显体会到学生的家国情怀。

“达标检测”环节只是对课堂基础内容的检测,相对难度较小。本课的达标检测围绕重难点内容,以图片解读、表格分析、名著解读、对比分析、时事衔接等多种形式展示选择题,使得学生能接触到更多类型的题目,由课堂学习延伸到做题及考试,提高运用的能力。

四、问题反思

本课以诗词为切入点,提高了学生历史学习的兴趣;指导学生解读诗词,提取有效历史信息,理解诗词中体现的历史使命感、国家认同感、社会责任感、民族自豪感等复杂情感,体会诗词中的家国情怀。但其中也存在一些问题,需要改进。

在教学设计方面:第一,诗词材料的引用没有指明出处。诗词属于材料,在历史学习中,力求每一则材料都有其出处,应把诗词的出处也注明。第二,在展示诗词时,可以采取全班齐读,或某个学生单独朗读等形式,使学生更加深刻地感受到家国情怀。

在教学内容方面:第一,在讲授“家庭联产承包责任制”一栏时不够深入,可以明确点出权、责、利的分配,以体现积极性。第二,在教学“社会主义市场经济体制”一栏时,应该要对“国家宏观调控”的内容进行适当的解析。

在研究课题方面:第一,本课作为研究课,诗词引入的位置较为恰当,在教学的各个环节中能起到导入、衔接过渡、小结提升等作用。但因高估了学生的理解能力和课堂实施的时间限制,诗词的容量稍多,以至于某些诗词的解读并不彻底,没能更好地展现诗词中体现的家国情怀。第二,学生对诗词的解读是循序渐进的一个过程,在研究课实施的过程中,诗词的容量可以逐渐增加,重点培养学生解读诗词的能力和理解诗词与历史内容关系的能力，由此增强学生的家国情怀。如子目小结中“改革初心出凤阳，敢为天下苦辛尝”让学生感受到了小岗村农民“敢为天下先”的精神。

总而言之，课题研究立足于课堂教学，不能单纯为研究课题而忽视课堂教学的目标及要求。在今后的课题研究课中，应综合考量课堂诗词的容量、诗词的引入位置、学生的学习能力、接受能力等因素，合理设计教学方案，在课程实施中推进研究进度，并促成研究成果。

【课例15】

巧设实验主线　凸显实验资源的“有效整合”

——“自由落体运动”研讨课回眸

执教者：曹　会（江苏省外国语学校）

一、问题提出

多元化是近年来实验资源发展最为显著的特征之一，实验资源的多元化正在深层次地影响着物理课堂教学内容、结构及呈现模式。随着科学技术的日益更新，传统实验器材日益得到改进，传统实验的测量方法、显示模式和数据处理过程不断地被传感器和计算机所取代，传统实验观察方法越来越被实物投影、数码相机、计算机软件等现代化产品所完善。随着互联网技术应用的蓬勃发展，移动终端的快速普及和升级，传统演示实验也不断地受到互联网视频实验资源的挑战和冲击，甚至随着慕课浪潮来袭，微视频的“鲇鱼效应”正逐渐使传统实验的教学和学习课堂模式发生一些变革。

新兴实验资源对传统实验资源不断形成冲击的同时，多元化实验资源也自然地出现了功能重叠、定位模糊、应用偏颇等乱象，甚至长期受应试心理的影响，单方面趋从于实验教学省时省力的错误原则，出现了传统实验被视频实验资源“野蛮”取代的偏激教学行为。

资源趋向“多元”，应用必然需要“有效整合”与“再平衡”的理性思考。本案例是我基于“多元化物理实验资源整合研究”的课题研究，对人教版必修1“自由落体运动”进行的一次课题实践，特整理与大家分享。

二、案例呈现及环节评估

（一）巧设实验资源串，使物理理想模型水落石出

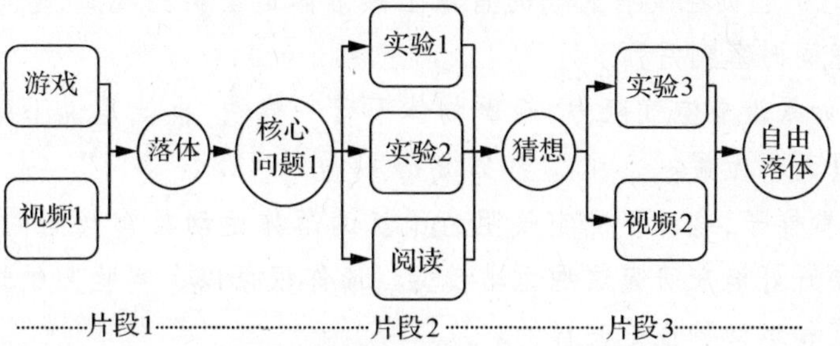

主要教学流程(一)

游戏:同桌A同学竖直捏住饭卡(银行卡)并准备静止释放,B同学大拇指与食指之间的距离保持在3cm左右靠近卡片下端,注视卡片的动向并尝试捏住自由下落的卡片。

(交换实验,学生都没能捏住自由下落的卡片,产生困惑。)

视频1:熟透的苹果落地,水从未拧紧的水龙头里落下。

问题:卡片、苹果和水滴的运动都是同一种落体运动,它们运动的形式有什么共同特征?

学生:静止开始、竖直下落的直线运动。

核心问题1:这种落体运动是重的下落快,还是轻的下落快,还是一样快?

学生A:生活经验告诉我们是重的下落快。(当年亚里士多德也是这样认为的)

学生B:应该同时着地。(已了解了伽利略的比萨斜塔实验)

教师:请你用桌面上的现有物品设计实验验证你的观点。

实验1:饭卡及同样形状纸片一张,同时等高静止下落,饭卡先着地。(验证学生A观点)

实验2:将纸片揉成团,与饭卡从等高处释放,几乎同时着地。(验证学生B观点)

阅读:当年伽利略也对这个问题研究过,请你阅读下一节课课本内容:逻辑的力量。

问题:以上的实验现象和伽利略的逻辑归谬能够说明什么?

猜想:重物和轻物应该下落得同样快,空气阻力影响了物体下落的快慢。(教师对学生回答不做任何评价)

实验3:课前已抽成真空的牛顿管快速倒放后,纸片和硬币同步落下;放入空气(示意学生听进气声音)后再做此实验,发现实验1现象。(此实验肯定了学生判断,课前抽成真空节约课堂时间)

视频2:宇航员在没有大气的月球上做落体运动实验现象,轻柔的羽毛和沉重的铁锤同时落到月面。

结论:如果没有空气阻力,轻重物体下落一样快,也就是说下落物体速度变化与质量大小无关。

教师:看样子,这种不受空气阻力干扰的落体运动具有共同的运动规律,我们有必要好好地来研究这种运动模型。请你根据以上实验归纳这种落体模型受力特征和运动特征是怎样的。

学生:只受重力影响,初速度为零的直线运动。

教师:很好,我们把这种只在重力作用下从静止开始下落的运动称作自由落体运动。一般情况下,生活中空气阻力可以忽略不计的静止落体运动均可视作自由落体运动。

环节评估:落体运动是自然界最为普遍的运动形式之一,利用游戏激发学生探究情绪,制造出为什么抓不住的"困惑",再把卡片下落运动与苹果、水滴下落放在一起对比寻找落体运动"共性"特征,得出"落体"模型,提出"核心问题1";运用学生分组实验和阅读伽利略逻辑归谬法得出空气阻力影响生活中落体运动快慢的判断;利用牛顿管进行对比实验研究,结合月球上珍贵录像资料证实物体下落快慢与质量无关的结论。

本环节运用7个实验资源构成资源串,通过问题衔接形成3个微型教学片段,把原始物理问题(生活中的落体运动)逐渐抽象成理想物理模型(自由落体运动)。在每个教学片段中又整合了多个实验资源实现了对比、归纳、验证的实验教学功能,也凸显了"1+1>2"资源整合效应。基于层层递进的逻辑主线,逐渐使自由落体运动理想模型浮出水面,同时也培养了学生忽略次要因素抓住问题本质的建模能力和透过现象看本质的求真意识。

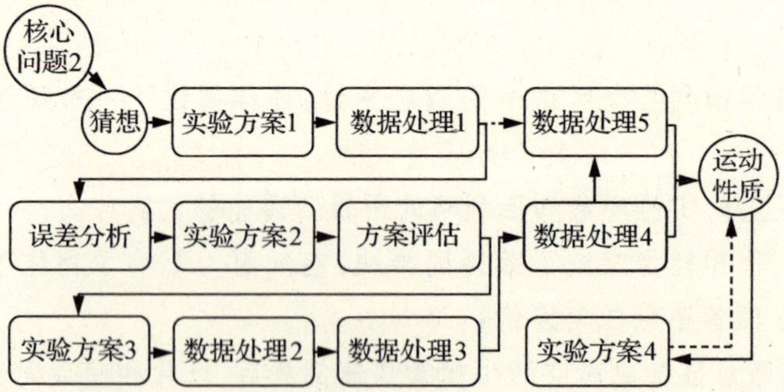

主要教学流程(二)

(二) 优化实验及数据处理方案,使运动性质的探究水到渠成

核心问题2:自由落体运动究竟是怎样一种直线运动?即其运动性质是怎样的?

猜想:匀加速直线运动……

教师:请你运用实验室常用器材设计实验方案。

实验方案1:用重锤拴着纸带由静止释放自由下落,通过打点计时器记录各个时刻的位置来研究自由落体运动,分析纸带上相邻计数点间位移之差是否相等,来判断重锤运动是否为匀加速直线运动。

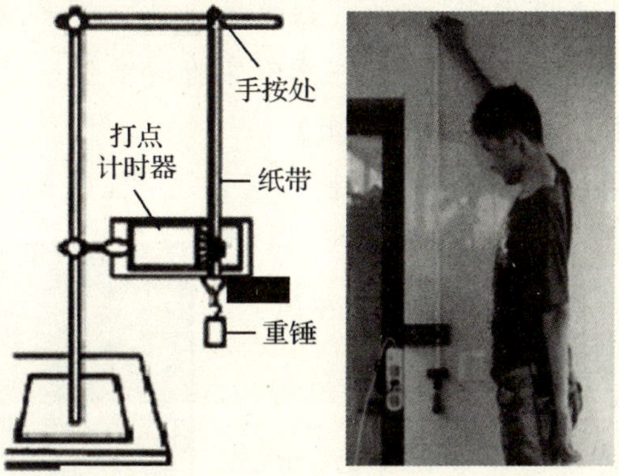

(a)　　　　　　　(b)

实验方案

方案评价:运用熟悉的打点计时器,通过纸带记录运动并进行数据处理,方案操作性强,纸带由静止释放,纸带带来的额外摩擦是否会产生明显影响有待实验检验,实验中可采取适当的措施减少些不利因素的影响。

学生分组实验:每组学生运用方案1进行实验并得到多条纸带。

纸带筛选:由于实验不定因素较多,纸带上计时点分布情况存在较明显差异,因此我们在实验数据采集前有必要进行纸带筛选,选出点迹清晰(最好1、2两点间距2mm左右),且在一条直线上的纸带。

教师:通过观察纸带我们能够确切说出自由落体运动是怎样的运动吗?

学生:不能,只能确定是加速直线运动,需要进一步比较相邻计数点间位移差。

数据采集:从第一个点开始,每两个点选作一个计数点,分别标上0、1、2、3等数字,纸带拉直后用长刻度尺读取各计数点位置刻度,并把读数填入Excel表格中(见下表),由于点迹间时间间隔较短,估读的精确性至关重要,可以用数码相机、高像素手机、平板电脑等工具拍照放大后读数7。

数据处理1：由数据采集表发现本次实验所对应的位移之差 Δx_n 大多分布在0.0150m 至 0.0160m，近似认为相等。

数据采集表

	A	B	C	D	E	F	G	H	I	J	K	L	M
1	计数点n	0	1	2	3	4	5	6	7	8	9	10	11
2	时刻t(s)	0.00	0.04	0.08	0.12	0.16	0.20	0.24	0.28	0.32	0.36	0.40	0.44
3	位置(cm)	5.00	5.93	8.47	12.53	18.23	25.40	34.11	44.36	56.16	69.38	84.13	100.30
4	$t^2/2$ (s^2)	0.0000	0.0008	0.0032	0.0072	0.0128	0.0200	0.0288	0.0392	0.0512	0.0648	0.0800	0.0968
5	下落位移h_n(m)	0.0000	0.0093	0.0347	0.0753	0.1323	0.2040	0.2911	0.3936	0.5116	0.6438	0.7913	0.9530
6	$x_n=h_n-h_{n-1}$(m)		0.0093	0.0254	0.0406	0.0570	0.0717	0.0871	0.1025	0.1180	0.1322	0.1475	0.1617
7	$\Delta x_n=x_n-x_{n-1}$(m)			0.0161	0.0152	0.0164	0.0147	0.0154	0.0154	0.0155	0.0142	0.0153	0.0142

误差分析：从上表也发现，有的数据偏差还是有些大，造成误差的原因可能是什么呢？（回放学生实验录像，注意听实验时纸带摩擦声音；观察纸带上点迹分布情况，是否严格在一条直线上）

学生：纸带与限位孔摩擦带来的阻力甚至还有空气阻力，纸带上的点迹也不是严格保持在一条直线上……

问题：是否可以采用其他实验方法进行改进呢？

实验方案2：频闪照片法。

方案评估：没有纸带带来的干扰，直接拍摄小球沿着刻度尺自由下落的频闪照片，而且用电磁铁控制小球下落，避免了手抖动等不定因素带来的干扰，这种方法很好，但需要暗室、频闪仪等硬件环境，技术要求也较高。

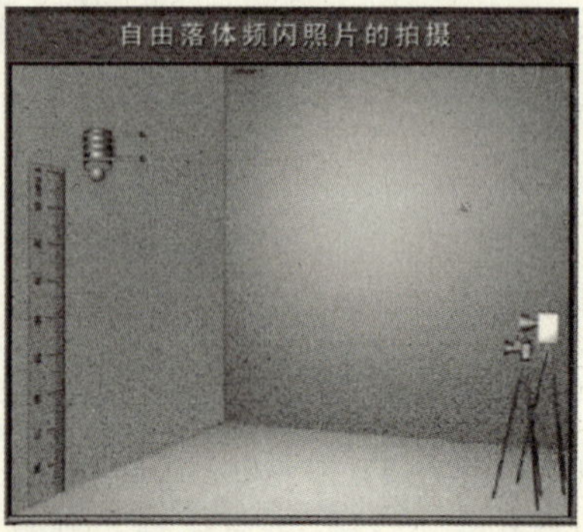

模拟实验

问题：是否可以用我们身边熟悉的器材和方法替代这种实验方案呢？

实验方案3：用家中的数码相机直接拍摄小球自由下落短片，再运用大家熟悉的视频播放工具逐帧播放的功能来采集数据。（演示实验，呈现视频）

数据采集：运用播放软件 QuickTime 对小球下落的视频放大后逐帧播放，选每一帧作为一个计数帧，读取小球下端对应刻度，依次采集10个计数帧中小球对应的时刻及位置。

数据处理2：运用 Excel 数据处理软件进一步处理。

数据处理表

	A	B	C	D	E	F	G	H	I	J	K
1	计数点n	0	1	2	3	4	5	6	7	8	9
2	时刻t(s)	0.00	0.03	0.07	0.10	0.13	0.17	0.20	0.23	0.27	0.30
3	位置(cm)	5.10	5.60	7.17	9.83	13.61	18.50	24.47	31.49	39.58	48.77
4	$t^2/2$ (s^2)	0.0000	0.0006	0.0022	0.0050	0.0089	0.0139	0.0200	0.0272	0.0356	0.0450
5	下落位移h_n(m)	0.0000	0.0050	0.0207	0.0473	0.0851	0.1340	0.1937	0.2639	0.3448	0.4367
6	$x_n=h_n-h_{n-1}$(m)		0.0050	0.0157	0.0266	0.0378	0.0489	0.0597	0.0702	0.0809	0.0919
7	$\Delta x_n=x_n-x_{n-1}$(m)			0.0107	0.0109	0.0112	0.0111	0.0108	0.0105	0.0107	0.0110

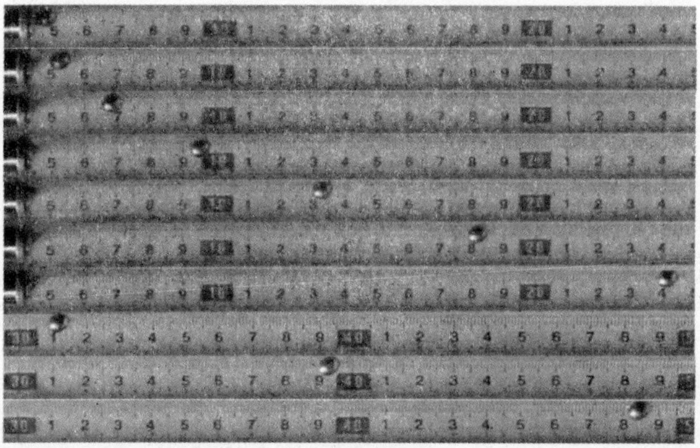

小球下落视频

学生：相邻计数帧内小球间位移之差 Δx_n 在 0.0110m 左右，更为接近，在误差允许范围内认为相等，可以比较肯定地说这种运动为匀加速直线运动。

教师：根据逐差法得到运动加速度为 $9.77m/s^2$。

问题：除了这种数据处理方法外，我们是否可以采取什么更直观的数据处理方法呢？

数据处理3：描绘小球下落高度 h 与下落时间 t 的关系。

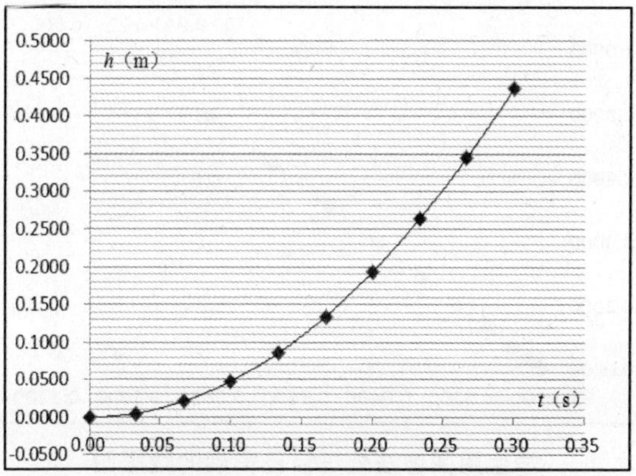

小球下落时高度与时间的关系图像

问题：图像显示是曲线，不能明确知道是否为匀加速直线运动，可以采取怎样进一步的处理措施？学生：化曲为直。

数据处理4：描绘下落高度 h 与下落时间二次方的关系图像，得到直线关系，并添加公式进一步得到加速度为 $9.72m/s^2$。

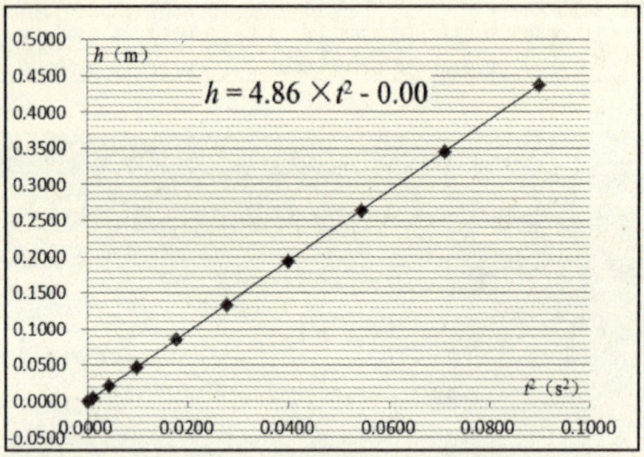

小球下落时高度与时间二次方的关系图像

教师：图像法更加直观地显示自由落体运动是匀加速直线运动，这两种数据处理方法造成加速度的差异，主要是由小球下落时刻很难与拍摄时刻正好重合造成的，打点计时器也存在类似问题。

教师：既然已经知道下落位移与时间之间的关系，那我们就可以直接描绘下落位移与 $t^2/2$ 之间的关系图像，添加公式后直接可以得出这种运动的加速度，请你们也利用这种方法对你们小组在方案1中的数据进一步处理试试看。

数据处理5：学生用图像方法处理自己得到的数据（增强学生实验的成就感，并为实验结论增加可信度）。

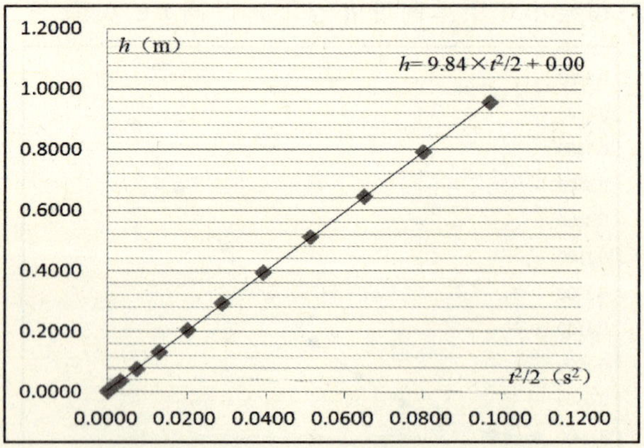

学生用图像法处理自己得到的数据图

结论:通过这么多组实验数据分析,我们可以认为,自由落体运动应该为初速为零的匀加速直线运动;精确实验测量表明,本地自由落体运动的加速度即重力加速度为 $9.8m/s^2$ 左右。

教师:我们运用打点计时器、数码相机等计时方法完成这个实验探究,当年伽利略没有这些先进的计时器,他是怎样实现对自由落体运动研究的呢?

实验方案4:(阅读下一节课教材内容:实验验证)伽利略当年实验方案——实验和逻辑推理。

环节评估:方案设计往往是探究教学中最为重要的一个环节,数据处理则是定量实验的最后关键一步。由实验室常用器材打点计时器入手设计实验方案,符合学生的认知基础和逻辑,进行分组实验,实现实验操作技能的锻炼;运用 Excel 电子表格进行便捷的数据处理(本片段已不是本节课教学重点),快速发现问题,结合分组实验录像回放查找误差原因,实现了误差及其原因的快速诊断;针对误差形成原因引发改进计时方法的思考,运用频闪照相的模拟动画,实现了演示实验原理有效介绍及对实验成本评估的功能,运用身边数码相机及熟悉的视频播放软件进行视频分析法替代设计,实现了定量实验精确便捷的验证功能;在数据处理过程中,运用多种数据处理方法,多组数据处理得到自由落体运动的性质,这种设计借用了大数据时代的数据整合思想(整合教师演示实验、学生分组实验数据资源),充分体现了通过归纳方法得到实验规律规范性(多次实验多组数据支持)的科学原则。最后,通过阅读当年伽利略用滴水计时器研究自由落体运动的具体做法,实现了物理学史上独特的物理方法、物理情感的教育功能。

本环节共用了4种实验方案进行有序整合,运用了2种数据处理方法进行对比分析,通过学生分组实验、动画模拟实验、演示实验和阅读实验4种实验教学形式,把自由落体运动性质由猜想变为现实。学生在体验实验方案优化的逻辑过程中,掌握了一些实验方案优化的方法,真正体会到计时器在此实验演化历史中的重要作用,真正培养了学生发现问题、分析问题和解决问题的意识和能力。这一环节既培养了学生创新实验设计能力、实验操作能力,又使学生体验了计算机进行数据处理的优越性,还渗透了物理学史的教学,较好地完成了三维目标的达成。

(三)回归游戏,总结运动规律(略)

三、教学反思

物理实验是物理教学的重要基础、重要方法、重要手段和重要内容。

从系统论的观点来认识物理课堂教学，多元化物理实验资源就是课堂这个系统的重要元素，这些元素间的结构形态决定着课堂系统的教学功能。所以多元化实验资源整合应以物理实验本身的地位和作用为出发点，根据各种实验资源的特质和教学功能，结合课程标准的要求和教学对象的特点等实际需求，对资源进行取舍（环节2中舍弃了频闪照片法）、改进（环节2中对纸带读数进行放大处理、误差分析采取回看录像听声音的反观技术性处理）、替代（环节2中实验方案评估优化的过程）、串接（环节1的实验资源串就是通过问题串对实验资源进行无缝链接而形成教学序线的整合方法）、嫁接（可以把传感器装置植入原有定性实验中转变为定量实验）等策略性处理，从而实现多元化实验资源的“有效整合”。

“多元化物理实验资源整合研究”的课题仍需从理论角度对各种实验资源的特质和教学功能、整合策略和原则做系统的分析和归纳。

参考文献

1. 张红霞. 教育科学研究方法[M]. 北京:教育科学出版社,2009.

2. 张肇丰. 从实践到文本:中小学教师科研写作方法导论[M]. 上海:华东师范大学出版社,2011.

3. 苏真. 日本高中的"课题研究课"[J]. 学科教育,1994(4).

4. 孙建锋. 科研进课堂的理性 认识与实践探索[J]. 基础教育研究,2001(1).

5. 蔡凤琴. 谈课题研究与课堂教学的结合[J]. 宁夏教育科研,2007(1).

6. 许凌云,杨青. 课题实验课:教师开展研究的得力助手[J]. 中国教育学刊,2009(7).

7. 刘雨群. "课题实验课"是教师进行科研的一种有效方法[J]. 中国科教创新导刊,2010(26).

8. 许凌云. 课题实验课:教育科研与教学实践有效整合的路径[J]. 教学月刊(中学版),2011(11).

9. 刘彦良. 论学校课题研究实践指导[J]. 现代教育科学,2012(6).

10. 袁玥. 研究课:换种思路来教学——兼评马建红老师执教的《走进乡村》习作指导课[J]. 江苏教育研究,2012(11).

11. 袁玥. 微型课题研究课的三种型态[J]. 江苏教育研究,2018(31).

12. 邱子华. 带题授课:教师课堂教学研究专业化的一种新范式[J]. 当代教育科学,2012(12).

13. 肖林元,林静. 课题研究课:教育科研扎根课堂的重要载体[J]. 上海教育科研,2013(11).

14. 王毅. 关于课题研究课的理性思索[J]. 天津市教科院学报,2016(2).

15. 敖占军,杜玉花. 从《都江堰》一课入手谈如何上好"课题研究课"[J].

黑龙江教育(中学),2012(Z1).

16. 许冬梅,朱元兆."五点探索"提高教学效率[J].北京教育(普教版),2015(4).

17. 宋运来.课题研究应植根于课堂沃土之中[J].教育科研论坛,2003(6).

18. 孙建国.例谈课题研究与课堂教学的结合[J].宁夏教育科研,2007(4).

19. 章明.刍议校际协作式课题研究课的研讨[J].中小学校长,2017(11).

20. 周荣斌."两课融合"的研究与实践思考——以何庄小学"金牌导航"课堂为例[J].教育视界,2016(9).

21. 敖占军.搭建教育科研与课堂教学契合点的平台——"课题研究课"的理论与实践探索[J].黑龙江教育(中学版),2014(5).

22. 车言勇,李宁.基于小课题研究的校本研修组织策略[J].现代教育,2017(4).

23. 袁振国.实证研究是教育学走向科学的必经途径[J].华东师范大学学报(教育科学版),2017(3).

24. Hansen,D. A., Gerst,J. E. (ed). On Education:Sociological Perspective [M]. New York:Wiley,1967.